华为逻辑

华为逻辑

华为是世界上最神秘的企业之一，其在国内、国际市场上攻城略地，被国外企业称为来自中国的"野蛮人""搅局者""东方幽灵"。如果中国没有了阿里巴巴，腾讯和京东在电子商务上分分钟取而代之。如果中国没有了华为，没有任何一家公司能替代！

作为全球领先的信息与通信技术(ICT)解决方案供应商，华为专注于ICT领域，坚持稳健经营、持续创新、开放合作，在电信运营商、企业、终端和云计算等领域构筑了端到端的解决方案优势，为运营商客户、企业客户和消费者提供有竞争力的ICT解决方案、产品和服务。在专业的通信领域，华为已经成为毫无争议的王者。

虽然站在了行业的巅峰，但是任正非和华为仍然战战兢兢、如履薄冰，对未来的挑战充满担忧。这是智者的前瞻，也是完成下次冲锋的理性思考。一个永远在思考如何避免失败的领导者和他的企业，更能远离失败，接近成功。或许，这才是华为制胜的真正逻辑！

华为逻辑

王拥军◎著

中国商业出版社

图书在版编目（CIP）数据

华为逻辑 / 王拥军著 . — 北京：中国商业出版社，
2016.8

ISBN 978-7-5044-9550-1

Ⅰ . ①华… Ⅱ . ①王… Ⅲ . ①通信 – 邮电企业 – 企业
管理 – 经验 – 深圳市 Ⅳ . ① F632.765.3

中国版本图书馆 CIP 数据核字 (2016) 第 210083 号

责任编辑：唐伟荣

中国商业出版社出版发行

010 – 63180647　　www.c – cbook.com

（100053　　北京广安门内报国寺 1 号）

新华书店总店北京发行所经销

北京时捷印刷有限公司印刷

*

710×1000 毫米　　1/16　　17.5 印张　　270 千字

2016 年 9 月第 1 版　　2016 年 9 月第 1 次印刷

定价：39.80 元

*　　*　　*　　*

（如有印装质量问题可更换）

序言

如果中国没有了阿里巴巴，腾讯和京东在电子商务上分分钟取而代之。如果中国没有了华为，没有任何一家公司能替代！

众所周知，在阿里巴巴、百度、腾讯等互联网巨头背后，站立的是大量外国资本；但华为不仅是一家百分之百的中国民营企业，还是一家没有上市圈钱的公司，并且已成为全球通信产业龙头。

目前，华为有17万多名员工，业务遍及全球170多个国家和地区，服务全世界三分之一以上的人口，营收7成来自海外。每天，全球有超过20亿人使用华为的通信设备，即使在4G技术领先的欧洲，华为也有过半的市场占有率。2015年，华为实现销售收入3950亿元人民币（按年末汇率折合608亿美元），同比增长37%。

作为全球领先的信息与通信技术(ICT)解决方案供应商，华为专注于ICT领域，坚持稳健经营、持续创新、开放合作，在电信运营商、企业、终端和云计算等领域构筑了端到端的解决方案优势，为运营商客户、企业客户和消费者提供有竞争力的ICT解决方案、产品和服务。在专业的通信领域，华为已经成为毫无争议的王者。

放眼世界500强企业，90%的中国企业是靠原物料、中国内需市场等优势跻身排行榜，或者依靠上市运作去圈钱。这些公司虽然高估值，但不代表其有多大价值。而诞生在深圳这座改革与创新之城的华为，靠的是技术创新能力，以及海外市场经营绩效获得今天的地位。

当曾经的通讯产业巨擘摩托罗拉、阿尔卡特、朗讯、诺基亚、西门子等面临衰退危机时，华为却在过去10年间实现了持续增长。那么，这家令人骄傲的公司是如何获得成长的呢？在经营与战略上有哪些过人之处？其技术创新的秘密是什么？本书将为你揭秘华为成功背后的逻辑。

电信是一个竞争残酷的行业，世界上任何电信公司不是发展，就是灭亡，没有第三条路可走。华为同样如此，没有退路，要生存，就得发展。在压力面前，任正非立下誓言："处在民族通信工业生死存亡的关头，我们要竭尽全力，在公平竞争中自下而上发展，决不后退、低头"；"不被那些实力雄厚的公司打倒"；"十年之后，世界通信行业三分天下，华为将占一分。"带着这些信念，任正非的管理显得强硬甚至几近偏执。正是这种"偏执狂才能生存"的理论，成就了今天的华为。

大凡真正的大企业家，首先应该是个思想家，对企业的宏观战略有清晰的认识，以自己独特的思想认识影响和指导企业的发展。华为之所以成为中国民营企业的标杆，不仅仅因为它在技术上从模仿到跟进又到领先，而是因为它有令人尊敬的工匠精神、彻底的执行文化、卓越的狼性团队、天生的奋斗意识、领先的产品设计、科学的管理思维……

这一切，构成了华为独特的企业文化，这种文化的背后则是总裁任正非穿透企业纷繁复杂表象的深邃的思想力。从产品营销到技术营销再到文化营销，华为做得有条不紊。任正非对企业目标的界定，对企业管理的创新，对智力价值的承认，都开创了中国民营企业之先河。

多年来，十几万华为人坚持聚焦在主航道，抵制一切诱惑；坚持不走捷径，拒绝机会主义，踏踏实实，长期投入，厚积薄发；坚持以客户为中心，以奋斗者为本，长期艰苦奋斗，自我批判。他们没有辜负时代慷慨赋予的历史性机遇，为共建更美好的全联接世界做出了卓越贡献。

◎价值主张

为适应信息行业正在发生的革命性变化，华为围绕客户需求和技术领先持续创新，与业界伙伴开放合作，聚焦构筑面向未来的信息管道，持续为客户和全社会创造价值。

◎公司治理

公司坚持以客户为中心、以奋斗者为本，持续改善公司治理架构、组织、流程和考核，使公司长期保持有效增长。

◎研究开发

华为聚焦ICT管道战略，为实现更好的全联接世界，在关键技术、基础工程能力、架构、标准和产品开发等方向持续投入，致力于用更宽、更智能、更高性能、更可靠的"零"等待管道，为用户创造更好的体验。

◎质量方针

积极倾听客户需求，精心构建产品质量，真诚提供满意服务，时刻铭记为客户服务是我们存在的唯一理由。

◎开放、合作、共赢

华为把"开放、合作、共赢"作为企业发展的重要基石，致力于为全联接的信息社会打造良性生态系统。

无论在运营商务领域，还是在企业业务领域和消费者业务领域，华为都做得有声有色，表现出强大的竞争优势。为客户创造价值、推动行业良性发展、促进经济增长、促进社会可持续发展、为奋斗者提供舞台，华为无可争议地成为当今中国企业的代表。

在2016年5月30日全国科技创新大会上，任正非说："从科技的角度来看，未来二三十年人类社会将演变成一个智能社会，其深度和广度我们还想象不到。越是前途不确定，越需要创造，这也给千百万家企业提供了千载难逢的机会。""华为现在的水平尚停留在工程教学、物理算法等工程科学的创新层面，尚未真正进入基础理论研究。随着逐步逼近香农定理、摩尔定律的极限，而对大流量、低时延的理论还未创造出来，华为已感到前途茫茫、找不到方向……华为正在本行业逐步攻入无人区，处在无人领航、无既定规则、无人跟随的困境。华为跟着人跑的'机会主义'高速度，会逐步慢下来，创立引导理论的责任已经到来。"

虽然站在了行业的巅峰，但是任正非和华为仍然战战兢兢、如履薄冰，对未来的挑战充满担忧。这是智者的前瞻，也是完成下次冲锋的理性思考。一个永远在思考如何避免失败的领导者和他的企业，更能远离失败，接近成功。或许，这才是华为制胜的真正逻辑！

目 录

第一章

工匠精神——28 年来坚持只做一件事

华为自创办到今天，一直在坚持一件事，即致力于成为一流通信设备供应商。它的坚持在很大程度上体现了一种工匠精神，唯有坚持才能不断积累，产品才能趋于完善。华为在技术和创新方面的积累，不仅成就了华为今天的成绩，也为它的将来打下了坚实的基础。

1. 在华为最重要的不是钱，而是理想

传统的经济学理论认为，经济人的目标是追求利益最大化。对经营者来说，最关心的就是从企业中拿走自己应得的部分，而员工则关心自己通过劳动收获了多少薪酬。在这个假设条件下，不管是经营者还是员工都密切关注自身利益，而后者只能从企业效益中得到满足。所以，理论上讲，企业的第一目标就是物质利益最大化。

虽然很多经营者按照传统经济学理论追求企业物质利润最大化，但是仍然有人把情怀看得很重，他们向往着诗和远方，把企业经营当做一项伟大的事业。显然，华为公司总裁任正非就是这样的一个人。

他提出，华为公司的经营目标不是企业物质利润最大化，而是将利润维持在一个比较合理的范围内就可以，华为的目标是成为世界级领先企业。一个企业倘若过分追求物质利润，只能说明其太注重短期利益，也是对现实的妥协。而一个企业致力于打造世界级领先企业，看重的则是企业的长远发展。

二十多年来，华为人靠着一点一滴、坚持不懈地努力，把华为公司打造成世界级领先企业，为顾客提供有价值的服务。倘若没有一个正确的发展目标和导向，华为就无法获得顾客的信任和依赖，也无法使员工拥有远大的奋斗目标和坚持不懈的奋斗精神。

在电子网络产品领域，企业关心的是未来能否升级、未来是否有新技术的发展，以及项目投资在技术进步过程中会不会遭到淘汰。华为如果不想消亡，

必须有长远的目光和领先的理念。华为追求的是在电子网络产品领域满足顾客需要，实现顾客梦想，并且通过不断地积累和艰苦追求，进而成为世界级领先企业。

当炒房炒股掀起热潮，大家都忙着获取短期暴利时，华为不为所动，只专注于做研究和开发。当各大企业都忙着上市，谋取更多利益时，华为依旧不为所动，因为企业上市后，股东们看到股市中可以谋取更多的利益，就会逼着企业做横向发展，那样华为就无法守住"上甘岭"，也就攻不进"无人区"了。

用一句话总结华为的企业文化，就是"傻"。华为的理念核心是理想，钱不是最重要的，而华为的理想就是坚守住"上甘岭"。

怀着这样的理想，华为在接下来的几十年里一直专注于通信领域这个"城墙口"，在这方面做大做强。当初只有十几个人的时候，华为就对着通信领域这个"城墙口"进攻，今天企业规模扩展到十几万人，依旧没有改变进攻的方向。因为华为的理想不曾改变，在坚守梦想的道路上越走越远。

华为多年来一直持续不断地进行变革，主动学习西方先进管理思想。为此，华为每年都要花费上亿美元邀请国外专业顾问团队来提供管理培训。比如，华为曾经邀请丰田董事长和德国工程研究院团队来帮忙进行专业指导。有了这些努力，华为学到了很多先进的管理理念和管理经验，公司才逐渐走向管理规范化，并且发展得越来越好。

一个不争的事实是，支持华为走到今天的，不是物质利益，而是梦想。正是因为华为一直坚守自己的梦想，才没有随波逐流，在各种诱惑面前依然坚守应有的本分，最终有了今天的成绩。

任何企业都不能忽视利润这个永恒的目标，但是企业绝不能只强调利润而忽视其他。在日常工作中，管理者一定要在各种利益和目标之间进行平衡，而利润只是其中一个比较重要的目标。企业无论是为了战略需要还是长远发展，都不能将利润作为唯一的追求。

过分注重利润，只能让管理者陷入短期利益困局无法自拔，很有可能因为谋求当下利润而毁掉了企业的未来。一个企业为了利润不择手段，那么它便很难拥有信誉与长远规划。管理者只注重眼前利益，就很难提升专业能力，引领企业走向伟大。

不把物质利益作为唯一目标，企业就不会因为一味追求利润而失去良好的商业机会。不可否认，任何一个伟大的公司都需要赚钱，但要想成为一个伟大的企业，首先要为社会创造真正的财富和价值，才能够不断地改变这个社会。

做企业一定要有理想，理想才是企业成功的源泉。爱因斯坦曾经说过："人类因梦想而伟大。"人们获得的每一次进步，最初都源于自身的梦想。今天，商业社会缺失的不是钱，缺失的是企业家的精神、梦想和价值观。经营者一定要在内心深处播种梦想，才能不畏艰难、努力拼搏，并在商业世界有所建树，保持持续的激情。

2. 做世界一流通信设备供应商

二十多年前，任正非开始创办华为，当时面临的环境如同非洲大草原的冬天，异常糟糕。任正非带领的团队好像冬天里的狼群，面对恶劣的生存环境，想尽办法寻找食物。而那些狼群面对非常健壮、根本无法接近的大犀牛时，没有退缩，认真地观察犀牛的一举一动，寻找进攻的机会。尽管第一轮进攻以失败告终，但狼群不气馁，依然专注观察，最终发现了犀牛的缺陷，一举将对手制服。

狼群凭借着专注精神，遇到困难不退缩，耐心观察，最终战胜犀牛，获得了食物。华为就像狼群一样，在二十几年里无比专注，一次次完成自我超越。第一次创业时，华为由一贫如洗到"双百强企业"，就是依靠专注精神，致力于供应通信设备。今天，华为进行二次创业，进入IT行业，开发出了"云计算"业务，这一系列成就仍旧离不开不折不挠的专注精神——唯有专注，方能实现重点突破，达到技术领先。

1992年，对于研发能否取得成功这一问题，尽管任正非看到了国内交换机的广阔市场，然而当时国外的电信企业与国内的合资企业共同垄断了我国大型局用机和用户机。一家无所依靠的民营企业想要开发交换机并取得胜利，几率非常小。正因为如此，许多企业退缩了。

在公司的一次研发动员会上，任正非站在会议室窗户旁边深沉地对全体人员说："倘若这次研发以失败告终，我只能从这座楼上跳下去，但是你们可以寻找其他出路。"话语间满是悲壮之情。任正非心中一直燃烧着一股激情，那就是华为必须有属于自己的数字交换机，否则要想生存下去，实属难事。正是任正非这股专注的精神，让整个团队看到了希望，鼓舞了斗志。

任正非很清楚，国内市场前景广阔，但是华为这家民营企业想在短时间内有所突破是很难的，唯有专注研发，不断创新，不断改进，方能谋得一席之地。

JK1000曾经失败了无数次，最严重的一次损失了近亿元的销售合同，但任正非依旧没有放弃，一直专注研发。在经历无数磨难之后，1993年年底，华为终于推出了2000门网用大型交换机设备C&C08机。从此，华为实现了营收与研发资金的良性互动，也成功进入一个全新的发展阶段。

多年以来，华为一直专注于通信设备的研究开发，总有让客户惊喜的产品不定期推出。众所周知，在网络信息时代，服务器扮演着不可或缺的角色。在网络中，服务器是能够为其他机器提供一些服务的计算机系统，而且作为网络的节点，它能够存储和处理网络上百分之八十的数据和信息。因此，服务器又被称为网络的灵魂。

人们平时上网获取资讯，通过即时通信工具与外界沟通和观看娱乐影音节目等，都要借助于服务器。

倘若不具有专注精神，便很难开发出高性能、具有差异化的服务器。华为专注于通信设备研发，而且提供了多种高效能服务器，因此国内很多用户都在使用华为生产的服务器。

2008年，华为与腾讯在服务器供应方面达成了合作。那个时候，腾讯的在线生活平台拥有3亿多用户，同时在线人数超过了3000万。服务器用户数量的逐渐增长对服务器平台的性能和功耗均提出了越来越高的要求。为了满足客户的需求，华为专注于研发绿色数据处理技术，进而研发出多款反应迅速、性能出色的服务器，它们在腾讯的大量应用使得腾讯快速增长的业务需求得到了满足。

2010年1月，华为Tecal RH2285 2U双路机架服务器获得SPEC2006测试第一；11月，华为Tecal X 60004节点2U数据中心服务器又喜获SPECPower-ssj2008能效测试第一。这些成绩都向世人证实了华为研发的新一代服务器所拥有的超凡性能。

2011年9月，华为在英特尔信息技术峰会上向业界推出了其独自研究开发的，拥有无污染、性能高、能定制的Tecal服务器。另外，在数字城市项目方面，华为也依靠专注在ICT基础设施研发与供应中发挥越来越重要的作用。

2011年11月，在第六届中国数字城市建设技术研讨会暨设备博览会上，华为摘获"住房城乡建设领域2011年度信息化优秀软硬件供应商"大奖。在会上，华为副总裁马悦表示，华为运用自己的能力，与合作伙伴一同打造数字城市。华为的许多优势项目，很多都是与合作伙伴一同完成的。

由此可见，华为之所以能够获得"优秀软硬件供应商"大奖，是因为其专注精神——从前专注于通信技术供应，今天拓展开来，专注于信息与通信技术供应。这种精诚制造精神让华为人成为业内工匠，一步步接近行业的高峰。

华为逻辑

华为运行的模式无法被复制，其一贯作风也成为学习的难点，但华为还是能够给当今的企业及其高管们一些启发，那便是专注精神。将全部精力、时间都投入到一项事业中去，方能获取竞争优势，创造高效益。

今天中国经济下滑，多行业产能过剩，企业调整迫在眉睫。所谓调整，就是将一些科技含量低的企业淘汰掉。而现在很多中小企业总是想法很多，目标分散，导致企业无法凝聚所有力量，无法在竞争中取得胜利，久而久之只能被市场淘汰。

专注乃企业经营运行之根本，也是国家立足之本。"华为"寓意"中华有作为"，平心静气，专注于自己擅长的领域。那些市场上有所建树的企业，无一不是靠专注的工匠精神立足。倘若一个企业只靠模仿名牌、组装产品运行，恐怕不会有所作为。唯有一心钻研，做出独一无二的品牌，拥有专有的技术，企业才能生存下去，并发展得更好。

3. "压强"原则成就自主核心技术体系

所谓"压强原则"，《华为基本法》第二十三条这样解释：我们坚持"压强原则"，在成功关键因素和选定的战略生长点上，以超过主要竞争对手的强度配置资源，要么不做，要做，就极大地集中人力、物力和财力，实现重点突破。

在资源的分配上，应努力消除资源合理配置与有效利用的障碍。对人、财、物这三种关键资源的分配，首先是对优秀人才的分配。显然，要让最优秀的人拥有充分的职权和必要的资源，去实现分派给他们的任务。

华为在创业初期，将人力、物力和财力集中起来做研发和公关，在与对手竞争过程中取得了成功。之后华为把这一战术归纳为"压强原则"，并写进了公司基本法中，以此来帮助整个公司实现顺利运作。

首先，"压强原则"中所提到的"成功关键因素和选定的战略生长点"是压强战术的前提条件。华为在创业初期，几乎是一无所有，但一路走来从不为其他机会所诱惑。

任正非曾经说过："华为知道自己的实力不足，不是全方位地追赶，而是紧紧围绕核心网络技术的进步，投注全部力量。又紧紧抓住核心网络中软件与硬件的关键中的关键，形成自己的核心技术。"

正是依靠着这种思想，他不信奉"不把鸡蛋放在同一个篮子中"，相信只有专注才能有所作为，一心二意是万万不可取的。因此，华为从始至终一直专注于研究开发通信核心网络技术。当年，华为将销售产品取得的微薄利润全部

投入到产品研发上，如此周而复始，不断改进和创新，华为才真正拥有了属于
自己的核心技术。

其次，"压强原则"强调要集中使用和分配资源，也就是将企业内部的全
部优势资源集中起来，瞄准一个领域或方向，集中攻克、开发。军事家克劳塞
维茨曾经说过："最好的战略是首先在总兵力方面，然后在决定性的地点上始
终保持十分强大的力量。因此除了努力扩充兵员外，战略上最重要而又最简单
的准则是集中兵力。"

数量上的优势不仅体现在战术方面，更体现在战略方面。从某种程度上
讲，华为的"压强原则"是运用了毛泽东的"集中优势兵力，各个歼灭敌人"
的策略。

在华为，与竞争对手打交道的绝不仅仅是冲在最前方的几个队员，他们的
背后有一个强大的团队做后盾，其中有人负责设计技术方案，有人负责拓展外
围关系，有人负责打入竞争对手内部。任正非认为，华为不具有雄厚的资本，
想要与强者竞争，就必须要集中优势兵力，从中寻求突破口。

华为在开拓河南市场时，任正非让遍布在世界各地的销售人员将手中的工
作放下，一天之内聚集起来组成一个营销大军。这只营销大军一路向河南奔
去，力图在当地大展宏图。当时，与华为一起在河南攻取市场的某公司员工见
到这只浩大的队伍，不禁感叹道："我们与华为这1∶100的比例，胜负实在太明
显了。"

华为不仅依靠"集中优势兵力，各个歼灭敌人"的策略拿下了河南市场，
后来也相继攻下了许多国内、国外市场。当然，竞争对手不同，华为所制定的
"压强政策"也大不相同。

再次，华为"压强原则"的一个重要支撑点是快速行动，它要求华为员工
在确定目标以后能够以最快的速度朝着目标采取措施。

曾经，一个外国客户本来打算去往深圳同某公司谈合作事宜，最终却与华
为签了合约。原来华为早一步得到消息，在该公司员工到达机场前到达，提前
将外国客户接到了华为深圳总部，一举拿下了合约。

市场竞争十分激烈，华为一直拥有敏锐的洞察力，发现机会后迅速行动。
凭借着超强的行动力，华为在技术上也遥遥领先，赢得了竞争优势。

華为逻辑

2004年12月8日，荷兰移动通信运营商Telfort宣布选择华为作为公司第三代网络建设的设备供应承包商。华为第一次拿下了欧洲合同。当时参与竞选Telfort3G项目的还有爱立信、诺基亚等许多世界一流设备商，但最终花落华为。

华为在欧洲开设了四个研发中心，拥有一千一百人的团队，并且大量聘请当地员工，人员架构分布达到三十个国家。在竞标Telfort3G项目中，华为将欧洲所有员工都动员起来，集中全部资源满足顾客提出的各种要求。

华为在欧洲能够迅速满足Telfort3G的业务需求，因此Telfort选择了华为而非其他伙伴。如此一来，华为的"压强原则"在国际业务中也得到了成功运用。

商场如战场，不论是管理一个小公司还是一个大企业，都要懂得分配资源。企业能够动员起来的资源毕竟很有限，这也就决定了在某些关键点上，有限的资源必须尽可能集中使用，不能分散开来，以发挥它们最大的聚集效应。

而且，企业要学会扬长避短，将有限资源投入到最关键且回报最大的地方，利用主动性和创造性来制造局部优势，从而打败那些比自己强大的竞争对手。

当然，"压强原则"也有一定的前提条件，即通过核心技术引领客户，从而保持市场领先；通过现有技术来满足客户的各种需求，以维持市场份额。在掌握了这两点以后，实施"压强战略"就能够集中资源，弥补并缩小与对手的差距，从而达到预期目标。

4. 以客户的需求为工作目标

华为是成功的、伟大的，但也是平凡和普通的。当我们看到它真实的一面时，发现它甚至是非常简单的。企业经营的确是一门很深的学问，华为之所以能够将产品推广到全国乃至全球，能从一个小作坊发展到闻名全球的华为帝国，靠的就是以客户为中心。

任正非将这一理念解释得十分简单，他说："我们为客户服务，想赚取客户的钱，就要提供好的服务。这个方法其实来源于中国五千年的文明历史，五千年文明传承'童叟无欺'，说的是以客户为中心。"

这番解释非常平凡、简单、实在，每个人都容易理解；然而正是这种平凡、简单、实在，以及身体力行，成就了伟大的华为。

任正非曾经说过："为客户服务是华为存在的唯一理由，客户需求是华为发展的原动力，我们坚持以客户为中心，快速响应客户需求，为客户提供完善的服务，持续为客户创造长期价值进而成就客户，成就客户就是成就我们自己。"

他认为，客户在购买一件产品之前，通常考虑到以下几点：产品质量以及性能稳定性；产品功能是否强大，价格是否合适；产品所使用的技术是否领先，能否满足自身需求；产品是否具有有效、高质量的售后服务；产品、技术以及公司是否能够可持续发展。

任何一家公司都能够很轻松地做到其中一条，但要同时做到这五条是非常不容易的。华为始终将客户关心的这五条内容牢记在心，把它们渗透于公司管理的方方面面，将满足客户需求放在公司运营的首要位置。

　　为了使董事会和经营管理团队能够带领整个公司完成"为客户提供服务"的使命，华为专门在经营管理团队中设立了战略与客户常务委员会。这个委员会主要做务虚工作，他们通过务虚摆正公司的工作方向，使董事会和经营管理团队在方向上达成共识，之后授权管理团队通过行政部门去决策。

　　这个委员会为经营管理团队履行战略与客户方面的责任提供了决策支撑，保证客户需求能够推动公司的整体战略部署，并为其实施提供帮助。

　　为了保证客户需求能够迅速地反馈到公司，并且放入到产品的开发路标中，华为在各个产品线、各个地区都建立了市场组织，以便更好地贴近客户，了解客户需求。与此同时，负责贴近客户的组织被称为公司的"领导阶级"，他们推动了公司流程优化与组织改革进程。

　　哪里有华为的使用者，哪里就有华为的专业服务机构。华为相继在中国的三十多个省市和三百多个地级市建立了服务机构，并且在全球一百四十多个国家也建立了服务机构，以便能够随时了解客户的需求，及时对其需求作出必要的反应，同时也能够吸取一些客户对设备运用等各方面提出的具体意见。在这个过程中，客户有什么需求，设备在使用中出现了哪些问题，哪些地方需要改进，都能够很快反馈到公司。

　　在华为，只要产品被立项，就会立即成立一个由市场、开发、服务、制造、财务、采购以及质量人员组成的团队，负责管理整个产品开发过程，以保证产品推出市场就能够满足客户需要。

　　通过服务、制造、财务、采购等流程后端的部门提前加入，团队在产品设计阶段便很好地考虑到可安装、可维护、可制造的需求，以及成本和投资回报。整个流程的各个环节都准备好，脱离了开发部门开发产品、销售部门销售产品、制造部门生产产品、服务部门安装和维护产品的割裂状况，也脱离了在产品面向市场后，整个流程各个环节不了解或没有做好准备的状况。

　　比如，华为在国外的第一个融合计费项目——印尼M8项目，这是在通信业很少见的真正融合计费项目之一。客户非常信任华为，因此将全网搬迁原来计费系统的项目交给了华为，同时提出必须在六个月内交付商用的要求，而六个月只是常规期限的一半时长。

　　任务非常艰巨，这让一线工作人员和总部支持团队都承担着心理和工作上的巨大压力。前前后后，华为派出了四五批研发专家团到现场和客户进行沟通，其中有两次规模很大，每次均有二十多位专家到场。从根本上说，他们要弄明白客户到底需要什么，只有这样才能完成最终的优质交付，才能展现华为特有的"实现客户梦想"的基本原则。

双方团队在封闭的酒店中办公，白天开会，晚上形成当天的会议纪要，并且相互进行确认。在这个过程中，华为当地员工起到了很大作用，他们不仅是一线员工，而且也扮演翻译及沟通的角色。研发部门也十分负责，对客户提出的问题尽可能当场解答；对客户提出来的要求，也会毫无遮掩地进行沟通，最终达成一致意见。

由于华为精准地掌握了客户的需求，而且做到突出重点、保证进度，这个项目最终顺利地按照约定交给客户使用，受到印尼合作方的高度评价。

与此同时，华为也建立了以客户需求为导向的企业文化。任正非曾说："企业文化实质上就是员工的行为文化。"作为华为的创始人，任正非将企业文化扎根于企业的组织、技术、情操以及员工的思维和行为中，它承载着华为的核心价值观，真正融入到每个员工的工作中以及整个公司的运营管理中。

过去，企业家们常说"客户就是上帝"，而现在，客户变成了和企业一样的单一个体。如何做到以客户为中心，是当今每个企业家都在认真思考的问题。从华为身上，可以得到以下三点启示。

首先，对待客户要时刻保持一种忘我的境界，以结果为导向，不断前进，不停奔跑。企业要将自己当成客户，进入无我状态。

其次，要让客户感受到产品的价值，让他们感觉产品就是为他而定制的。以前，只要产品质量好，就一定有客户；今天，客户更注重服务和体验。作为企业，要不断给客户带来新鲜感，以产品为荣。

最后，企业要做到尊重规律，研究规律。客户的需要，表面上看是客户所做的选择，其实是市场规律发挥作用的结果。因此，企业要认真研究市场规律，这不仅是对自己负责，更是对客户负责。

5. 努力建设完善的服务保障体系

近二十多年来，为了提升企业的竞争力，给客户带来更新颖的产品服务体验，华为一直将"以客户需求为中心"作为服务宗旨，将客户是否满意作为一切工作的检验标准。同时，华为还制定并完善了特有的服务体系，成功从原有的"售后服务"旧模式转变为"服务营销"新模式。具体来说，这一转型过程包括以下几个方面。

首先是服务战略转型，即服务项目向专业化和产品化转移。为了更好地满足客户需求，更好地实现客户的综合利益，并且考虑到服务创新和服务增值已经是今天行业发展的大方向，华为从2003年开始进行服务战略转型。

华为通过迅速对客户需求做出反应，使得客户价值最大化，完成由技术支援向服务创新和增值的过渡转移，逐渐完成由技术功能型组织转变为产品化服务型组织，服务项目也变得更加专业化，非增值服务逐步向外部转移。

同时，华为不但生成整体服务解决方案，而且提供许多服务产品供客户选择。其中，"整体服务解决方案"有白金、金、银三个等级，以满足不同客户的不同需求，这不仅体现了服务的标准化，更体现了服务具有专业化和差异化。

另外，专项服务是为了保证客户网络安全，降低风险，保证电信增值业务的良好扩展能力。这样，不论客户选择什么样的服务，都能够享受到相应的服务。

其次，建立以客户为中心的服务体系。为了精确了解客户需求，华为在建立自身服务体系方面，学习其他国家许多先进的客户价值管理体系，建立客户需求研究体系，而且依靠IT服务平台对信息进行汇总和传递，再由研究分析人员对其进行分析，最后把分析的结果作为指导服务产品设计、业务流程优化和业务运作模式的行动方针。

华为建立起来的客户服务体系是一个立体模型，总部负责开展全球服务业务以及管理客户对业务的满意度，之后将全球划分为七个地区，每个地区下面的每个国家再各自设立代表处。华为在这三个等级上均建立了各自的服务虚拟团队，来构建和客户分层分级的沟通机制，更加便利地解答客户的疑问，满足客户需求，将所有优势资源聚集起来，做到快速响应。

再次，提供专业、快捷的服务。华为对客户做出承诺，会为客户提供专业、高效、快捷的服务。为了履行这个承诺，华为不断改进服务网络，提高响应速度。其中，现场支持、硬件维护、设备更换、客户培训等服务均需要通过完整的服务网络才能够确保响应速度。

为了支持地方服务，完善地方资源，华为在全世界设有一百多个服务机构以及十多个区域技术支持中心，而且根据地方维护量多少来配备不同数量的技术支持人员。各级技术支持部门统一管理，依靠发达的网络技术实现信息资源共享。

最后，以客户需求为导向的人力资源及干部管理。客户满意度是华为各级领导干部的重要考核指标之一。并且，将以客户需求为导向和为客户服务纳入到干部、员工招聘、选拔、培训教育和考核评价体系中，强化每个员工对客户服务的关注，同时固化干部、员工选拔培养的素质模型。在华为，每个员工刚进公司进行入职培训时，管理层都会给他们讲《谁杀死了合同》这个案例，告诉员工任何一个细节都有可能使公司崩溃。

从2014年开始，华为提出了"大服务"这一新的产品构架，该构架贯穿整个产品生命周期，由咨询、规划、设计、建设到优化、提升，是一个高端大服务的产品架构。但是从服务深度层面来看，华为在2014年建立了七大行业能力中心，就是想更加了解客户需求。

华为中国区交付与服务部部长孙茂录认为，"大服务"并非一个简单的产品，而是一个体系架构，它包括产品合作模式、人力资源发展对合作伙伴能力的发展，在"大服务"的体系架构中有百分之八十的服务内容都是能够由合作伙伴交付的。华为通过"大服务"体系架构一直在开发新的产品服务，当然具体的交付情况依合作伙伴的能力而定。

"大服务"之所以能够运作，不仅依靠华为自身平台的支持，也与其合作伙伴紧密相关。中国智能交通系统有限公司首席科学家及首席技术官关积珍曾表示，大部分维护上的一线人员驻守都是由中国智能交通系统有限公司和华为的工作人员一同完成的，并且实现了二十四小时的服务监测响应。

大服务的核心要素是以客户诉求为基础的，体现了以客户为本的工匠精神。从客户层面来讲，产品生命周期很长，倘若能够一直提供服务，客户体验当然更好。为了解决这个问题，华为提供包括客户售前、售中、售后三个阶段的保障性服务。华为展现的是一个综合的服务解决方案，也是自身能力逐渐提升的过程。

今天，市场竞争越来越激烈，产品之间的差异越来越小，如果想在激烈的竞争中取得胜利，企业应当更加重视无形商品——服务，优质的服务越来越成为企业发展的生命线。为此，企业要建立完善的产品服务体系，坚持"以客户为中心"的服务理念。

真正做到以客户为中心，经营者必须做到以下几点：

首先，企业要拥有敏锐的客户洞察能力，这种能力能够让企业清楚谁是目前和将来最有价值的客户，以及该用什么方式与客户进行沟通，从而达到双方价值最大化。企业要做到这一点，就应当对客户数据进行仔细的分析，不断更改和完善对客户的认识。

其次，企业要做到全面的客户体验服务，因为客户不再只是购买某家公司的产品或服务，而是想要购买一个整体体验。哪个公司掌握了这一完整体验，就能够比竞争对手更加领先。

最后，企业要树立良好的社会形象。好的社会形象是企业追求的目标，也是能够提升客户满意度最重要的部分。而社会形象产生于客户与员工的接触中，唯有双方达到了一致性，才能拥有好的社会形象。

当然，企业也要不断倾听客户的意见和想法，了解客户都需要哪些产品和服务，以及他们希望采取什么方式来提供产品和服务。但是，顾客也不是一成不变的，他们的期望随着市场的变化而改变，因此企业要不断倾听顾客的想法，并及时作出反馈。

6. 持续不断地改良是华为最好的出路

任正非曾说："我从来都不主张大刀阔斧地改革，管理需要持续不断、一点一滴地积累，改良是华为最好的出路。"

华为经过十几年的发展，企业规模不断扩大，企业效率增速呈缓慢趋势。任正非认为，与企业发展初期不同，今天的华为所处的是一个持续不断的过程，因此应当追求一点一滴地改进，从而促使管理不断改良。

进行持续不断地改良，一定要做到赏罚分明，不断提高企业运行效率。在华为有这样的规定：每人每月可扣总分为100分，当员工被扣分至80分以下时需要交纳50或100元罚款，当被扣分至60分以下时就可能被扣薪水或是被项目组辞退。被罚款项通常由项目组做零食转款或做奖励用。若员工连续三个月以上均获得100分，项目组就会奖励其100元。

那些平时工作认真负责，并且全体成员对其认可度较高的普通成员有机会被任命为纪律监督员和纪律考勤员。纪律监督员主要负责突击检查员工纪律情况，并且接受纪律举报，这种奖罚不仅仅是记录，而是在每月底召开的民主生活会上进行。受到处罚的员工当场掏罚金，受到奖励的员工当场得到奖金。这一切项目组所有人都看在眼里，确实做到了奖罚分明。

与此同时，各个小组长也会准备一份红黑事件记录表，用来记录该小组中发生的一些红黑事件，红事件即表扬，黑事件即批评。例如，某组员帮助其他同事解决一个重大漏洞或者总结出一个技术经验并与该组其他同事共同分享等均计入红事件，但某组员在系统升级过程中遗漏了某个文件而造成升级不成功时就计入黑事件。

通常，红事件与黑事件均作为绩效考核中加减分项目的依据。因此，绩效考核的评分基本上都是客观准确的，都是有理有据的。这种规范客观的绩效考核方式不仅精细了项目组的绩效考核制度，而且使得整个项目组的价值认同感更加强烈。

在这场推进管理改良的战斗中，华为一直追求精细化管理，只有全体员工均参与其中，才能达成普遍积极性，从而提高整个公司的效率。

华为的项目管理中很特别的一个方式是全体员工参与管理。除去项目经理把管理工作分配给各个小组长以外，项目组中还会任命许多为项目管理服务的角色和职位，例如前面提到的纪律监督员、纪律考勤员，还有图书管理员、配置管理员等等。

每一个大型项目组中，各种协调与基础性管理工作都是非常多的。这些工作都被分配到不同人员身上，并且明确每个人的责任分工。在项目组中，每个成员都会被分配到不同的工作，参与到管理工作中去，这样不仅能够提高所有组员的主人翁意识和积极性，也能够从心理上感受到组织和组长对自己能力的认可和信任。

通常情况下，领到任务的组员都会有一种使命感，从而投入更大的热情去完成工作，效果也是十分显著的。全体员工共同参与管理，普遍提高了整个团队的积极性。

在华为，所有进入合作项目中的新员工在试用期时都会配备专业导师负责指导员工快速进入新角色和适应新的工作环境。新员工不仅要完成项目组对其关于项目组所用开发平台工具的集体培训，还要完成导师为其安排的比较集中的学习和工作任务，这一方面能够让新员工更快地完成任内工作，另一方面也能够使其快速适应项目组的工作节奏。

专业导师要评价新员工的工作能力和工作任务的完成情况，这直接关系到新员工能否按时转正。导师使新员工有了方向感，使其能够快速适应工作环境并快速融入到团队中去；与此同时，项目组也能够根据新员工的表现和导师对其的评价更快更准确地把握新员工是否具备工作能力，能够成为真正合格的员工。

实际上，管理应当细致到什么程度，应该引起管理者的关注。华为不仅重视开拓市场，而且也在实行精细化管理，来降低企业风险。而所谓的精细化管理，就是要在细节上下功夫，把管理做到位，不能有遗漏和漏洞。

一次一位业内人士受到邀请前来参加华为举办的沙龙，但由于迟到被拦截在华为总部东门外。因为华为规定，在这个时间段所有外来车辆一律不能进入。

和华为方面相关人士取得联系后，他被带到前台办理手续。前台很快就从电脑中找到他的名字，为他办理了一张一次性进出卡。在进入会议室所在办公大楼时，前台对其身份进行了第二次核实。由此可见，华为的管理是非常严格的。

在沙龙休息间隙，工作人员要登记与会人员随身带的便携笔记本的序列号。原来，华为的所有笔记本都登记在案，是为了避免电脑和资料丢失，而登记便携笔记本的序列号是为了让客人更加方便地把它带出华为。由此可见，华为的管理细致到点点滴滴，无所不在。

任正非认为华为是一个有理想的企业，而只有持续不断地改良才是华为最好的出路，在实践中不断摸索，积累经验，才能拥有美好的未来。持续改进，精益求精，永远没有止境，这就是可贵的工匠精神。当企业沿着这条路走下去，并持之以恒，自然会成为业界专业者，在竞争中赢得优势和敬重。

做企业离不开创新与改革，但绝不能盲目创新，进行激进的革命式变革。而是要在坚持有效的经验基础上，进行渐进式改良。小改进要鼓励，大建议则不能鼓励。因为每一次改革和创新，都是在否定和破坏之前的模式。

因此，以前执行起来有效的经验及做法必须坚持，但是可以依据实际情况的变化进行必要的改良，千万不能随便就否定以前的做法，进行革命性改革。但是，当实际情况已经从根本上发生改变，从前的经验和做法已经无法适用于今天的情况，就必须进行革命性的改革。

实际上，没有一成不变、适用于所有情况的管理方法，任何管理方法都有它适用的环境。企业要先理解管理方法的精髓，在实践的基础上发现其需要改进的地方，然后再根据企业面临的实际情况进行改良，最终形成适合企业自身发展的、有特色的管理方法。

第二章

执行文化——让听得见炮声的人做决策

　　华为之所以取得今天辉煌的成绩，除了在技术和市场方面的努力外，其强大的执行力也是功不可没。执行力提高，能够提升企业运行效率，在为企业赢得更多发展机会的同时，也能够为企业大量节约人、财、物资本。

1. 区分对事负责制与对人负责制

与很多民营企业家一样，任正非是一位很接地气的领导者，能够迅速与下属打成一片。老一代华为人大部分都是为了任正非而战，而不是为了华为而战，这在创业初期往往能够提高效率。但是，华为不断发展壮大，要想让每个员工对华为都尽心尽责，只依靠对领导负责的态度是不行的。而必须要让每个员工都对自己的工作负责，把工作落到实处。

"企业中应该少一些官僚气，多一些工业化的机械工人的气息，要做一个认真对待自己工作的职工，而不是只会逢迎拍马的下属。"任正非认为，基层管理人员是负责直接带兵作战的，倘若所有基层人员只会看上级脸色做事，就会对公司战略目标实施不利。因此，企业必须推行科学管理，让员工能够真正做到对事负责。

实现"对事负责"的管理目标，要提高员工的执行力。一个企业如果缺乏执行力，一定会面临政策重复性和拖延性，这样会大大降低企业的工作效率，更会影响整个企业的发展前景。

说起华为的执行力，总会让人想到任正非的军人背景。"令行禁止"，即要求每个人必须对自身工作负责。而今天华为一直信奉并实践着的也是"令行禁止"。华为的执行力让国际巨鳄们瞠目结舌，在研发人员那里，研发就是其使命，而领导者是为其服务的，而不是研发人员要服务的对象。

今天，经济全球化导致了竞争全球化，企业间竞争更加激烈。一个企业的竞争力体现在市场变化、反应速度、危机应对等方面。在这个变化速度非常快的大环境中，高效的执行力就是企业保持竞争优势的关键因素。

很多企业要面对严重的市场危机，但是这也是"危险中寄予的机遇"。在新经济带来的机遇与挑战面前，企业要不停地增强自身竞争力，不断发展壮大，才能够成为行业的带头人。但是想要完成这个目标，就一定要培养并提升企业执行力，尤其是公司各个事业部和分公司的执行力。

任何企业，尤其是大企业，仅仅依靠战略无法在越发激烈的竞争中突显出来，而只有公司事业部和分公司的高效执行力才能为企业创造出实际价值，这才是企业可持续发展下去的唯一途径，才是企业长久生存并取得成功的必要条件。

企业想要创造价值，实现利润，并且在激烈的竞争中突显出来，必须要有强大且高效的执行力。

任正非是这样理解执行力不可或缺的作用的：企业经营想要成功，战略和执行力缺一不可。而执行力又是什么？它指企业中的各级组织把战略付诸实践的能力，反映了战略方案和目标的贯彻程度。很多企业拥有先进的战略，但是没有高效的执行力，最终无法成功。

有数据表明，大部分企业寿命非常短。在中国，民营企业的平均寿命仅为2.9年。通过对200家企业进行调查，发现企业中百分之四十的人正在按照低效的标准或方法工作。这些民营企业之所以失败，不是战略存在问题，而是执行力出现了问题。

执行力不仅仅是一种力量，也是企业文化的一部分，它是企业这台大机器正常运转的基础。在海尔OEC管理法中，很好地展现了执行力的运用。OEC是指每天对每个人每件事进行全方位的控制及管理，从而实现日事日毕、日清日高的目标。试想，以高效执行力为导向的每一天都要比前一天提高百分之一的目标，也恰恰意味着每一天都要比前一天节约百分之一的资源。

日本软银公司董事长孙正义曾说："三流的点子加一流的执行力，永远比一流的点子加三流的执行力更好。"

高效的执行力，很大程度上提高了企业的运行效率，不但能够为企业节省大量人力、财力和物力，也能够为企业赢得更大的发展机遇。因此，从根本上说，企业的竞争力不光体现在技术和市场方面，也体现在企业执行力是否能够持续建设发展。总的来说，没有执行力，企业终将走向灭亡。

　　想必每一个企业家都想让自己的员工拥有很高的执行力，企业中的每个人都能够做到"令行禁止"，然而怎样提高执行力却是个难题。其实，想要提高企业员工的执行力，最简单、最快捷的办法就是以身作则。领导者自己做到"令行禁止"，以此来带领自己的员工，就能有效提升整个团队的执行力，实现责任到人、高效行动的管理目标。

华为逻辑

　　一个企业要想做大做强，强大的执行力必不可少。执行力是推动企业发展的动力，是促进企业腾飞的推动器。唯有执行力，才能将口头上的想法或计划实践起来，从而实现预定的目标；唯有执行力，才能使企业在市场竞争中站住脚跟。提高企业执行力，应当做到以下几点。

　　首先，企业管理层在给执行层下达任务时，要有坚定的决心。否则，不仅是对企业资源的浪费，也无法得到企业员工的支持。因此，管理层一定要让员工感受到领导者的决心。

　　其次，企业要有明确的奖惩制度，做到奖罚分明。这样做能让执行层清楚到底怎样做是正确的，怎样做是错误的，才能保证执行层在工作中一直持有积极、健康的心态。

　　再次，企业中各个层次要做到良好的沟通。良好的沟通就是管理层制定的政策和策略要精确无误地传达给执行层，保证执行层收到的信息是准确无误的，这样执行层才能够很好地贯彻执行。

　　最后，企业要协调内部资源，主要包括人力资源和物资资源。这样既能做到人尽其才，让每个人都能够完全投入到工作中，也能够不浪费企业资源，做到合理分配。

　　当然，提升执行力对每个企业来说都需要一个很漫长的过程，需要企业中每个员工都以开放的思维、优秀的业务、优良的作风来履行工作职责，不断完善自我，真正提升做事的效率。

2. 让听得见炮声的人做决策

美国兰德公司的研究表明："世界上每100家破产倒闭的大企业中，85%是因为企业管理者的决策不慎造成的。"许多公司先红红火火，最后陷入无法自拔的败局，大多也是由于"决策失误"。

决策的失误，是最大的失误。如果无法从市场、技术前沿获得精准的第一手信息，那么决策就会失去科学性和有效性。常年在外征战，任正非深刻地认识到了华为营销的弊端。他曾这样总结道："谁来呼唤炮火，应该让听得见炮声的人来决策。而现在我们恰好是反过来的。机关不了解前线，但拥有太多的权力与资源，为了控制运营的风险，自然而然地设置了许多流程控制点，而且不愿意授权。过多的流程控制点，会降低运行效率，增加运作成本，滋生了官僚主义及教条主义。"

当年，华为北非地区部努力做好客户界面，以客户经理、解决方案专家、交付专家组成的工作小组，形成面向客户的"铁三角"作战单元，有效地提升了客户的信任，较好地满足了客户需求，完成了良好有效的交付和及时的回款。

北非地区部为华为管理者提供了一条思路，就是把决策权根据授权规则授给一线团队，后方起保障作用。如此一来，流程优化的方法就和过去不同了，流程梳理和优化要倒过来做，即以需求确定目的，以目的驱使保证，一切为前线着想，就会共同努力地控制有效流程点的设置，从而精简不必要的流程，精简不必要的人员，提高运行效率，为生存下去打好基础。

长期以来，华为的组织和运作机制是"推"的机制，现在要将其逐步转换到"拉"的机制上去，或者说是"推""拉"结合、以"拉"为主的机制。推的时候，是中央权威的强大发动机在推，一些无用的流程和不出功的岗位是看不清的；拉的时候，看到哪一根绳子不受力，就将它剪去，连在这根绳子上的部门及人员一并减去，那么公司的效率就会有较大的提高。

当然，任正非也提出了警告："当然炮火也是有成本的，谁呼唤了炮火，谁就要承担呼唤的责任和炮火的成本。显然，后方变成系统支持力量，必须及时、有效地提供支持与服务，以及分析监控。公司机关不要轻言总部，机关不代表总部，更不代表公司，机关是后方，必须对前方支持与服务，不能颐指气使。"

多年来，任正非乐意重用刚出校门的学生，因为他们单纯执著、充满激情、不怕吃苦、最肯牺牲，并真诚地相信华为的产品是最好的。在华为的销售人员当中，刚出校门的学生往往比拥有销售经验和丰富人生经历的人做得更成功。

"我要保证一线的人永远充满激情和活力!"任正非说。对一线人员期望如此之高，源于华为奉客户关系为至上。对于在非市场化环境中杀出来的华为，这是适者生存的秘籍，并被华为发扬到极致。

从纽约飞往洛杉矶的一架飞机上，客舱里的一块镶板松动了。结果，镶板尖锐的突起划破了一位乘客的袜子。随后，空姐接到了这名顾客的投诉，但是她手上没有工具，无法马上修理。于是，她把这件事记录下来，飞机降落后向联络办公室的负责人做了汇报。

此时，联络办公室只有一部电话和一套对讲系统，也没有修理所需的工具。随后，这个问题又被反映到"相关"部门。过了半个小时，该部门的负责人又将报告放在技术部一名办事员的桌上。

技术员看到报告以后，不知道自己能否顺利修复，不过无需焦虑，因为飞机此刻正飞往另一个城市。最后，他在记录单上潦草地写了一句话：在可能的情况下进行修复。不难想象，这名技术员很容易修好那个突起，不过这要在刮破多名乘客的袜子之后了。

研究表明，企业规模越庞大，组织机构也就越复杂。基层出现了某个问题，需要经过多层系统才能反映给最高决策者或相关负责人。可怕的是，当领导者做出决策后，往往已经耽误了解决问题的最佳时机。由此可见，许多时候在决策与执行之间存在着无法逾越的鸿沟。

事实上，一线员工往往更加了解问题或事情的症结所在，因为他们战斗在前沿，是真正负责执行的人。企业想要确保高效执行，并在第一时间解决各种问题，就应给一线人员更多决策的权力，充分发挥他们的积极性和创造性，让真正接触炮火的人解决问题，维持组织良性运行。

华为逻辑

任正非曾说："我们后方配备的先进设备、优质资源，应该在前线一发现目标和机会时就能及时发挥作用，提供有效的支持，而不是拥有资源的人来指挥战争、拥兵自重。"显然，让听得见炮声的人来做决策，是华为具备强大执行力的关键。

公司越是发展，业务越是复杂，管理层越要看到自己在整体组织运行中的支持作用，而不是替代作用。这就要求管理者处理好权力分散与集中的关系。

第一，权力责任平衡原则。这里所指的是老板要权责匹配，即有多大的权，就要负多大的责。对于被授权的人，一定要敢于行使权力，同时又要承担相应的责任与义务。

第二，掌握适当超脱原则。超脱指的是从具体工作中脱出身来，给自己多留一些休闲和思考的时间，让自己显得轻松一些和自由一些。掌握适当超脱的艺术，每位老板则能张弛有序地做好管理工作。

第三，根据实际变通原则。权力分配的基本方式不过数种，但相辅相成，变化万端。身为老板应灵活变通，当用则用，当变则变，或因时而用，或因事而变。

第四，层级幅度合理原则。老板在权力分配时，应该根据自己的能力等因素全面考虑，确立适度的层级与合理的幅度，以实施有效的领导和管理。

3. 让客户对我们寄予一种安全感

任正非曾经说过："成就一个大品牌，必须把基本功做好，我们的思路就是让客户对我们寄予一种安全感，用产品的质量成就华为的品牌。"一个企业若想拥有持久的生命力，必须脚踏实地地把好产品的质量关，仅靠宣传是绝对不行的。企业只有获得客户发自内心的信任，才能持续地走下去。

华为一直以来都非常低调，致使媒体将它称为中国最神秘的企业。由于任正非的低调作风，外媒一贯给他戴上了间谍的帽子，而今天华为想保持低调却再也不能够。华为尽管没有宣传，没有广告，但却成为高科技、高质量的代名词。成就华为的不是宣传和广告，而是响当当的产品质量，背后则是完美的执行文化。

当年，华为刚开始向国际市场进发，华为内部很多管理人员都觉得这样做实在太冒险，在国际上宣传自己就会花去很大一笔开支，而且当时国际上已经有爱立信和思科这些大品牌站稳脚跟，想与它们竞争无异于虎口夺食。

爱立信的一位高管曾经说过："华为的产品再好也比不过我们爱立信的品牌响！"但是，任正非一直认为品牌是创造出来的，华为一定可以拥有自己的品牌，但绝对不是依靠宣传。于是，华为在国际市场上再次使用了"农村包围城市"的战略。经过十几年的奋斗，华为最终拥有了自己的品牌，而现在的各大媒体上依旧没有华为的广告。

今天，华为已经成为国内乃至世界的电信巨头，但任正非始终保持低调作风。在他心中，唯一担心的就是华为的产品和服务质量。他深深地明白，想要成就一个品牌需要十几年、几十年的坚持不懈，而摧毁一个品牌却只需要一件有质量问题的产品。

华为所在的领域是技术与实践相结合的领域，整个过程中任何一个环节出现问题，都会引起整个生产链和供应链的崩溃。想要制造质量过关的产品，需要长时间的技术积累。除此之外，生产技术的先进水平、产业工人的素质、工厂的质量管理能力、零部件的质量、销售渠道和售后服务的完善程度等条件，都是确保产品质量的必要条件。为此，必须在执行环节做到万无一失。

2016年3月28日，华为公司获得了中国质量领域最高政府性荣誉"中国质量奖"的第一名。尽管中国大陆在产品质量方面比较薄弱，但华为却能够成为世界级产品质量的标杆，其原因就在于华为对产品质量非常重视并对其进行了严格把控。

在一次关于"中国质量奖"的访谈节目中，华为员工介绍了一个他们严格把控产品质量的实例。1.7万台新手机在高速公路上被起火轮胎烘烤，尽管外观、功能和性能方面都没有出现问题，但这批产品在两年后却很有可能发生故障，因此被全部销毁。

宁愿承受巨大损失，也要保证产品质量，华为公司对产品质量的重视程度令人敬重。如果缺乏彻底的执行理念，以及制度和文化保证，华为人不可能形成这种严苛的做事风格，也就无法凭借高质量的产品打市场了。

美国著名质量管理专家朱兰博士曾经说过："提高经济效益的巨大潜力隐藏在产品质量中。"不得不承认，今天的很多公司都耗费巨资为自己的品牌做推广。然而，倘若品牌背后没有产品质量做支撑，做再多宣传和产品推广都无济于事。当然，很多公司之所以不能做大和做强，很大一个原因就是产品质量不过硬。在很多企业中，质量成了很难过的一关。而很多曾经很辉煌的企业倒下了，大多与产品质量以及不过关的执行理念有关。倘若一个企业缺乏做事的严苛制度及文化理念，那么产品质量自然无法保证，最终会受到客户和市场的质疑，并以失败告终。

在当今市场中，绝对是质量创造品牌，质量维持品牌。要想在国际市场竞争中取得胜利，第一靠质量，第二靠质量，第三还是靠质量。那些伟大的企业始终将"质量"作为企业经营的重中之重，并依靠严格的执行确保产品质量，最终赢得了口碑。这些品牌成功的背后，既是"质量"在发挥着重要的作用，更有"执行"这个坚强的后盾作为支撑。

许多时候，赢得了客户的安全感，企业就赢得了市场。在华为公司，来自市场一线的工作人员会及时反馈客户的意见，并在技术改进、产品设计上坚决作出改进。不让客户的意见停留在口头、纸上，而是落实到后期工作中去，成为华为人的一种执行文化。这也是华为的技术、产品始终具备强大竞争力的关键所在。

华为逻辑

今天，消费者对产品质量的要求不断提高，对产品品牌的追捧也在不断升温，因此很多企业都在使自己的产品品牌化，走上了品牌化道路。成功推广企业品牌，千万不能忽略产品质量，必须在产品设计、生产、售后服务的各个环节建立科学有效的执行管理制度。

执行力是创造优秀企业乃至百年老店的必不可少的妙药。可以这样认为，两个公司在产品设计、质量上存在差距，其实是从执行力的差距上开始的。每个企业都不想落后于其他企业，要想让企业长久不衰，保持领军状态，就要做到：要立足长远、统筹兼顾，树立正确的系统观念；要与时俱进、追求卓越，树立正确的竞争观念；要强化执行、讲求时效，树立正确的效率观念。

4. 落后者抓住机会，优秀者创造机会

今天，我们处在知识经济时代，其核心特征是人类创造财富和致富的方式从根本上发生了变化。时代不断进步，人们的观念发生了改变，创造力也得到了解放。在这种情况下，知识、管理才是创造财富的主要方式，人的因素才是第一位的。对此，华为显然抓住了时代大趋势。

任正非很清楚，机会、人才、技术和产品成为公司成长的主要牵引力，这四种因素之间有着千丝万缕的关系。机会牵引人才，人才带动技术，技术创造产品，产品又产生更大的机会。而员工在企业成长圈里则处于主动地位。

落后国家总是想要抓住机会，而发达国家却总是在创造机会。机会是人制造的，而人要想创造机会，必须使用技术这个工具。技术创造了产品，打开市场后便又创造了机会，这是一个螺旋上升的循环过程。但是在这四种因素中，人是最重要的。

国与国之间的竞争，实际上就是大企业之间的竞争。经济竞争体现出技术优势，技术优势来自于教育基础。因此，要想提升企业整体竞争力，一定要重视对人的研究和教育，只有这样，才能够让人们释放自己的潜能，更有力地推动企业进步。

在华为创建初期，任正非始终坚持"狼性思维"，这一点表现在他对于机遇的态度上。狼非常清楚，要想获得食物，填饱肚子，必须经过艰苦狩猎，否

则猎物不会自己跑到身边来。对于机会，狼始终都是主动寻找，大胆创造。

华为公司在创业的起步阶段，一点名气都没有，在与许多大企业的竞争中总是处于不利的地位，许多时候客户听到"华为"这个陌生的品牌时，直接掉头走人了。即使遇到过无数次这样的情况，但任正非始终带着自己的队伍，以其顽强的毅力和出色的战略视角，致力于提升自己各方面能力，不停地给自己创造机会，一步步打开市场、推进科研、完善管理。

华为一直支持运营所在社区的ICT教育，因为华为始终相信知识创造机遇，教育能够促进可持续发展。华为在当地建立ICT培训中心、设立奖学金、开展大学生实习项目等，以此来促进知识分享，创造机遇。

例如，华为智能巴士是一个移动教室，它由一台装有ICT技术设备的巴士来为学生提供移动的教育展示和学习空间。巴士的内部是一个现代化课堂，两面墙上安装有触摸屏液晶电视，用来展示学生们怎样使用新技术，以及华为的领导力、创新研发能力等；巴士中部摆设有很多张课桌，12部华为智能手机，12台华为Media Pad和4个Mifi，来为学生提供相关培训课程。

2012年12月21日，在西班牙工业、能源、旅游部部长及电信部秘书长的支持下，"智能巴士"公益教育项目在西班牙和葡萄牙正式推出。这个项目旨在提高10至13岁孩子对ICT设备的使用和知识掌握。

华为巴士提供了一个移动教室，在马德里、塞戈维亚、瓦伦西亚、塞维利亚、萨拉戈萨五个地区内的18个地点进行了巡回展示。

2013年4月4日，华为西班牙公益教育项目"智能巴士"成功落幕。这个项目获得了西班牙政府的高度评价和大力支持。他们认为，华为智能巴士装备具有先进的技术，是一个非常棒的移动教室。

智者创造机会，强者把握机会，弱者等待机会。华为是一个擅长为自己创造机会的企业，它能够在恰当的时机为自己创造合适的时机并取得成功，最终成就了令人羡慕的品牌和事业。华为能够取得今天这样令人骄傲的成绩，任正非及其领导下的华为团队能够自豪地说，这条路上的每一个机会，绝不是凭借运气，而是华为人通过自身努力创造出来的。

华为
逻辑

　　任何时候，机会需要自己创造。对企业来说，很多时候别人不会给你机会，但是自己一定要给自己机会，要想办法替自己创造机会。通常，能够为自己创造机会的优秀企业通常具有以下几种品质：

　　第一，企业要具有端正、积极的态度。一个主动为自身负责的企业才会主动为自己创造机会，一个态度积极向上的企业才能够不怕失败，什么时候都不会失去斗志。

　　第二，企业要想为自己创造机会，必须十分了解自己，明白企业的优势和劣势，这样才能够找到适合自己的道路，避免走许多弯路。

　　第三，企业一定要提升自身知识素养和专业技能，具有专注精神，这样才能做到精益求精，走到别人前面，创造出别人想不到、做不到的机会。

　　第四，企业一定要善于推销自己。今天很多企业、品牌花费大量资金去做市场推广，再强大的企业都可能淹没在各种各样的广告中。只有将自身的能力与特长展现在人们面前，才能够创造更多的机遇。

　　机遇总是降临在有准备的人身上。真正具有主观能动性的人一定明白，怎样通过提高自身来不断为自己创造机会；企业也是如此，创造机会并不是海市蜃楼，一点一滴积累就一定能够为自身创造机会，从而取得更高的成就。

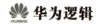
5. 不做丧失斗志的"沉淀阶层"

艾默生曾经说过:"一个人,当他全身心地投入到自己的工作之中,并取得成绩时,他将是快乐而放松的。但是,如果情况相反,他的生活则平凡无奇,且有可能不得安宁。"

任正非经常念叨的一个词语就是"沉淀"。在他看来,一个企业经营的时间长了,老员工的收入很不错,地位也相对稳固,人就会慢慢地沉淀下去,逐渐成为团队中不再运动的固体,这些人拿着高工资却不爱干活。因此任正非总爱搞一些"运动"。

显然,企业的激发状态非常重要。华为之所以能够走到今天,取得今天这样辉煌的成绩,靠的就是奋斗精神和内部人员的激发状态。对企业来说,"沉淀层"总是让管理者非常为难,因为管理者面对这类人,总是因为辞退成本、组织活力、人情颜面等问题左右为难,最终不得不采取冷处理,给这些"沉淀层"安排一些悠闲的职位,希望他们熬不住了能够主动辞职。

华为的处事风格一直与众不同,在"沉淀"问题上也是如此。华为一方面通过不断改进文化建设、激励机制以及危机意识,让员工始终保持高昂的工作态度,尽可能地减少"沉淀"的发生,另一方面通过一些运动很好地解决沉淀层的退出问题。

1996年1月,华为市场部的所有正职干部,其中包括市场部总裁和各个区域办事处主任,均要上交两份报告,一份是述职报告,另一份是辞职报告,并采取竞聘方式进行答辩。华为公司根据这些人的表现和企业发展需要,决定谁能够留下来。

在这场考核中，大概百分之三十的干部被替换下来。从表面上来看，华为市场部发生了一次重大变动，而任正非却是想通过这场运动达到更加深远的目的。集体辞职，是想让大家集体"归零"，让大家站在同样的起跑位置。竞聘上岗，让大家拥有公平的竞争机会，只有真正有能力的人才能继续留在华为。

任正非这样做不仅激励了华为的新老员工，促使他们一直保持高昂的工作态度，也能够清除那些只拿工资不干活的"沉淀层"，并且为华为注入新鲜的力量。这种人才策略，保证华为整个团队在执行层面不落伍。

任正非一直认为，一个人若是对自己的工作充满激情，不管他在哪里工作，都会把自己的工作当成最崇高的事业；不管工作多么困难，或是要求多么严格，他都会脚踏实地地去完成它。有激情就能受到鼓舞，受到鼓舞就拥有能量。

2000年9月，张建宁正式入职华为公司，并且被派到无线技术支持部的第一线，主要负责保证GMSC35新产品的技术支持。之后，他的生活一直都是围绕着现场开局、现场割接支持和远程支持问题处理这三个方面展开。

2001年7月，华为开始进行中国移动GSM目标网全网升级项目。为了该项目能够顺利实施和做好远程支持工作，张建宁连续一个月一直在公司过夜加班。就这样，他在短短的两年时间内现场支持了40多个重大工程项目的割接工作，他个人能力也得到了迅速提升，积累了丰富的工作经验，提高了自身专业知识水平。

2003年，张建宁被提升为无线产品二线技术支持工程师和国内GSM-NSS产品负责人。2004年10月，由于中国移动软交换长途汇接网公司重大项目的特殊需要，张建宁作为移动软交换长途汇接网技术总负责人被调入了北京分部。

张建宁靠着强烈的工作激情由一名非常普通的一线技术员，很快成长为华为的技术专家。在华为，这样的员工充满激情，拥有能量，不会成为公司的"沉淀层"。

华为可以称为一所大学校，它不仅仅在改造人，也在培养并造就人。在华为，任正非总在为员工灌输一种思想，不要做思想上的懒汉，不做公司内部的"沉淀层"，否则会浪费很多珍贵的岁月。华为人不论做什么事都非常认真，并且在第一次就能够做好，华为员工已经广泛地接受了这种思想。思想上艰苦奋斗，管理上就能快速进步。

华为人还经常研究如何才能够在工作中保持较高的激情，发挥出自身最大的潜能。经过总结，他们得出了下面的结论。

首先，较高的工作热情是专心致志的结果。高度集中的注意力能够保证工作高效率、高质量进行，并且员工能够对工作产生浓厚的兴趣，对工作有更加深刻的理解。

其次，平和的心态至关重要。拥有一颗平常心，往往能发挥自己最优秀的水平。而一心想功成名就的人，反而由于太过功利的目的，最终出现偏差，导致失败。

多年来，华为人努力保持高度的工作热情，避免成为公司的"沉淀层"，既促使大家把压力转化成了工作动力，也确保了整个团队始终执行到位，避免出现工作懈怠的情况。

华为逻辑

今天，很多大企业都出现了"大企业病"，直接导致了"沉淀层"的出现。整个团队保持旺盛的斗志，执行才会坚定而有力，产生更高的效率和效益。显然，激励是消除"沉淀层"的重要手段，概括起来包括如下几点。

第一，薪酬激励。员工往往非常重视报酬收入，因为它不仅是员工生存的基本，也是体现员工价值的重要标准。它往往能够影响员工在工作中的积极性，因此对员工实行薪酬激励能够调动其工作积极性。

第二，知识技能激励，即在公司参加知识和技术培训的机会。这种机会能够让员工熟练掌握并运用更多技术，使得他们能够在公司中保持竞争优势。

第三，环境激励，主要包括硬工作环境激励和组织环境激励。其中，硬工作环境激励主要是指为员工提供更舒适、高端的工作环境，组织环境激励主要是指企业文化、企业相关制度以及物质层面的组织环境等。

第四，生涯发展激励，即给员工分配一份具有挑战性的工作，给他们获得培训及开发的机会，从而不断收获职业生涯发展。因此，生涯发展激励也是促使员工保持高昂士气的重要方面。

6. 建立有效的股权激励机制

好的制度能够使团队保持激发状态，从而在执行中永远不掉队。华为之所以获得今天的成功，很大程度上是因为它一直坚持实行股权激励机制，让每个人都能时刻以公司为家。

在华为，全部员工均持有公司股份，这种股权激励机制在中国民营企业中属于一个创造性举动。员工进入华为公司工作一两年以后，依据其表现就能够获得一定的股权认购额度，员工可以自愿购买股权并获得分红。员工之间不能够相互买卖这些股份，如果员工辞职，那么他拥有的股份会由华为公司进行回购。

任正非认为，知识能够产生增值价值，让员工依靠自身掌握的知识来获得资本，能够很好地激励、凝聚员工。最近二十年，华为一直飞速进步，其薪酬结构中的股票发挥了很重要的作用。

华为在实施全员持股以前，任正非便意识到，公司竞争力的增长与当期效益相互矛盾，员工与管理者相互矛盾，这些矛盾既是动力，也会形成一定的破坏力。因此需要在二者之间寻找一个平衡点。而员工与管理者之间的矛盾实质上是什么呢？其实就是公司目标与个人利益之间的矛盾。公司考虑自身的长远利益，而员工则考虑自身的短期利益。想要解决这个矛盾，就要在长远利益和短期利益之间寻找一个平衡点。而这个平衡点就是让员工持有公司股份。

华为公司从1990年开始实行内部股权激励计划，到现在已经实施了四次规模较大的股权激励措施。

1990年，华为第一次提出了内部融资、员工持股的概念。当时，华为员工的薪酬均由工资、奖金和股票分红三部分组成。华为利用这种方式融资，不仅降低了公司的现金流风险，也增加了员工的归属感，使得创业团队更加稳定。

2000年是互联网经济泡沫时期，IT行业受到很大打击，融资陷入了非常困难的境地。2001年年底，华为开始实行"虚拟受限股"的期权改革。同时，华为还实行了其他一些新的股权激励政策，比如，不再向新员工派发长期不变一元一股的股票，老员工的股票也渐渐转变为期股等。这场由固定股票分红向"虚拟受限股"转变的改革拉开了员工间的收入差距。

2003年，华为再次受到"非典"病毒的打击，出口市场严重受到影响，华为与思科之间的产权官司又直接影响到华为的全球市场。华为内部采取"运动"的方式来号召公司中层以上人员主动上交"降薪申请"，同时收购管理层股权，稳定员工，一起渡过难关。

2008年，美国发生次贷危机引起全球经济危机，使得世界经济发展受到了严重打击。这时，华为再次推出新的股权激励政策。2008年12月，华为推出"配股"公告，主要面向在华为工作了一年以上的员工。这次配股属于"饱和配股"，大部分在华为总部的老员工因为持股量已经达到上限，因此没有参加这次配股。

以上就是华为实行过的四次大规模股权激励措施，其主要特点是把员工的人力资本和企业的未来联系起来，从而形成了一个良好的循环系统。员工通过努力获得公司股权，参与公司分红，能够与公司共同增值，同时内部融资也能够增加公司的资本比例，使公司现金流紧张的状态得到缓冲。

华为的股权激励政策不是纸上谈兵，它之所以能够成功施行，其关键因素就是能够在未来实现发展并且进行分红。华为公司以现金分红和资产增值直接促使员工购买华为股权。

根据以往数据表明，在华为快速扩张的过程中，华为内部股在最近几年中也得到了大幅度增值。2002年，华为公布当年虚拟受限股的执行价格为每股净资产2.62元，2003年为2.74元，2006年达到3.94元，2008年则进一步上升到4.04元。员工得到了非常高的股票分红，从而促使他们非常愿意购买华为的股权。

早在1995年，中国人民大学公共管理学院教授吴春波开始担任华为的管理顾问。他曾经说过，华为"全员持股"的激励政策是华为公司蒸蒸日上的秘诀。

而华为内部的股权结构对于外界来说一直是一个谜团。一直到2009年华为在企业财报中第一次说明了员工持股情况，才向世人展示了华为内部的股权结构，但引来了各界的广泛争议。

华为2009年的企业财报显示，一直到2009年年底，华为一共有9.5万员工，其中持有公司股权的员工占总数的65%，持有股份总数达到了98%。但华为总裁任正非仅仅持股1.4%，在中国的民营企业家中是最低的。

尽管任正非持有的股份非常少，但丝毫没有影响他在企业中的权威性和控制力，与之相反的是，华为员工的积极性更高了，公司的凝聚力和竞争力也更强了。其实，任正非不是通过对员工实施控制来提高其权威性，而是通过股权激励机制激发了员工的自觉性，使他们能够尽心尽力地完成公司的工作。

华为是世界通信行业的领头羊，它所具有的特色文化以及任正非的个人魅力都是难以逾越的。但其实行的股权激励机制对于其他企业来说，仍然具有很大借鉴意义。

第一，公司一定要重视人力资本，积极地推行股权激励政策。在企业中，有一些人掌握了公司的核心技术，倘若公司没有股权激励政策，那么这些人很可能依靠自己掌握的技术去自主创业，或是被竞争对手以高薪挖了墙角。那时，企业不仅会流失人才，也会丢失一定的市场份额。

第二，公司务必要确保员工有职业发展空间。刚开始创业的企业，应该按照企业的特点来规划企业工作人员的工资。而一些对技术非常依赖的企业，应当借鉴华为公司的任职资格双向晋升的方式来为员工提供很好的晋升空间。

第三，企业要弱化管理职能部门的权力。例如，有些高科技企业的管理部门过多地干预企业的科研工作，最终引起了科研人员的强烈不满，从而使员工的心情受到影响。因此，一定要合理分配管理部门的职责，在某种程度上要弱化管理者权力，这样不仅能够促进企业内部的有效竞争，也能够让公司的绩效考核更加公平。

第三章

狼性团队——高层有使命感，中层有责任感，基层有饥饿感

军人出身的任正非，在日常工作中展示出雷厉风行的军人作风，表现出狼一样的进攻性、敏捷性、开拓性。从高层领导到基层员工，华为人都受到这种思维和作风的影响，从而主导、推进、提炼出华为的狼性文化。高层有使命感，中层有责任感，基层有饥饿感，华为的狼性团队所向披靡。

1. 时代呼唤中国企业的狼性

经验表明，企业的习惯、战略、取向、人事聘用、决策过程，处处表现出特有的组织文化。另一方面，这种文化特色也与其所处的时代紧密相连。当代商业世界中，企业及其团队如果想大有作为，首先要具备狼性精神。对此，华为领导人任正非说："时代呼唤中国商人的狼性。"

中国几千年的农耕文化使得中华民族的血液里缺少一种血腥气，在企业经营中集中表现为安于现状、不思进取，不敢开拓海外市场。任正非提出"狼性文化"，既是对几千年来中华文明传统的叛逆，为逐渐陷入颓靡的中国企业注入新鲜的血液，也是对竞争日趋激烈时代的回应。

华为的第一次创业是凭借任正非的个人魅力成功的。为了抓住机遇，任正非及其团队奋力拼搏，艰苦奋斗，靠着自己的远见卓识和超人胆略，使公司初具规模。显然，伴随着整个团队一步步壮大，任正非的性格、人生经验、价值理念和做事风格深刻地影响着企业的文化形成，构成了企业最本源的文化基因。

任正非军人出身，其雷厉风行的军人作风表现出狼一样的进攻性、敏捷性、开拓性。从高层领导到基层员工，都受到这种思维和作风的影响，从而主导、推进、提炼出华为的狼性文化。可以说，没有任正非就没有华为今天的文化。

在弱肉强食的创业初期，华为内部流行着"板凳要坐十年冷"，"成则举杯相庆，败则拼死相救"，"烧不死的鸟是凤凰"，"为客户服务是我们生存的唯一理由"等口号。在华为例行的民主生活会上，不变的主题是批评与自我批评。无疑，任正非宏大的理想与煽动性的语录口号、运动式的内部交流方式，让华为这个土狼群体在艰难的环境中开拓出一片天地，并逐步发展壮大。

华为的"狼性"精神锻炼出了一批精兵强将，大家团结协作，在市场上披荆斩棘，为企业赢得了生存发展的机会。在组织内部，华为采用矩阵式管理模式，要求企业内部的各个职能部门相互配合，通过互助网络，对任何问题都能作出迅速的反应。如果做不到这一点，就会出现多头管理、职责不清等情况，让组织陷入被动局面。在这种模式推动下，华为从签合同到实际供货只要4天的时间，华为销售人员在相互配合方面效率之高让客户惊叹，让对手心惊胆寒。

在大自然中，狼是一种比较凶残的动物，可以战胜比自己凶猛强壮的对手。在战斗中，狼群紧密团结在一起，爆发出惊人的威力。即使再强大的动物恐怕也很难招架一个狼群的攻击，华为团队学习狼群的战斗精神，表现出高度的互助。

任正非特别推崇以色列这个国家，并把它作为华为成员学习的榜样。一个离散了两个世纪的犹太民族，在重返家园后面对资源严重贫乏、严重缺水的荒漠，创造了令人难以相信的奇迹。成功的背后是他们聪明的头脑，也就是依靠精神和文化的力量创造了世界奇迹。

显然，华为也需要这样一种精神，需要找到企业持续成长、进步的力量。任正非认为："物质资源终会枯竭，只有文化才能生生不息。人类所占有的物质资源是有限的，总有一天石油、煤炭、铁矿会开采光，而唯有知识会越来越多。"如何组建一支高素质的庞大团队，并使企业充满活力？任正非认为，成功的钥匙就是狼一样的团队协作精神。

狼性文化无疑淋漓尽致地彰显了华为对竞争力、对企业强大的渴望。在狼性文化的锤炼下，华为拿下了本被国外同行完全占领的国内一个又一个电信市场，被有些媒体称为"用三流的产品卖出了一流的市场"。在狼性文化的指导下，华为以锐不可当之势开拓前进，令对手心惊胆寒。

任正非经常告诫员工，华为公司在深圳这块贫瘠的土地上，立志走向世界，需要大家拼搏进取，拼命地创造资源。正如《国际歌》唱得那样，"不要说我们一无所有，我们是明天的主人。世间从来就没有什么救世主，也不靠神仙皇帝，全靠我们自己"。不苛求外界的赏赐，只追求奋斗不息，为了实现目标不遗余力，这种狼性精神帮助华为取得了骄人的业绩，在中国企业史上留下了浓墨重彩的一笔，并继续书写着时代神话。

　　狼性是时代的产物，狼道是强者的道路。改革开放之初，中国企业经历现代文明的冲击与洗礼，既面临着前所未有的机遇，也承受着巨大的风险。各行各业基本被国际巨鳄垄断，借助中国改革开放的一系列优惠政策，国外企业纷纷来中国淘金，凭借雄厚的资本与先进的技术长期称霸中国市场。

　　面对"丛林法则"，先天不足的中国企业没有狮虎那样的实力，如果想生存下去，并寻找机会称霸丛林，成为狼似乎是唯一的选择。行伍出身的任正非，对于丛林法则有着清醒的认识，于是提出了华为要走"狼道"。国际市场的竞争更加激烈，在商场这个你死我活的战场上，没有弱者，只有强者与失败者。可以说，任正非作出了正确的选择。

2．华为土狼：嗅觉敏锐，不屈不挠，群体奋斗

非洲大草原上，一群饥饿的狼紧紧盯着一群数目庞大的野牛。烈日之下，狼似乎失去了斗志，三三两两分布在四周，看起来并不可怕。野牛放松了原有的警惕，悠闲地漫步在草原上。突然，头狼发出一声长啸，顿时所有的狼恢复了精神，开始奔跑。野牛似乎觉察到了危险，但是已经无法摆脱被屠杀的厄运。

几头凶悍的狼疯狂地扑向母牛和小牛聚集的地方，牛群立刻四散奔逃，无暇顾及同伴的生死。顿时，场面一片混乱。最后，一些老、幼、病牛被赶到了一个高地，狼群早已在那里设计好陷阱。随后，一大批狼涌现，迅速围攻、屠杀牛群。

在弱肉强食的动物世界里，这就是狼的生存之道。虽然看起来有些残忍，但是你不得不佩服狼的协作精神与战斗意志。对此，诺贝尔文学奖获得者拉迪亚德·吉普林说过："弱肉强食如同天空一样古老而真实，信奉这个原理的狼得以生存，违背这个原理就会灭亡。"

无疑，华为像狼一样，在弱肉强食的市场竞争中不断发展壮大。对于"狼性"精神，任正非做过经典论述："做企业就要发展一批狼。狼有三大特性，一是敏锐的嗅觉，二是不屈不挠、奋不顾身的进攻精神，三是群体奋斗的意识。企业要发展，必须具备狼的这三个特性。"于是，华为将"吃苦耐劳"、"敬业"、"艰苦奋斗"作为企业精神，写进了《华为基本法》。

今天，华为早已经成了通信行业的一只"土狼"，而任正非则被称为"头狼"。狼是一种集竞争性、合作性、服从性、忠诚性为一体的智慧动物。在某

一规则下它们勇于竞争，但在既已确定的组织和规则下，只遵循团体协作、服从的原则，同时表现出对狼王最高限度的忠诚。华为能够在竞争激烈的市场中披荆斩棘，显然得益于像狼一样的团队协作精神。

1996年，信息产业部、邮电部在北京召开全国交换机订货会。这次会议集结了各个省市电信系统的主要官员和行业负责人，直接影响到第二年装机计划的市场份额。对此，华为公司非常重视。

当时，华为自主研发出了C&C08万门局数字交换机，为了在这次订货会上推广产品，公司在短短几天时间内抽调了一支近400人的队伍——汇集了华为公司的项目经理、高层主管、各地办事处主任等人员。每个人的任务很简单，即全天候跟进各个省市的主要领导和电信局局长，坚决保证在每个省、市都能拿到第二年的订单。

一时间，华为的工作人员超过了参加会议的各省市行业负责人。凭借高效的"狼群"战术，华为成功击败了上海贝尔、青岛朗讯等竞争对手，最后从"老虎"嘴里抢到了大批订单。竞争对手为之惊愕，随后纷纷跟进，陆续组建庞大的业务团队。不过，模仿者缺乏协作意识，缺少强大的后援团队，结果再次遭遇华为的时候照例败下阵来。

显然，华为能够从对手那里抢占市场，离不开优秀的"狼文化"，始终保持严密高效的协调，在合作中展示强大的竞争力。

当一个行业处于群雄逐鹿、硝烟四起的激烈竞争环境时，那些懂得团队合作的组织更容易获得成功。没有团队协作精神，再多的人也无济于事。"群狼战术"如果不能发挥应有的威力，反而会成为令人鄙夷的"群狗战术"。早年，中国电信制造业被巨龙、大唐、中兴、华为这四家企业撑起，它们代表着中国本土电信制造业的最高水平。今天，人们已经很少听到巨龙、大唐的名字了，只有华为响彻中华大地。

任正非说，所谓"狼性"就是"哪儿有肉，隔老远就能嗅到，一旦嗅到肉味就奋不顾身"。每次战斗前，他喜欢发表富有煽动力的讲话，使一线年轻员工很容易进入大无畏的精神状态，以舍我其谁的气势在市场上与竞争对手展开贴身肉搏。这样彪悍的团队令对手寝食难安，于是，华为成为名符其实的"土狼"——目标明确、同仇敌忾、士气高涨。

当然，任正非并不满足让每个员工成为具有战斗力的狼，而是提出华为的每个部门内部都要形成狼狈组合——既要有富有进攻性的狼，又要有精于算计的狈。具体来说，一线市场人员的"狼性"和二线支援人员的"狈性"互补，从而建立市场拓展与管理支撑的平衡体系。从1998年开始，华为给每一个冲锋陷阵的"狼性"十足的国内办事处主任配备了一个善于管理的"狈"，即行政助理。

对于华为人的"群狼战术"，日本一家大型企业集团的大中华区总裁深有体会。他说："华为人的客户接待水平堪称世界一流。"他们总结为"一五一工程——一支队伍、五个手段、一个资料库"。华为将客户服务当作一个完整的系统，很多部门和人员都会参与进来。在团队精神的带动下，华为每次都能够打动客户，获得订单。

通常，面对一个简单的接待任务，华为公司能迅速组建二三十人的团队，并且依靠团队成员默契的分工合作，最终成功地拿下"猎物"。更重要的是，他们让客户真正感受到华为人的诚信与可靠，客户也愿意同他们长期地合作下去。

由于任正非的身体力行、言传身教，狼性被深深地印在华为所有员工的心里，并成为华为的标志文化。对于如何与跨国公司博弈，任正非给出了这样的回答："跨国公司是大象，华为是老鼠。华为打不过大象，但是要有狼的精神，要有敏锐的嗅觉、强烈的竞争意识、团队合作和牺牲精神。"

经济管理学大师梅朝荣这样称赞任正非："任总的狼性现在已名扬天下，并且这种狼性是基于人性，是一种大仁大爱，是对员工的仁，对国家的爱。这种狼性最终会帮助华为成为世界数一数二的企业，为中国人赢得尊严和利益。"

市场竞争需要团队协作，向对手发起进攻，因此"企业就是要发展一批狼"。从某种意义上说，没有团结就不会有胜利。美国零售业巨头西尔斯公司的管理者罗伯特·伍德说："无论多么强大的士兵都难以战胜敌人的围剿，但是如果他们联合起来就会战无不胜，瓦解掉阻挡在面前的一切障碍。"多年来，华为人正是靠着这种团队协作，成功围剿并拿下了"猎物"，在市场上赢得了一席之地。

3. 华为人像狼群一样去战斗

华为从无到有，逐步迈向国际化，经历了一个漫长的过程。期间，如果没有长时间的坚持和投入，显然无法走到胜利的那一刻。多年来，面对客户的不了解、不认可、不理睬，华为人凭着锲而不舍的精神和坚定不移的信念，持续开拓新的市场，付出之后终于得到回报。

在竞争激烈的市场上，华为团队展示出强大的意志力、战斗力和进取精神，所到之处令人敬畏。不容忽视的一点是，整个团队的战斗力少不了头狼的顽强意志。

任正非说："没有坚韧的意志，没有华为人的耐力，就没有华为今天的辉煌。"狼有一个很大的优点，那就是不屈不挠、奋不顾身的进攻精神。无论在早期的艰苦创业阶段，还是在与竞争对手展开肉搏的关键时刻，华为人正是凭借着不屈不挠的忍耐力，闯过了一个个难关，打下了自己的天地。尤其是在开拓国际市场的过程中，华为在枪林弹雨中站稳脚跟，其战斗意志、亮剑精神都令人钦佩不已。

2006年，在刚果（金）首都金沙萨，副总统本巴的卫队与总统卡比拉的卫队发生了武装冲突，双方展开了激战。由于事发突然，华为在刚果（金）办事处的30多名工作人员来不及撤离，宿舍楼被交战双方包围起来。一时间，大家无计可施，只能自祈多福。

交战过程中，屋外的枪声像鞭炮一样密集，忽然射进来一颗子弹，弹孔留在墙上，而弹头掉进锅里，令人心惊胆战。当时，如果交战人员闯进屋子打劫，华为员工就危在旦夕。大家觉得时间既恐怖又漫长，真的经历了一段生死考验。

除了意外战争可能带来的生命危险，华为人还要经受当地严峻生活条件的考验。在刚果（金），这里基础设施薄弱，甚至很多地方没有公路。而项目交付都是在野外安装、调测基站，所以工程人员经常连续驾车几天，赶到条件恶劣的野外站点施工。周围人烟稀少，根本无法解决基本的吃喝问题，大家只好自己带上水和干粮，吃住都在车上解决。

高学新是刚果（金）办事处的服务工程师，他多次往返于各站点调测基站，因为过度劳累多次染上疟疾。为了完成工作任务，他仍然坚持战斗在最前线，始终不脱离整个团队。

另一位战斗在非洲一线的华为员工张权，在装卸货物时受伤，结果当地没有医疗设施，一时间无法进行救治。后来，虽然得到了治疗，却引起了严重的感染，情况非常危险。等身体状况稍稍好转，张权又乘飞机赶到前线，协助进行工程交付。然而意外发生了，飞机着陆时油箱爆炸，他由于脚部有伤行动不便，被拥挤的人群挤落到地上，手臂等多处受伤。这一切，看起来不像在工作，而是战场上应有的画面。华为人凭借顽强的意志，表现出强烈的进取精神，一次次将不可能完成的任务变成现实，逐步打开国际市场。

虽然非洲一些国家政局不稳，为华为员工带来了安全隐患。但是，只要客户有需求，他们还是会及时赶到。有时候，华为的工程师去基层进行设备安装、调试和维护，身边甚至有全副武装的警察贴身保护，这是客户专门提供的安全保障。正因为这种不顾个人安危的精神，让客户深深感受到华为是真正值得信赖的合作伙伴。

在艰难的市场开拓中，华为人抓住每一次机会，以优质的服务和技术让客户信服，一步步扩大了市场份额。有一次，华为在刚果（金）的客户由于临时改变了工程计划，原来30天工期的核心网设备建设压缩为4天。慎重分析之后，项目组决定最大程度上满足客户的需求，迅速协调十几名工程师到现场紧急施工、调测。于是，所有成员都在工程现场吃住，在走廊里打起地铺，大家累了就睡上一个小时，然后继续调测设备。经过3天4夜连续奋战，这个项目终于提前6个小时完工，令客户大为惊诧。

正所谓"天道酬勤"，艰辛的付出终于迎来丰厚的回报，华为人经过不懈努力终于以诚心获得客户认可，在海外市场打响了华为这个品牌。用一流的工程交付让客户满意，并令之信服，华为人像狼一样战斗，不仅树立了企业的口碑，也让世人对中国人刮目相看。

"人无我有，人有我精，人精我专"，在现代商业竞争中，专业能力、执行意志可以构建竞争优势，赢得市场和对手的尊重。华为员工表现出了高度的自觉意识、战斗精神，整个团队像狼群一样召之即来、来之能战、战之能胜，离不开头狼的顽强的意志力。这种努力既包括任正非谆谆的教导，也有每个项目小组倾力配合的不懈付出。

华为逻辑

奥斯卡·祖马是肯尼亚一家电信公司的职员，他对华为赞赏不已："这家中国公司以其独有的服务和耐力获得了客户的认可，我们都从中学到了很多。"在国际化道路上，华为公司从发展中国家起步，迈出了坚实的步伐；而后公司进军欧洲市场，照例所向披靡，成为通信行业无可争议的领导者。

狼性最为人们所诟病的"残忍"，正是对竞争日趋激烈市场的最好回应。这是一个弱肉强食的混战时代，你不够凶狼注定要被对手吃掉。当然，"残忍"绝非狼性的代名词，企业具有狼性更多的是要学习狼的狡猾、狼的耐力、狼的团体作战精神等。

从任正非到普通员工，每个华为人身上都展示出忍耐的精神、战斗的意志、进取的热情。尤其是那些在一线任劳任怨的员工，他们是华为发展进步的基石。今天，每个企业都在不断寻求自己的竞争优势，渴望在竞争激烈、风云突变的市场中分得一杯羹，但并非每个企业都能像华为那样将忍耐艰苦的环境作为自己的竞争优势。这种坚韧的品格成为华为人身上最亮丽的底色，让整个团队焕发出勃勃生机。

4. 实现"狼性"与"人性"的完美统一

在世人眼中，铁血的"狼性"成了华为企业文化的核心，但是任正非没有忘记融入更多"温情"。在《华为的红旗到底还能打多久》一文中，任正非说："我们要让最有责任心的人担任最重要的职务。公司确立的是对事负责的流程责任制，我们把权力下放给最明白、最有责任心的人，让他们对流程进行例行管理。高层实行委员会制，把例外管理的权力下放给委员会，并不断地把例外管理转变为例行管理。流程中设立若干监控点，由上级部门不断执行监察控制，这样公司才能做到无为而治。"

从2008年下半年开始，华为员工邮箱里经常收到副总裁纪平的邮件。这位女性领导者在邮件里提醒大家注意安全，注意劳逸结合，确保身体健康。此前，纪平是华为的CFO，而新增的头衔是"首席员工健康与安全官"。此外，华为还专门成立了健康指导中心，规范员工餐饮、饮水、办公等健康标准和疾病预防工作，为员工提供相应的健康与心理咨询服务。从这时开始，华为有目的地进一步完善员工保障与职业健康计划。

这种转变，显示了华为管理者注重团队保障、提升权益保护的努力。在狼性文化的指引下，华为员工一直处于高强度的工作状态之下，并出现了一些问题。2006年，华为员工胡新宇的猝死，让华为的"床垫文化"备受质疑。后来，华为员工发生交通事故以及各种意外，都会引起社会对华为员工的工作环境和工作压力的关注和拷问。

事实上，在设立首席员工健康与安全官之前，任正非就在公司内部多个场合发表演讲，帮助员工解决各种精神压力和思想困惑。比如，在参加华为优秀党员座谈会时，他就现身说法，提到自己已于1999年至2007年间曾经有过痛苦、抑郁的经历，但最终通过与外界交流、多交朋友等方式获得自救。

不难理解，包括任正非在内的华为人一开始就面对竞争残酷的市场，因此在成长道路上面临以小博大、虎口夺食的压力，丝毫不曾有过懈怠。上上下下承受了过多心理压力与工作压力，任正非对此深有体会。所以，他注意营造一个宽容的公司，并及时给予员工应有的关怀与回馈。

2008年，华为为员工各种福利保障支出达到14.4亿元。同年，公司还发布了健康报告，依据2008年度员工体检结果，总结了华为员工高发的病症，并详细介绍了这些疾病的诱因、危害以及如何预防和治疗。

如何做好企业的发展，管理者要面临着"狼性"与"人性"的拷问。在任正非看来，公司要打造一支富有狼性精神的团队，在激烈的市场竞争中开拓市场；同时，也要展示应有的人性化管理，给予团队成员应有的回报。为此，从最高领导人到团队干部，都要富有自我牺牲精神，表现出应有的责任感，像鸟儿爱惜羽毛一样照顾好基层员工。

任正非说："自我牺牲精神是一种工作态度，华为需要更多那样的干部与员工。"区别一个干部是否称职，有四个标准：第一，你有没有敬业精神，对工作是否认真改进了，还能再改进吗？第二，你有没有献身精神，不要斤斤计较。第三点和第四点，就是要有责任心和使命感。

企业领导者与员工能够承受工作压力，并具备自我牺牲精神，才能让企业免遭市场淘汰，并实现组织内部的和谐共生，真正实现"狼性"与"人性"的完美统一。在一个企业里，每个人都扮演着不同的角色，每种角色又承担着不同的责任。对领导者来说，除了调动大家的积极性，全身心投入到工作中去，还要给予员工应有的关爱，注重人性化管理。

在任正非身上，人们很容易看到他"头狼"的身姿与气质。另一方面，他也是一个充满温情的领导者，是一个十分有责任感的人。鲜为人知的是，任正非身体一直不好，但为了华为的生存和发展，他在许多关键场合总是亲力亲为。从1992年开始，他多次出访各国，探寻国外成功企业的经验。一边承受由于时差、环境气候等带来的不适，一边还要竭力融入当地的文化大背景，去分析和理解当地企业的经营管理，这种努力令人感动。

企业所处的时代不同，面临的任务不同，对领导者的素质要求也不同。领导者素质的好坏关系到事业的成败，注重严格管理，同时也强调人性化治理，能充分调动人才的积极性和主动性，让整个团队焕发生机与活力。

华为公司志在成为世界一流的企业，在市场竞争中占有一席之地。为了宏大的理想，整个团队自然面临来自各方面的巨大压力。资本的搏杀是鲜血淋漓的，不去拼搏就不会有生路，这种努力来自于内在的动力而不是外部强制，由此形成了独特的"狼性文化"。但是，华为仍旧注重人性化的关怀，让员工在快乐与感动中卖力工作。

提高效率必然是企业发展的核心，美国历史上的福特标准展现了工业化的巨大前景，同时也内含了人性的悖论。譬如，美国纽约地铁建设者的巨大付出就是违背人性的，却张扬了人类的德性——一种无私的奉献精神。一个企业要"狼性"与"人性"相统一，唯有此才能让整个团队焕发勃勃生机，实现持续发展与进步。

5．华为的通行证是能力，而不是学历

团队的力量依托每个员工的付出与努力，因此选拔优秀的团队成员是一项重要的管理职责。那么，领导人如何选拔优秀的团队成员呢？在华为，学历只是参考，能力是最值得倚重的。

1991年，胡红卫从中国科技大学毕业，而后顺利通过招聘考试，成为华为公司的正式员工。随后，他开始忐忑不安，因为自己在中国科技大学主修精密仪器专业，而华为主要做通信产品。在华为工作，显然有些专业不太对口。

不过，这并没有成为胡红卫晋升的阻碍。他从最基层做起，以技术员和助理工程师的身份参与了华为C&C08数字程控交换机的开发，随后担任了产品试制段长、计划调度科长、仓库部主任、生产部经理等职务。

因为能力出众、表现优异，胡红卫入职不到四年就被提拔为制造部总经理、计划部总经理，并于1995年荣任华为副总裁。由此可见，华为在用人上不唯经验、注重能力，为人才提供了良好的展示机会与发展平台。

任正非说："我们的领导都不要迎合群众，对于推进组织目的，要注意工作方法。一时牺牲的是眼前的利益，但换来的是长远的发展。如何掌握任职资格的应用，是对各级干部的考验。"为此，华为公司坚定不移地推行任职资格管理制度。当然，任职资格的推行不是机械唯物主义的、形而上学的推行，而是真正达到管理进步意义上的推行，让有贡献、有责任心的人尽快成长起来。

"能力"是人生来就具有的一种品质，在某个特定的领域可以具有很高的效率。在工作中，能力可能体现在解释问题的能力上，也可能体现在对他人情绪的洞察上，可以帮助他人建立信心。显然，员工在充分展示个人能力的基础上工作，杰出的工作表现会远远超出众人的预料，并带来组织效能与效益的极大提升。

任正非认为："一个可发展的人才更甚于一个客户或一项技术，一个有创造性的人才可以为公司带来更多的客户，我们宁愿牺牲一个客户或一项技术换一个人才的成长。"在团队管理中，他不唯学历、不唯经验，只唯发展能力。

对此，任正非本人有过刻骨铭心的体验。早年在南海集团工作的时候，因为刚刚从部队转业，没有多少经验，任正非先后运作投资几百万元，结果打了水漂。于是，他被企业高层贴上了"无能"的标签。最后，任正非不得不选择辞职。然而，华为后来的成功足以证明，任正非本人有着高超的驾驭市场的能力，其投资、管理才华堪称一流。因此，在选拔人才的时候，他不拘泥于学历与一时的表现，而是注重能力的提升，以及长远的业务考核。

很多企业在招聘员工时都非常注重应聘人员的工作经验，在招聘简章上经常可以看到对从业年限的要求。华为公司在招聘、录用过程中，最注重员工的素质、潜能、品格、学历，其次才是经验。通常，华为邀请一名员工加盟，首先要看他的成长能力。这种不唯学历、不唯经验，只唯发展能力的做法，吸引了大批有才华的专业人才加盟，并让他们充分展示了个人潜能与水准。

人才的能力需要企业挖掘，因为员工的能力并不能马上转化成生产力。为此，华为公司强调进行人力投资，充分挖掘人才的能力。

第一，加强培训。每年，华为在新员工培训上的支出就达数亿元。在深圳总部以及全国各地，甚至海外，华为建立了众多员工培训基地。这种对员工培训特别重视的理念，吸引了包括众多外资企业员工在内的大量人才，使那些仅仅为挣钱的人不愿到华为，而那些为了干一番事业的人则十分踊跃到华为。

华为有一个普遍培训原则是员工之间相互培训，并且成为一种制度。华为还建立了思想导师的培养制度，中研部党支部设立以党员为主的思想导师制度、对新员工进行指导。任正非要求，没有担任过思想导师的员工，不得提拔为行政干部；不能继续担任导师的，不能再晋升。

第二，注重实践锻炼。很多公司只相信老员工的能力，对新员工不放心，不敢委派重要任务。华为的做法与之不同。"天下没有沟通不了的客户，没有打不进去的市场",这是华为市场部门的一句口头禅。华为一度不派有丰富经验的员工,而是派一些刚从学校毕业、没有任何社会经验,尤其是没有任何市场开拓经验的新员工做市场。这样做是为了让新员工得到锻炼,训练新员工开辟新路的勇气和能力。

多年来,华为的大批新员工在实践中得到了锻炼,一批批新员工在磨炼中成熟,成为经验丰富的老员工。于是,整个团队的能力越来越强,综合素质越来越高,避免了新老员工两极分化问题。

人才激励是华为团队管理的重要内容。有利于公司核心竞争力战略的全面展开,有利于近期核心竞争力的不断增长,是华为激励机制的核心原则。为此,它注重员工能力的考核与发现,避免在用人中出现短期行为。

为了全面考察员工的能力,给予公正的评判和回报,华为推行目标决策管理,努力发现和培养各级领导干部。此外,还注意总结失败的项目,发现疏漏的好干部,从而避免考绩绝对化、形而上学。

从有实践经验、有责任心、有技能,且本职工作做得十分优秀的员工中选拔和培养骨干,是华为公司一贯的用人准则和团队管理理念。注重能力而非学历,帮助华为找到了更多优秀人才,在竞争中赢得了优势。

6. 加强干部的考核、评价，实现循环流动

早在创业初期，任正非就推出了绩效管理模式，坚持高效率、高压力、高工资标准。随着华为一步步发展壮大，公司逐渐形成了比较成熟的绩效管理方法。

在华为的考核体系里，集体考核与个人考核坚持统一与分离相结合的原则。比如，在全国的办事处评比中，杭州办事处得了较低的评价"C"，那么具体到办事处的每个人，考核的等级都要受到牵连，总体评价水平都要下降；但是这并不妨碍表现好的个人照样得"S"。于是，二者很好地达到了平衡。

通常在年初的时候，华为公司的每位员工都要制订绩效目标；然后，上级主管人员根据这个目标对该员工进行不定期的辅导、调整，考察目标完成的情况和存在的问题。而且，在年中会进行回顾与反馈，到年底进行最后的评估考核，并把绩效结果和激励机制挂钩。

最后，考核结果全部汇集到管理者手中，管理层开始对员工进行纵向比较，并辅之以横向比较。绩效管理是为每个人量身定做，所有人都和自己的目标比较，看最终完成情况如何。在华为公司，管理层对下属做考核，下属给予反馈，进行双向沟通。

考核结果出来以后，管理者会将其与激励制度和能力发展计划挂钩，对员工给予科学、合理的指导，从而帮助员工改进工作方法，提升个人能力。长期以来，华为公司在员工考核、培训方面花费了巨资，并与国际知名咨询公司开展了广泛合作，深深懂得"绩效管理是其他人力资源工作的基础"这句话的深

刻内涵。

显然，针对员工的考核、评价，华为会据此制定绩效加薪、浮动薪酬标准，在提升员工积极性的同时，也能最大程度上增加企业决策的透明度。在整个团队中，每个人对自己过去一年的成绩有了清晰的认识，能够通过绩效考核结果发现自己的优势和短处，自然容易对今后工作形成明确的目标。

而对华为人力资源部门来说，员工考核、评价也是人才管理的重要方法。比如，培训部门可以从中获得准确的信息，找到员工绩效不理想或欠缺的原因，从而制定出有效的培训计划。而在后备干部队伍选拔方面，管理部门也可以从绩效记录中获得决策依据，保证在人才管理上不出现失误。如果一个员工每年的绩效考评结果都存在很大反差，那就说明他很不稳定，应该让其多承担重任，培养良好的心理承受能力和工作能力。显然，这都是绩效考核提供的价值情报。

对员工科学、全面的考核与评价是推进任职资格的基础，也是保证团队竞争力的重要决策依据。正确的人才评估，可以推动组织管理始终沿着正确的方向前进，从而使有贡献、有责任心的人尽快成长起来。

公司发展要建立核心竞争力，始终走在持续进步的道路上，而人才管理与培养是最基础性的工作。对人才的考评应避免短期行为，管理者应具备长远眼光。比如，既要看到员工的短期贡献，也要看到组织的长期需求，才能给予人才公允的评价和待遇，从而发现优良的干部。因此，任正非强调员工考核要坚持多手段，正向考核很重要，逆向的考核也很重要。

除了从目标决策管理中发现和培养各级领导干部，还要在失败的项目中善于总结经验、发现问题，其中也潜藏着不少好干部。如果具备了这种人才培养机制，那么优秀人才就能不断被发现，从而实现人才循环流动。

人才管理是一门大学问，其中潜藏着无穷无尽的智慧。华为在人才考核上没有像其他企业那样，既制订绩效管理目标，又要做横向比较，强制实行末位淘汰制。在任正非看来，这样做首先在与员工的沟通中就很难自圆其说。比如，有的员工完成了销售指标，但是其他人超额更多，但这并不意味着这名员工不优秀。有的企业坚持搞末位淘汰制，结果员工可能为了保住自己，而想方设法让其他同事落后。显然，这无法有效推动企业绩效的提升，反而导致了内耗，不利于人才进步与内部流动。

"流水不腐，户枢不蠹"，企业一定要加强干部的考核评价，大力推广绩效管理，从而保持发展的活力与动力。事实上，绩效管理是一个完整的系统，在这个系统中，组织、经理和员工全部参与进来，管理者和员工通过沟通的方式，将企业的战略、经理的职责、管理的方式和手段以及员工的绩效目标等管理的基本内容确定下来。在持续沟通的前提下，管理者帮助员工清除工作过程中的障碍，提供必要的支持、指导和帮助，共同完成绩效目标，从而实现组织的远景规划和战略目标。

学者玛丽·凯·阿什说："一家公司的好坏取决于公司的人才，而人才能量释放多少就要取决于绩效管理了。"在人才考核与绩效管理中，华为的原则就是不管花多大代价，一定要把公司目标管理体系理顺，这个目标管理既是目标本身的，更涉及到公司中的每个人。

需要注意的是，并非每个企业在任何时候都需要推广较高级的绩效管理，华为在初期也只是坚持粗放式的"三高"模式。在推广绩效管理的时候，必须对相关的成本收益进行衡量，同时考虑其实施的可行性。比如，公司的战略和业务策略是否达到了相对稳定的状态，公司的基本业务流程和组织架构是否明确，典型岗位的设计是否到位，公司的管理层是否有了基本正确的绩效管理理念和技能，这些问题都与人才考核、评价密切相关。

7. 华为培训：自我批判，脱胎换骨，重新做人

多年来，任正非以军人特有的风格管理华为，在这种模式的长期运用下，华为人纪律严明，高度自觉。在众多管理方法中，培训是华为打造优秀员工的重要工具。通过培训，让员工在观念和行为上步调一致、严密协作，整个团队焕发了生机与活力。

在《致新员工书》一文中，任正非写道："实践改造了人，也造就了一代华为人。您想做专家吗？一律从工人做起，已经在公司深入人心。进入公司一周以后，博士、硕士、学士，以及在内地取得的地位均消失，一切凭实际才干定位，已为公司绝大多数人接受。希望您接受命运的挑战，不屈不挠地前进，不惜碰得头破血流。不经磨难，何以成才。"

从1997年开始，新人进入华为公司以后，都要接受严格、系统的培训，才能最终成为团队中的一员。华为的培训时间比较长，一般是五个月。而且，培训内容广泛，不仅限于企业文化培训，分为军事训练、技术培训、企业文化、市场演习、车间实习等五个部分。对新人来说，这五个月的经历像炼狱一般，那些顺利过关的人会获得"新生"，开启全新的旅程。

华为公司有一个专门的新员工培训大队，包括若干中队，许多高级干部包括副总裁担任小队长。培训期间，新员工带薪接受训导，还会发奖金。负责训练的主教官是中央警卫团的退役人员，训练标准严格按照正规部队的要求。训练过程中，被淘汰的员工无法进入华为，只有经过几轮筛选过关的员工才能成为正式员工。

漫长的培训过程是一项严峻挑战，考验着受训者的意志、心理。很苦、很累、考试多，这是学员最深切的感受。在某种程度上，这种训练过程丝毫不逊色于高考冲刺，而期间的考试次数甚至远远超过了大学四年的总和。即使无法被录用，许多接受过训练的人也会感念这种痛苦的煎熬，并铭记终生、受用一生。

新员工训练基地没有固定的场所，开始在深圳市市委党校，后来搬到深圳经济特区外的石岩镇石岩湖度假村。训练之初，全体学员分成若干学习班，最多的时候多达二三十个班。每天早上，全体学员在教官的带领下出操，然后以班为单位进行每天一个专题的企业文化学习。这种高效的培训收到了良好效果，多年来一直延续下来。

一个团队能够在激烈的市场竞争中存活，并且取得业绩，那么团队成员必须掌握为企业创造财富的本领，清楚自己的职责所在。在华为公司，组织培训并不仅仅是知识、技能的传递，还包括企业文化的传播、价值理念的灌输。经过一番洗礼，新员工对企业、对自己、对未来有了清楚、深入的理解，从而在日后的工作中充分调动个人潜能，在岗位上有一番作为。当新员工身上开始流淌着"华为人"的血液，他们就真正开始奋斗了。

未来企业与市场竞争充满挑战，创造性地开展工作必须有共同的理念，大家成为一致行动人。华为之所以厉害，最成功的地方不是人们所看到的那些处于重要位置的年轻人，而是它有不断催生新人的良好机制，让整个团队始终保持竞技状态，并在竞争中取胜。

第一，在团队建设上抓好事前管理。许多企业缺乏科学、合理的人才规划，习惯对人才进行事后管理。工作中需要人才时，才想到招聘、培养人才，往往会错失发展良机。华为在人力资源管理上未雨绸缪，事前对人才管理进行科学规划，公司年度经营目标下达以后，就进行有针对性的分析，然后确定各类人才的需求，再对新人进行系统的培训，大力推进组织发展目标。

第二，对中层骨干做好分层管理。中层管理人员是华为的团队骨架，这些人被分为三个层次。5级是副总裁级，主要工作是制定方针、政策；4级是总监级，主要工作是目标管理；3级是经理级，主要是完成任务。通过分级管理的方式抓好中层管理人员，让华为整个团队变得更有组织性、严密性。

第三，对人才培养工作实行精细化管理。企业在人才管理上缺乏精细化管理，培训等各项工作就不能到位，许多时候流于形式。华为在推行集成产品开发时，之所以能够顺利打开局面，一个重要原因就是做好了充分的人才储备工作。在技术性公司，不缺懂技术的人，具备出色管理能力并能进行跨部门工作的人，才是最宝贵的。华为的任职资格主要从项目经理入手，通过对有经验的高层进行访谈，借鉴国外的任职资格标准，比如英国NVQ、波音公司技术协会、日本IBM等。然后制定项目经理的素质模型，在评估中发现素质缺失，进行有针对性的培训，在实践中进行行为评估，根据需求开发课程培训。

第四，坚持系统化的人员培养策略。如果对员工缺乏系统化培训，那么人才就会良莠不齐，无法在关键时刻胜任工作岗位职责。如何让人才变成专业才俊，能够独当一面？华为在长期实践中总结出了有效的人员系统培训方法：（1）通过专人辅导，解决课程学习不到的知识；（2）到关键岗位上锻炼；（3）实行岗位轮换制度。

实践改造了人，也造就了一代华为人。经受了严苛的培训考核，新人进入华为公司以后，一律从工人做起，任何人没有特权。并且，原有的学位、身份等都会消失，一切全凭自己努力获得相应的职位、酬劳和尊重。

任正非提醒职场新人，一定要丢掉速成的幻想，学习日本人的踏踏实实、德国人的一丝不苟的敬业精神。在工作中，真正精通某一项技术是十分困难的，如果想提高效益、待遇，必须把精力集中在一个有限的工作面上，从而熟能生巧。

未来最有希望的企业是学习型企业，而企业生存发展的关键在于每个人。对管理者来说，创建学习型企业、培育知识型员工是一项长期的任务。华为的做法是，帮助员工建立起人生基本知识体系和职业生涯基本专业知识体系，让他们从骨子里成为真正的华为人。

8. 人力资本的增长大于财务资本的增长

美国国家研究委员会调查显示，半数劳工技能在3～5年内会变得一无所用，而以前这段技能淘汰期是7～14年。尤其在工程界，毕业10年后所学还能派上用场的知识和技能不足四分之一。对企业管理者来说，如何提升员工的学习技能，确保人力资源增值是一个严峻的挑战。

对此，任正非深有体会，他说："要真正培养一批人，需要数十年理论与基础的探索，除了长期培养大量优秀人才外，华为别无选择。"追求人才更甚于追求资本，有了人才就能创造价值，从而带动资本的迅速增长。因此，任正非鲜明地提出了一个著名的观点：人力资本的增长要大于财务资本的增长。

一段时间以来，中国还未建立起发育良好的外部劳动力市场，企业人才需求不能完全依赖在市场上解决。而且，中国还未实现素质教育，大学毕业生上手的能力还很弱，因此入职新人也需要接受严格的培训。此外，信息技术更替周期太快，老员工要不断地充电。这一切，都逼迫华为公司加大培训投入和力度，储备快速发展所需的人才。

每年，华为都要从高校招入一大批毕业生，仅1997年就入职7000人。这些刚毕业的学生有潜力，但是缺乏经验，因此必须加大培训力度。虽然需要一大笔培训开支，但是华为毫不吝啬。而当员工正式上岗以后，华为还会提供具有竞争力的工资待遇。这样的高投入可能短期内无法产生效益，也是大多数企业无力承担的，但是华为甘愿这么做，并着眼长远的考虑。

2004年元旦前，广州大学决定在大学选修课程中设置关于华为产品的相关内容，并由华为免费提供价值200万~300万元的产品设备。学生通过选修相应的课程，可以更加直接地了解到华为的通信产品。而当学生毕业时，华为及其合作公司可以从中挑选合格者，作为人才后备军培养。参加这样的培训项目，华为平均要为每个人支出近1万元的成本，超出了许多人的想象。

事实上，华为每年都要进行这样大规模的培训，在财务支出方面有上亿元之巨。在华为公司，员工的培训体系包括新员工培训系统、管理培训系统、技术培训系统、营销培训系统、专业培训系统、生产培训系统。华为在深圳总部的培训中心，占地面积13万平方米，拥有含阶梯教室、多媒体教室在内的各类教室110余间，能同时进行2000人的培训。一流的教师队伍、一流的技术、一流的教学设备和环境，成为华为培训的鲜明特色与强大优势，整个培训团队有专、兼职培训教师千余名。

在企业经营过程中，任正非对人才和技术的渴求是极其强烈的，这成为加大培训投入的直接原动力。任正非坚持认为，尽管大规模、高频率的培训会暂时增加生产成本，但是这让华为聚集了大批优秀人才。在激烈的行业竞争中，华为能够施展大战略，发起一次次冲锋，显然少不了大量优秀人才的倾巢出动。

由此不难理解，所谓"人力资本增值大于财务资本增值"，可以解释为对人力资本的投入比例，要超过在公司赢利等方面的投入。在人力资源方面，华为的投入可谓大手笔，而它的产出也令人艳羡。

在市场经济中，优胜劣汰的游戏规则永远有效。华为的首要责任是要活下去，而要想在竞争日趋激烈的IT业长盛不衰，把员工培训成行动有素的狼群是首要条件。如果有人懒惰，不愿意学习怎么办？任正非说："员工有不学习的权利，公司也有在选拔干部时不使用的权利。"

《华为基本法》指出：我们强调人力资本不断增值的目标优先于财务资本增值的目标。人力资本的增值靠的不是炒作，而是靠有组织地学习。在一次董事会上，任正非说："将来董事会的官方语言是英语，我自己58岁还在学外语，你们这些常务副总裁就自己看着办吧。"

华为有一名老员工是20世纪60年代的大学生，那个时代不学习英语，因此他一直是"英语盲"。1999年，为了适应公司向海外拓展，这名员工自费参加英语培训班，从ABC学起，与二十多岁的年轻人同室求学。虽然年纪很大了，但是他没有不好意思。后来，他第一次上台大声、流利地用英语演讲，顿时惊艳了四座，而他也获得了一种莫大的成就感。随后，华为号召全体员工向这名员工学习。

学习型组织的理论创始人彼得·圣吉认为，学习型组织构建的头号障碍是它太花时间，太需要耐心、毅力和奉献精神。华为尊重知识、尊重人才，但不迁就人才。在员工培训上，公司投入巨大财力，为组织发展提供了强大的智力支持。

华为逻辑

学习是心灵的正向转换，企业如果能够顺利导入学习型组织，不仅能够实现更高的组织绩效，还能带动组织的生命力。招聘优秀人才的同时淘汰"沉淀层"，是华为人力资源的一贯政策。对于员工，不学习将得不到提拔机会；对于干部，无论职位多高、资历多深，都不能躺在功劳簿上睡大觉。不学习、不进步，就意味着下岗，这就是华为对每个团队成员提出的严苛要求。

今天，新经济呈现出复杂多样的特性，高科技、知识型经济条件下，如何依靠高科技的手段来实现企业利益最大化，显然离不开庞大的人力资本投入。作为一个企业，尤其是电信企业，必须建立一个学习型的组织，让每个人都能在学习的环境中、学习的氛围中不断严格要求自己，提升自己。当每个团队成员都能成为学习型工作者时，企业才会具备无比强大的竞争力。

9. 用文化打造高效的领导团队

"人类因梦想而伟大，企业因文化而繁荣"。一个没有文化的企业没有头脑和灵魂，从根本上失去了发展的目标性、方向性和战略性，也失去了立足于现代市场竞争的前瞻性、能动性和适应性。国内外那些成功的企业都具有完整的文化体系和深厚的文化底蕴，从而充分调动人的积极性，让整个团队焕发生机与活力。

在华为的企业文化中，很重要的一点就是负责的精神。在这里，许多新员工都是刚毕业的大学生，有本科生、硕士以及博士，大多数人没有工作经历，只有理论知识。融入一个团队，他们首先需要学会对自己的言行负责，遵守公司的规章制度和纪律，努力完成工作。

投入新工作、走上新岗位以后，就没有那么多的自由和多余时间，也没有那么多兴趣相投的玩伴了。对每一名华为人来说，必须忍受枯燥和寂寞，并承受强大的工作压力。为此，任正非反复强调一点——"凭责任定待遇"——这是对新员工的一种激励，更是对大家的一种约束。在华为文化中，负责意识是一个员工的基本素养。

资源会枯竭，但是文化可以传承。任正非将培育富有责任感的企业文化氛围看得十分重要，并希望这种企业责任文化能够不断被华为员工发扬光大。

在华为前进的道路上，任正非一直在塑造着华为的文化，不断给组织文化注入新的内涵。而华为人也在以自己的行动诠释着何为团队精神。"床垫文化"、"加班文化"、"狼性文化"……这一个个鲜活的理念展示着华为人拼搏、奋斗的企业文化，成为中国乃至世界同行竞相学习的榜样。

华为诞生在深圳这片贫瘠的土地上，这里没有可以依存的自然资源，唯有在头脑中挖掘出大油田、大森林、大煤矿……精神是可以转化为物质的，物质文明有利于巩固精神文明，因此华为始终坚持以文化打造高效团队，提升组织的竞争力与战斗力。

任正非曾经考察过阿联酋，这是一个沙漠里的小国，却非常伟大。这个国家的人把石油换得的资金转化为一种民族文化，让全国的人到英国、美国接受良好教育，逐渐变成了一个发达国家。今天，全世界最漂亮的城市就在阿联酋，这里的人们用淡化海水浇灌出花草，房子等建设都非常漂亮。在此基础上，形成了以两小时飞机行程为半径的经济圈，涵盖印度和巴基斯坦。阿联酋成为一个商业中转港，商业收入占到国民收入的40%以上。如果这样继续发展下去，即使有一天石油枯竭，阿联酋也不会再次回到以往赤日炎炎的沙漠，国人已经找到了重获幸福生活的智慧。

对华为公司来说，唯有文化才会生生不息。任正非反复告诫大家："文化不是娱乐活动，而是一种生产关系，不仅包含了知识、技术、管理、情操……也包含了一切促进生产力发展的无形因素。我们公司一无所有，只有靠知识、技术，靠管理，在人的头脑中挖掘出财富。"

在当今世界的各个地方，企业文化正展示出强大的力量，引领着团队不断前进，完成一次次冲锋。从一定意义上说，文化是企业最重要的财富，是高于一切的战略资源。一个团队中，人有所思才有所动，企业同样是先有文化理念才有行为。

研究表明，企业文化包括企业的核心理念、经营哲学、用人机制、管理方式、企业氛围、行为准则，是一个完备的综合体。从根本上说，它是企业生生不息的源泉，更是企业的灵魂。从员工管理角度来看，它体现的是企业士气，而在管理层展示的是组织管理理念和企业家精神。

不容置疑的是，企业文化已经成为整个团队的一种"软力量"，引领着团队成员的精气神、战斗力。具体来说，文化对团队的塑造主要表现为以下几点：

第一，凝集功能。员工对企业产生归属感和共同体意识，主要源于对企业文化的认同。这种心理认同能最大程度上聚拢人心，让整个团队焕发生机，振奋士气。

第二，导向功能。企业文化包含特定的价值理念，旗帜鲜明地崇尚某种价值观。在公司内部宣传企业文化，能有效地将员工的思想和行为引导到企业的发展方向上来，让每个人的行动符合特定的组织要求。

第三，约束功能。既然企业文化是一种心理与价值认同，那么它就会成为整个团队成员的一种共识，并形成某种特殊的舆论压力、理智压力和感情压力。在这些压力的约束下，个人的言行都能得到管制，从而确保整个团队步调一致。

第四，激励功能。许多时候，企业文化包含了激励人心的重要内容，是组织的愿景、目标，成为增强企业活力的加速器。

毫无疑问，任正非本人已经成为华为的一个符号，这种领导形象和价值被广泛宣传，让更多的员工对企业产生向心力，构成了团队文化的独特场景。领导者对组织文化的塑造、掌控、变革的能力，正在强烈地影响团队的未来。大量的理论研究和实践证明，领导者本身的文化理念、精神是产生卓越领导力的最核心来源。这提醒我们，管理者要通过文化领导增强团队的战斗力。

人们钦佩华为的成功，更多是从其企业文化开始学习和研究的。当各种管理工具变得日益普遍并唾手可得时，越来越多的后来者更倾向于学习成功者的文化策略，从而增强团队的向心力与凝聚力。

第四章

奋斗意识---艰苦奋斗是华为文化的灵魂

艰苦奋斗，一直是中华民族优秀的传统文化，鼓舞、支撑着我们国家、民族的发展与繁荣，为炎黄子孙的欣欣向荣提供着源源不断的动力。这种精神，华为人不仅没有忘记，更将它融进了自己的企业文化之中，激励着每个人在岗位上做出贡献，激励着华为在世界舞台上攻城掠地。

1. 华为是无数优秀员工成就的

无数硅谷人与时间赛跑，度过了许多不眠之夜，成就了硅谷的繁荣，也引领了整个电子产业的发展。无数的华为员工，用他们自身的优秀品质，缔造出华为的今天。

1991年9月，深圳宝安县蚝业村工业大厦三楼，五十多人开始了艰难的创业之旅，华为也就在此诞生。整个楼层没有一个空调，只有吊扇，不大的楼层还被分成四个工段，外加库房和厨房，挨着墙还有十几张床，床不够用的，就找张泡沫板或者纸板代替。所有人都在高温下作业，不分黑夜和白天，累了就席地而睡，醒了就继续工作。大多数人干脆以公司为家，领料、焊接、组装、调试、质检、包装、吃饭、上厕所、睡觉都在这一层楼上，除了到外协厂及公司总部，很多人甚至一连几天不下楼，完全与世隔绝。

在这种资源少、条件差的情况下，几十人秉承20世纪60年代"两弹一星"艰苦奋斗的精神，以忘我工作、拼搏奉献的老一辈科技工作者为榜样，大家以勤补拙，刻苦攻关。没有包装工段，等到设备测试合格后，临时组织几个在场的人，不分职务、不分学历，大家一起包装然后装车发货；有时夜里来货，大家都会立即起来，不管是笨重的蓄电池还是机柜，不卸完绝不睡。

正是这种乐于奉献的精神，支撑着这群华为人艰苦奋斗，凝聚成了华为人特有的"垫子文化"，为华为的发展壮大提供着源源不断的动力。也正是因为老一代华为人的付出，才为后来华为的发展强大提供了基础和保障。

正如任正非所说："不要说我们一无所有，我们有几千名可爱的员工，用文化连接起来的血肉之情，它的源泉是无穷的。"由此可以看出，在企业发展过程中，艰苦奋斗是必不可少的，而在企业未来的发展之路上，仍然少不了艰苦奋斗精神。

2006年5月，年仅25岁的华为人胡新宇由于连续加班一个月，最终身体不支，患病毒性脑炎而逝。此事引起了外界和华为员工的关注，讨论和责难铺天盖地，大部分人认为是长期的过度劳累导致了胡新宇的死亡。

哀悼过后，任正非写了一篇题为《天道酬勤》的文章，其中有这样一段话："艰苦奋斗是华为文化的魂，是华为文化的主旋律，我们任何时候都不能因为外界的误解或质疑动摇我们的奋斗文化，我们任何时候都不能因为华为的发展壮大而丢掉了我们的根本——艰苦奋斗。"

每一位优秀的华为人都秉承着艰苦奋斗这一理念，所以华为常加班也是出了名的。在时间紧、任务重的状态下，华为的研发人员没有假期，没有私人时间，过着"垫子文化"般的日子。他们对通宵熬夜习以为常，常常与社会脱节，甚至连挣来的高薪都没有时间去花掉，每次与女朋友逛街都会像乡巴佬一样。虽然华为的研发人员给外界留下了"魔鬼"般的印象，但在潜移默化之中，培养了华为人的简朴作风。

而那些看起来似乎不用加班的市场人员，其实也一样需要加班，只不过方式不同。虽然他们每天西装革履，陪客户吃吃喝喝，但这种没有规律的工作同样辛苦，而且还要面临巨大的压力，甚至会对家庭产生不好的影响。

对此，任正非认为，天道酬勤，幸福的生活要靠劳动来创造。他是这样说的，更是这样以身作则。

虽然身家几十亿，但是任正非平日着装仍然很简朴，褪了色的衣服上还有洗不掉的钢笔水；除了每天按时上班，周末还要带领华为的高管去国外进修、学习，或者直接去一线，了解当前的产品状况。不仅如此，为了拓展国际市场，任正非几乎都是在飞机上睡觉，频繁地往来于世界各国，白天在国外参展，晚上回总部与研发人员商讨对策。

正像任正非自己所说："当看着我们贫瘠的土地变成了绿洲，当看着事先连想都不会想象到的、代表着现代文明的成果在我们勤劳的双手中不断地创造出来时，这种心情是无论用什么语言都难以表达的，真可谓天道酬勤，一份耕耘一份收获。"

从领导到员工，每一个华为人都时时刻刻铭记着艰苦奋斗的宗旨，华为特有的"垫子文化"也在薪火相传。华为优秀的企业文化造就了一批批优秀的员工，而一批批优秀的员工更是成就了今天的华为。

艰苦奋斗是中华名族的优良传统，这是我们每个炎黄子孙应该铭记、传承的，企业更应如此。华为人没有忘，所以华为出现了一批批优秀的员工，铸就了华为的辉煌，这应该是每一个创业者应该学习借鉴的地方。

第一，将艰苦奋斗、乐于奉献等优秀的传统文化融入企业文化中，潜移默化地影响员工。无论何时何地、何种情况下，企业家都不能忘乎所以、贪图享乐，更不能一掷千金、纸醉金迷。作为领导者应该以身作则，从自己做起，事无巨细，都应该起到表率作用。

第二，创业难，守业更难。因此，在企业发展壮大的过程中，要时刻牢记早期的艰苦奋斗精神，发扬并传承下去。

第三，天道酬勤，这是企业家更需要铭记的格言。在商业中保持"勤"，首先要勤动腿，多去实地考察，便于发现问题，掌握第一手资料；其次要勤动脑，善于思考问题，解决问题，运筹帷幄；再次要勤动手，亲自制定公司发展规划，拟定各种重要文件；最后要勤动嘴，善于鼓舞员工士气，保持员工工作的积极性，调动员工的工作情绪。

2. 研发需要大投入，也需要几年不"冒泡"的准备

世界银行曾经明确提出："一个没有能力通过自身机构进行科研的国家，也很难从别人的研究中取得较大收益。一个发展中国家选择、吸收和利用科技知识的能力，主要取决于创新技术所需要的同类研究能力。"正是看到这一点，任正非毅然决定加大对研发的投入。

华为对外公布的消息称，它每年对研发投入的资金为其销售额的10%，而实际上，具体投资数目已经远远超过10%，凡是能节省出来的钱，都被华为挤出来用于技术攻关、科研、搞项目。而且对于这些钱，任正非从来都是毫不吝啬，甚至去逼着技术研发部门将这些钱花出去。任正非认为，如果技术研发部门不能将钱花出去，不是他们工作不到位就是项目的研发不够深入和广泛。

当然，任正非并不是在毫无目的地投入，只不过回报来得比较慢。截止到2003年，华为每年都将研发资金的三分之一用于3G技术的研发，共耗资40亿元人民币，先后投入人力共计3500人，然后这种资金、人力高投入的研发，终于在2003年赢得了市场回报。也正是基于此，华为才能够从一个生产技术含量低的小型的交换机厂质变成一个生产路由器等科技含量高的网络设备、光通信、数据产品的综合性电信设备提供商。

然而，这种质变不是一蹴而就的，除了华为义无反顾地投入资金，还需要艰苦奋斗的精神和坚强的韧性。

2001年的时候，联想集团总裁杨元庆来到华为参观，表示出自己想向华为学习，加大科技研发的投入，做一个被高科技武装的联想。此时，还在处于艰

苦研发阶段的任正非一脸正色地说道："开发可不是一件容易的事，你要做好投入几十个亿，几年不冒泡的准备。"

也正是华为这种持续的、大规模的、不惜血本的对研发进行投入，对超长回报周期的忍耐性，才能让华为在电信核心技术方面取得大量专利，赢得了普遍赞誉。现在，要说哪家企业最能代表中国企业在技术研发实力上所取得的成就，只有华为！

没有投入就不会产出，在科技行业尤其如此。在中国科技企业中，华为一直是敢于常年大手笔投入进行研发的，而且投入金额在收入中的比例越来越高。截至2015年，华为在过去的10年间，在技术研发上投入共计2400亿元人民币，而仅仅2015年一年的时间，华为就投入了90亿美元，相当于总收入的15%。不仅如此，华为负责人表示，在未来的几年里，华为仍将继续加大基础研究领域的创新和研发投入，投入收入占比将提升至20%，甚至达到30%。

而这庞大的研发支出，10年的苦苦奋斗，华为也终于得到了回报。截至2013年12月31日，华为从事产品与解决方案的研究开发人员约70000名，占公司总人数的45%，华为中国专利申请累计44168件，外国专利申请累计18791件，国际PCT专利申请累计14555件。累计共获得专利授权36511件。

任正非曾说，相比苹果，他更看好华为与谷歌，因为苹果是现实主义者，而华为与谷歌则是理想主义者。现实主义者有辉煌的时候，但终究逃离不了落寞。诺基亚、摩托罗拉、黑莓，它们曾无比辉煌，但从辉煌的顶点滑落至万丈深渊，仅是一两年时间。有情怀的理想主义企业，才能展现出更长久的生命力，更强大的竞争力。

2015年，华为与苹果公司达成一系列专利许可协议，覆盖GSM、UMTS、LTE等无线通信技术。在通信业，两个公司签订专利许可时，专利许可数量多的一方要向数量少的一方收取专利费。而就在2015年年底，国家知识产权局给出的消息，华为向苹果许可专利769件，而苹果向华为许可专利98件，这意味着华为已经开始向苹果收取专利费。

任正非认为，只有技术自立才是企业的生存之道，没有自己的技术研发体系，企业要独立自主只能是一句空话。作为高科技企业，依赖进口技术，无异于等死。但任正非也指出，公司将不会盲目创新。他说："我们只允许员工在主航道上发挥主观能动性与创造性。"

华为的麒麟芯片，一定程度上缓解了中国"缺芯少魂"的尴尬局面，目前已应用于华为的高端手机中，其性能处于行业领先。数据显示，截至2015年12月，麒麟芯片累计发货量已经超过5000万颗。

麒麟芯片固然为华为添彩不少，但这一路的艰难却鲜为人知，华为为此耗费的人力、财力更是惊人。华为从1991年开始成立ASIC设计中心，足足等了22年，麒麟910才开始规模商用。22年的艰苦奋斗，22年的苦苦煎熬，这样的韧性，恐怕只有华为人才有。

"麒麟芯片"这短短的四个字，不仅包含着华为人20多年的付出与心血，更是华为成立、发展、繁荣的见证。3G时代，华为是世界巨头的追随者；4G时代，华为与世界巨头站在同一起跑线；在5G技术方面，华为已是当仁不让的领跑者、产业生态的积极推动者，对整个产业有着巨大的贡献。

华为逻辑

邓小平说过，"科技是第一生产力"。虽然很多人尤其是企业家都明白这一点，但是在实际经营中做好这一点并不容易。诞生在深圳的华为秉承创新精神与奋斗文化，在科技研发投入上始终不遗余力，令业界吃惊。

华为的崛起告诉我们，要对科技研发高度重视，更要敢于进行尝试，努力坚持到底。正如任正非所说，研发需要大投入，也需要几年不"冒泡"的准备。这不仅需要资金的支持，更需要有艰苦奋斗的忍耐精神和对未来不可预期的等待。这对于一个优秀的企业领导者来说，尤其重要。

3. 创业的辛苦，只有华为人懂

从一个默默无闻的小企业，发展成为全球排名前五的通信设备商，华为仅仅用了20年。在这巨大的荣耀的背后，掩盖着许多不为人知的辛苦。用任正非的话说，"创业的辛苦，只有华为人懂"。

创业是极其辛苦的，但每一个华为人都是狂热的工作者。曾经有人问比尔·盖茨心中最优秀的员工是什么样，他认真地说："一个优秀的员工应该对自己的工作满怀热情，当他对客户介绍本公司的产品时，应该有一种传教士传道般的狂热！"一个优秀的员工会发自内心地热爱自己的工作，在每天清晨醒来的时候，会因为自己为人类生活带来的发展和改进激动不已。这也是华为人的价值追求。

因为创业辛苦，所以更需要"实干肯干"的精神。2009年6月，华为的重庆C网完成替换工程交付，但还需要在8月底完成对网络质量的提升。然而此地环境恶劣，地势复杂多变，时间紧，任务重，要求高，所以项目组的工作十分紧张。

在大家的共同努力下，项目也在按着预期目标推进。但到了最后，项目组面临着一个不得不解决的难题——要排查处理网上几个重要VIP语音质量问题。这需要工作人员扛着扫频仪，进行爬铁塔、调天线等高风险和高难度的工作。本来这种苦差事就没人愿意干，更不用说在这个地势险恶的地方了。最后，原本负责网络优化工作的张金果断承担起这项任务。

张金白天要外出工作、处理问题，晚上随便吃点，就又要参加关于工作进展的分析例会，一人身兼两职，让他忙得不可开交。天天摸爬滚打处理语音质量问题，他的头发弄得乱糟糟的，身上还总是带着污泥。但它一点不在乎，累了就在沙发上休息会儿，醒了就继续工作，于是同事都称他为项目组的"泥瓦匠"。

虽然知道创业的过程中会有无数的困难，但在面对这些难关的时候，每个华为人都选择甘愿成为"泥瓦匠"。在生存环境极其恶劣的阿尔及利亚，整个国家绝大部分土地都被沙漠覆盖，但是在这无尽的沙漠下面，却掩藏着巨量的石油和天然气。这一带的恐怖分子活动猖獗，生活在这里的人十分没有安全感。为了拿下这个海外发展的机会，华为人毅然决然地前往该国，开通CDMA-WLL设备。

在阿尔及利亚工作的三个月里，华为人不顾环境的恶劣和随时可能爆发的威胁自己生命的冲突，快速而又专注地工作着，很快他们成功开通了CDMA-WLL设备。竣工时，客户难以置信地说，华为三个月内为阿国东南部开通的GSM基站数比某西方公司在过去五年内为阿国在此地区开通的基站数还要多。而这一切，都要归功于这些勤奋而又实干的华为人。

创业的辛苦，不仅仅是肉体上的折磨，更可能是精神上的考验。幸运的是，面对质疑，华为人坚定不移。

从创业初始到现在声名赫赫，华为形成了独具特色的企业文化，但很快就遭到了质疑，华为的"垫子文化"更是首当其冲。面对质疑，任正非在一次谈话中给予了解释，他强调华为现在还很弱小，与顶级企业还有很大的差距，华为的发展更是面临艰难的困难，所以要生存、要发展，华为人就要付出更加多的努力，比别人更加艰苦奋斗。"华为不战则亡，没有退路，只有奋斗才能改变自己的命运。"任正非说道，"不奋斗，华为就没有出路。"

这次谈话很快就在内部员工之间形成了高度统一的认识，而华为人对"艰苦奋斗"精神的诠释，对自身企业文化的坚持，也赢得了社会公众的支持与认可，原来的质疑也烟消云散了。

华为的创业之路很是艰辛，每一个华为人都懂，就像任正非所说："专心做好自己的事情，不要怨天尤人，尊重现实，热爱挑战。脚踏实地而非好高骛远，少些激扬文字、挥斥方遒或愤青心态，多些低调务实、持之以恒。"在这种艰辛之下，也成就了华为。

深圳是创业的天堂，也是创业文化盛行的地方。华为诞生在这里，发扬了深圳艰苦奋斗的精神。对创业者来说，华为人的辛苦绝对是一记醒钟，对后来者更是一种借鉴。

华为人的创业之路走得很辛苦，却铺就了一条通往成功的道路，也照亮了无数后来者前进的方向。一个成功的创业者，除了要学会借鉴前辈的经验之外，还要特别注意以下三点：

第一，选择一个合适的行业，这是创业的核心。不同的行业之间相互关联，往往会衍生出很多的项目，所以要选择那些适合群体广泛、竞争相对不太激烈的行业。最好是做生意人之生意，因为有生意人的地方就有你的生意。

第二，选择一个合适的地方，这是创业的基础。一线城市有着经济、科技、管理等方面的优势，二、三线城市却有着政策的支持和当地资源优势，所以一定要挑选一个适合自己行业发展的地方。

第三，选择合适的帮手或者合作伙伴，这是创业者的助力。选择一个或者几个社会经验丰富、社会资源广泛而又综合素质较高的伙伴，绝对是你成功路上的一大助力，会让创业之路走得更顺畅。

4. 祖国支撑华为人屡败屡战，逐渐有胜

海尔总裁张瑞敏说："没有对祖国的责任与忠诚，就没有海尔今天的国际成就。"同样是这份爱国情怀，成就了今天的华为。

1996年，华为已经做好进入国际市场的准备，但是选择哪个国家作为突破口，成为此时华为内部争论的焦点。最终，他们还是决定按照国内企业的经验，从弱到强，一个一个脚印地前进，最终攻占发达国家的市场。于是俄罗斯，这个电信发展比较薄弱的国家，就成为了华为的第一个进军对象。

然而整整一年过去了，华为在俄罗斯的进展并不是很顺利，虽然华为为了这次进入俄罗斯市场，提前3年就组织了数十个代表团与俄罗斯代表团互访，但当华为的员工到达俄罗斯以后，一连几个星期，都看不到客户的影子，事情就这样僵持到了第二年。然而1997年的俄罗斯陷入经济低谷，货币急剧贬值，这给华为带来了更大的挑战。面对此时的俄罗斯，西门子、阿尔卡特等跨国公司争先恐后地开始纷纷撤资逃离俄罗斯，而华为看准了这一市场空缺，留了下来。

虽然这对华为来说是个转机，但华为在俄罗斯的处境仍然很是艰难。李杰，当时华为独联体地区总裁，就是在这样的背景下临危受命，奔赴俄罗斯。

1998年，俄罗斯的天气倒不是很冷，但是一场金融危机，使得俄罗斯的市场变得冰冷无比，乱成一团。有在打官司的，有在清仓的，官员们玩忽职守，各忙各的。"我不仅失去了嗅觉，甚至视线也模糊了。"李杰回忆说，"那时候，我唯一可以做的就是等待，由一匹狼变成了一头冬眠的北极熊。"一连两

年，李杰几乎一无所获。直到日内瓦世界电信大会上，事情才出现了转机。

此时，任正非看着自己迷惘的爱将，提点道："李杰，如果俄罗斯市场复苏了，而华为却被挡在了门外，你就从这个楼上跳下去吧。"李杰很认真地点了点头，说："好！"

伴随着俄罗斯经济的复苏，李杰开始马不停蹄地组建营销队伍，派往俄罗斯全境，并以此为基础建立了合资企业贝托华为这个营销网络。随后，在不断的拜访交流中，他们认识了一批运营商管理层，并逐步建立了信任，这也是当时最主要的客户群。

华为人的努力换来了回报，虽然仅仅是一个只有12美元的订单，但对在俄的华为工作人员来说，这预示着一个美好的开始。

随后，普京开始全面整顿经济，俄罗斯经济开始"回暖"，华为的坚持终于使它赶上了俄罗斯政府的新一轮采购计划。仅仅3年时间，华为急速占领俄罗斯市场，位居独联体市场国际大型设备供应商的前列。从此，华为在俄罗斯站稳了脚跟。

万事开头难，"中国制造"已经给外国人留下了一种低端产品的印象，给中国企业"走出去"带来巨大的挑战，尤其是进军发达国家市场。从2000年起，华为开始在发展中国家全面拓展业务，连战告捷，使华为信心倍增，决定进军发达国家。

2001年，华为以德国为起点，开始进军西欧市场。通过与德国当地著名代理商合作，华为产品很快进入德国、法国、西班牙、英国等发达国家。直到2013年，华为以392亿美元的整体业务收入，成功超越爱立信的352亿美元，成为欧洲最大的通信厂商，对华为来说，欧洲越来越像另一个本土市场。

而对于美国，它先进的制度、灵活的机制、明确清晰的财产权、对个人权利的尊重与保障，这种良好的商业生态环境，吸引了全世界的优秀人才，从而推动亿万人才在美国土地上创新、挤压、井喷，这种力量是很惊人的。

"但美国打压华为，其实涉及的是中美竞争关系，美国打压的不是华为，而是中国。"任正非说，"中国越强大，美国就越打击。打击不是抽象的，看好一个苗头打一个。因为美国不希望中国变强大，总要找到一个具体着力点。所以我们认为困难也是会存在的，而且我们也不知道接下来的困难还会有多大，就是努力前进，自己想办法去克服。"

是什么让华为在艰难的国际市场上迎难而上，越挫越勇，不断向前？后来，任正非回忆道："华为在国际市场上屡战屡败，屡败屡战，败多胜少，逐渐有胜。是什么力量在支撑华为呢？是祖国，我们希望祖国强大起来。"

这种深入到骨子里的爱国情怀并没有随着华为的发展壮大而慢慢削弱。当利比亚战争发生时，华为没有撤退。当地员工自己分成了两派，一派支持政府，留在了的黎波里；一派反政府就去了班加西，各自维护各自地区的网络。中间交火地区的网络，就由华为的员工维护。华为人不怕牺牲，用实践说明了他们对客户的责任。

"维护网络的安全稳定，是我们的最大社会责任。"任正非说。当日本"3·11"地震海啸发生时，福岛核泄漏，华为的员工背起背包，和难民反方向行动，走向海啸现场、核辐射现场、地震现场，去抢修通信设备。当智利九级地震发生时，华为的三个员工困在中心区域，恢复通信后他们打来电话，接电话的基层主管说地震中心区有一个微波坏了，要去抢修。这三个员工傻乎乎地背着背包，就往九级地震中心区去抢修微波。

逆着避险的方向，去履行自己的责任。对客户，华为已经做了全世界最好的广告。

华为逻辑

华为的爱国情怀让每一个华为人特别是在异国他乡的华为人感受到了自己的价值。铭记为祖国奋斗，为民族的崛起视死如归，华为必将战无不胜！

一个企业如果单纯以"盈利"为目的，肯定是走不长远的，要想长久地生存、发展下去，就必须怀有崇高的国家荣誉感，热爱我们的国家，热爱我们这个开始振兴的民族。只有时刻保持着这份爱国之心，才能在未来国际市场上分清大是大非，避免在关键时刻做出不利于国家和民族的抉择。

5. 华为没有院士，只有"院土"

任正非不止一次强调："华为没有院士，只有'院土'。要想成为院士，就不要来华为。"任何人来到华为，必须融入团队，坚守奋斗文化，用业绩证明自己的能力和价值。

现在大多数企业进行招聘，都会有很多严苛的条条框框：学历、工作经验、工作年限等等。要求本科学历的，本科以下学历的免谈；要求本地户口的，外地户口的免谈；要求三年工作经验的，只有两年的免谈。

在不同的城市有着很多类似的招聘要求，但在深圳，流传着这么一个说法："去华为办事千万不要轻易提起你的学历，因为门口让你登记的门卫很可能就是硕士，公司里打扫卫生的可能就是一名本科生。"

一个新员工，如果想在华为上岗，必须要经过培训，培训合格才能通过，否则只能淘汰。而对入职的员工来说，华为不会去翻你的"老底"，不管你是什么学历，有多么丰富的工作经验，如果你不能给公司带来贡献，就无法得到相应的评价。即使你满腹经纶，才华横溢，但没有给华为带来贡献，也只能被辞退。

在华为，所有员工都是按照贡献给报酬，凭责任定待遇。因为任正非深深懂得，企业不同于学校，学习成绩、学历是评价学生的标准，但企业不同，华为是以员工的贡献来进行评价的。由于华为面临市场的淘汰，所以华为要求每一个员工也要适应公司的淘汰体制，学历、资历统统消失。因此，任正非常常告诫新员工，要脚踏实地，集中力量突破某一领域，不能什么都想做，却什么都做不好，知识不要博而在于精。

华为需要的，是能在工作中不断成长进步的员工，在工作中锻炼自己，在工作中证明自己，不能安于一隅，固步自封。任正非经常告诫员工："一天不进步，就可能出局；三天不学习，就赶不上业界巨头，这是严酷的事实。"

市场变化超出了人们的预期，对科技型企业来说，唯有建立学习型组织才能应对外界的变化。"我们提倡自觉地学习，特别是在实践中学习。你自觉地归纳与总结，就会更快地提升自己。公司的发展，给每个人都创造了均等机会。英雄要赶上时代的步伐，要不断地超越自我。"这种思路在某种程度上可以算得上是一次创举，是华为人自主学习、自我优化的明智之举，而这又是企业和个人成功的基本要素。

华为领导人之一孙亚芳说："我们将面临更高决策的客户，他们有多年引进项目的经验和丰富的专业知识，他们是用国际营销市场这把尺子要求我们的。我们面临的是缺乏现代化指挥作战和产品多元化销售中业务指导的问题，身先士卒、冲锋陷阵的领导模式已成为历史。"

世界五百强企业中流传着这样一条知识折旧定律："一年不学习，你所拥有的全部知识就会折旧80%。你今天不懂的东西，到明天早晨就过时了。现在有关这个世界的绝大多数观念，也许在不到两年的时间里，将成为永远的过去。"作为世界五百强企业的一员，华为公司一直提倡员工自觉地学习，并成为公司的资本。

任正非说："我们提倡自觉地学习，特别是在实践中学习。你自觉地归纳与总结，就会更快地提升自己。公司的发展，给每个人都创造了均等机会。英雄要赶上时代的步伐，要不断地超越自我。"

1994年，汪勖成功在华为上岗，成为华为新血液中的普通一员，被安排在交换机装配中粘贴板名条。每天都是重复机械式的工作，让汪勖开始疑虑，为什么不管自己如何努力，工作效率还是这么低？

汪勖决定改变这种状况，于是他自费买了一些关于介绍交换机、排队机等相关知识的书籍，利用业余时间自己学习。同时，汪勖还经常向一些经验丰富的老员工请教，了解相关知识。经过不懈努力，他对交换机各个配置都了如指掌，工作效率自然有了很大提升。

不久之后，华为无线接入系统(ETS)正式进入试生产阶段，汪勖被调到ETS

车间，负责装配工作。由于对新工作一点不了解，汪勋只得自己私下恶补，每天坚持学习一点，直到能熟练工作。

在工作的过程中，需要一些工作指导图，由于当时公司没有配备计算机，只能手绘，速度慢且效果差。于是汪勋又一次充当先行者，自己花"血本"卖了一台计算机，开始自学AutoCAD。在他的努力下，他成为了整个车间唯一一个AutoCAD专家，极大地提高了工作效率和质量。

汪勋之所以能够不断提高，是因为他有自我学习、自我提高的意识，并将这种意识付诸行动。汪勋后来回忆说："在华为六年，我一刻也没有停止过学习，我并没有什么崇高的理想和远大的目标，学习的目的就是想将手头上的工作做好，干活时轻松些。"

正如拿破仑所说："天下真不知有多少人一无所成，原因就是他们太容易满足了。要求自己上进的第一步，就是绝对不可能停留在现有的地位。不满足于现状可以帮助你不断获取新的成功。"

在华为内部，任何人都要放低姿态，秉承学习的心态做好本职工作，在岗位上坚持创造性地开展工作。可以说，华为人骨子里有艰苦奋斗的意识，他们忘却以往的荣耀，应对当下的挑战，因此在战战兢兢的忘我奋斗中开创了一个个奇迹，成为时代的骄傲。

华为逻辑

第一，不以学历论高低，只以贡献算评价。这是一种公平竞争的原则，有助于激发每个人的奋斗意识，让人才的潜能得到释放。

第二，不拘一格降人才。一个曾经领导500多人的华为中央研究部主任，是一位年龄只有25岁的华中理工大学毕业生。任正非说："年龄小，压不垮，有了毛病，找来提醒提醒就改了。"

第三，倡导并引导员工自我优化，在工作中不断学习，在学习中不断进步。自我学习能力的提升，让华为成为彻底的创新工场，在市场竞争中具备了强大的竞争力。

第四，建立淘汰机制，帮助员工树立忧患意识。每个人都保持压力，这种忧患意识令人不敢有丝毫的放松，因此华为的团队显得更有战斗力。

6. 选拔和培养全心全意高度投入工作的员工

每个企业选拔人才都有一套标准，或者依据科学的用人标准，或者是结合自身行业特色与岗位需求，这就是我们通常所说的"因事用人"、"量才录用"。

杰克·韦尔奇给中国企业传授选拔人才的经验时，也给出了四个标准。第一，自己是精力旺盛的人；第二，可以调动别人的激情，不光是自己做得好，还要激励人家做得更好；第三，要有决策的勇气；第四，要能够落实决策。

而当一位记者问任正非："您心中最优秀的人才是什么样或者具备什么素质？"他这样回答："一般来讲企业对选拔这样的人才都会讲出三四条、五六条甚至七八条标准，我只用一个词回答了，那就是'简单'。这种唯目标和效果为导向的思维简单化的人才，是企业需要的人才，他们不仅会带领团队管理制度化、流程化继而简单化，而且在这种氛围营造的机制中，很容易选择企业所需的真正人才。"

有这样一个故事，感动并激励着每一个华为人。在清水河小镇上，有一位叫老何的人，作为一名普普通通的电信职工，他把自己的一切都献给了那个寒冷而又贫瘠的地方。

老何工作的清水河镇邮电局，也被称为"黄河第一局"。在自然环境十分恶劣的青藏高原的荒野上，清水河镇可以说是十分繁华的地方了。在常人眼中，老何工作的地方一定"油水"充足，所以很人都对老何工作的柜台虎视眈眈。

终于，在一天夜里，几个歹徒破门而入，持刀抢劫了电信局。为了保护那个放着几十块钱的柜子，老何头部被打破，他老婆的脸更是被歹徒划了几道，至今还留下很深的刀痕。然而当他们夫妻二人伤愈之后，又重新回到了这个让他们无法忘记的"伤心之地"，继续工作着。在他们心中，只有一个想法，就是要保障工作的顺利进行，为无数分离的家人传递一声平安。

正如任正非所说："只有做到忘我，你才可能为了一个远大梦想去不断奉献，你才可能为了一个远大梦想去不断追求。天道酬勤，生命不息，追求永不停止。"

华为的成功不是偶然的，因为有一批批对事业不抛弃、不放弃的员工前赴后继，他们能全心全意将自己高度投入到工作之中，他们的这种敬业精神，成就了华为，也成就了他们自己。

华为在为某个海外项目做最后的冲刺的时候，因为分包商与工人发生经济矛盾，不仅工人已经连续一个月无法好好休息，就连机器都出现了故障，项目突然卡住了。眼看项目交付日期就要到了，可是项目组租赁的机器早就离开，分包工人也在各自收拾东西准备回家，如果项目不能如期完成，那么他们之前所做的一切都将是白费。在这危机时刻，项目组的华为员工没有放弃，他们心里牢牢记着对客户的承诺。

很快他们开始行动起来，有人负责联系当地分包商，有人负责联系包工头，让他留住工人，有人负责联系机械。然而，结果却让他们大失所望。分包商很快回绝："不好意思，我们的机械手已经回到单位了。"原本留下的工人也只能陆续回家。好在他们的努力还是有了成效，这些工人答应，只要有了机械，他们就随时回来。

现在问题都集中在能否找到机械。项目组和当地员工都行动起来，一次次的失败没有打败他们，不知不觉间，天渐渐暗了下来。功夫不负有心人，经过一个多小时的努力，他们终于联系上了机械。于是，项目组继续分工，司机去买吃的跟喝的，其他人联系分包商的工人。等到天黑，一切都到位，所有人都忘记了这几周的疲劳，开始了最后的冲刺：测量、开挖、穿管、倒盘。在大家的共同努力和坚持下，华为人终于按时完成了任务，不仅实现了对客户的承诺，更是守护住了公司的荣誉。

任正非所看重的简单，其实是员工对于工作和企业的一颗赤子之心。这样的人，才能成为优秀的员工，而许阳（化名）就是其中的一个。

华为在巴基斯坦的客户群很多，项目更是数不胜数，工作环境也是差异很大。由于人员紧张，许阳不仅要当项目经理，还得当技术工程师，每天不仅要亲自调试设备、指导工人，还要跟分包商和客户交流、谈判，忙得不可开交。

除了工作任务重、压力大，再加上气候不适应，许阳每天晚上睡觉都不安稳。等到工程结束，同屋的同事立马找许阳来"算账"。原来，许阳每天晚上都要说些梦话，或者嘀嘀咕咕的，总是把同屋的同事吵醒。有一次，同事被吵醒后睡不着，就跑到许阳床边，想听清他在说什么。他依稀听见许阳在用英文教分包商如何安装、调试设备，并嘱咐他们一定要保证工程实施的质量。同事的这番玩笑，流露出的是对许阳的敬佩，佩服他对工作认真的态度，佩服他的赤子之心。

正如任正非所说："在企业中许多个人素质很高的员工未必就是一名优秀的员工。"一个优秀的员工必定是全心全意高度投入工作的员工；必定是对工作不抛弃、不放弃的员工；更加是对工作、对企业忠诚的员工。而一个对企业忠诚的员工，必定不会被企业忽视。

忠诚，是每个员工对企业最起码的尊重。只有你忠诚于你的工作，你的工作才能带给你快乐；只有你忠诚于你的客户，你的客户才能毫不犹豫地相信你；只有你忠诚于你的企业，你的企业才会重用你。

莎士比亚说："忠诚你的所爱，你就会得到忠诚的爱。"忠诚，就是华为人给我们最好的启示。只有时刻保持一份忠诚之心，一个人才能变得"简单"，变得心无旁骛，成功才会降临。企业选拔和培养全心全意投入工作的员工，是人才管理的基本原则，也是华为打造奋斗文化的基石。

7．让努力工作的人得到应有的回报

任正非说：付出就会有回报，在华为做雷锋绝不会吃亏。创业之初，华为由于资金的匮乏，任正非等人把自己的工资、奖金投入到公司，每人每月只领取一点基本的生活费，甚至大部分的领导跟员工都租住农民房。

在这一代人的无私奉献下，华为挺过了最艰难的岁月。也正是他们的努力支撑起华为的事业，从而获得了生存和发展的空间。没有当初老一代人冒险投入和艰苦奋斗，就没有今天的华为，更重要的是，他们为后来者树立了良好的榜样，奠定并且传承了华为赖以发展强大的企业文化——艰苦奋斗和乐于奉献。

华为人的付出也得到了回报，当年他们用自己微薄的收入购买的公司内部的虚拟股，终于开始获得了一些投资收益。

随着时代的发展，华为为了不被历史潮流所抛弃，只能不断地努力、不断地进步，这就需要华为拥有一支强大的、能艰苦奋斗、乐于奉献的、能够创造成功的队伍。所以，华为的工资制度改革势在必行。

早年，任正非提出了"高压力、高绩效、高回报"三高策略，明确告诉每一名员工，只要你努力工作，就能得到应有的回报。直到今天，这一原则仍然得到推崇。任何员工，无论新老，都需奋斗，都必须奋斗。不奋斗，华为就不能活着走向明天。

奋斗代表着付出，只有付出，才能收获回报。自华为成立以来，秉承着"不让雷锋吃亏"的理念，推出了"以岗定级、以级定薪、人岗匹配、易岗易薪"的工资制度改革，实行基于岗位责任和贡献的报酬体系，并基于评价给与激励回报，旨在督促老员工不要懈怠的同时，为更多新人的成长创造空间。

华为尽可能地为员工提供好的物质生活条件和保障，为员工提供业界有竞争力的工资水准，而员工对华为的回报就是对工作的负责和绩效贡献。任正非认为，物质文明与精神文明对于企业的发展来说同样重要。

中国作为世界上最大的新兴市场，巨头云集，竞相峥嵘。虽然作为本土产业，但华为自成立之初就面临着全球最激烈的竞争，只能在巨头的夹缝中苦苦坚持，坚持着活下来；一番周折，华为终于熬出了头，正准备踏出国门去国际市场上大显身手，却发现早已被西方国家瓜分完毕，只剩下那些自然环境和人文环境恶劣的地区，巨头暂时无暇顾及，这是华为唯一的一丝机会。

为了抓住这个西方公司不太在意的机会，华为人开始了艰苦的奋斗。他们离别故土，暂时放下亲情、爱情和友情，远赴他乡。无论是在疾病肆虐的非洲，还是在硝烟未散的伊拉克，或者海啸灾后的印尼，以及地震后的阿尔及利亚，哪里有需要，哪里就有华为人的身影。华为员工在高原缺氧地带开局，爬雪山，越丛林，徒步行走了8天，为服务客户无怨无悔；有的员工在国外遭歹徒袭击头上缝了30多针，康复后又投入工作；有的员工在飞机失事中幸存，惊魂未定又救助他人，赢得当地政府和人民的尊敬。

同样，华为人的付出得到了回报，为国争光，他们收获了赞誉；为企业工作，他们得到了优厚的待遇。正如任正非所说："优秀的企业文化能够让员工有很好的归属感、荣誉感，有较高的物质奖励，让每一个人劳有所得，也是一种企业文化。"

在发展市场经济的过程中，"金钱是万能的"这种思想在很多人的头脑中开始发芽、生长，甚至一些公司的高层和管理者也认为只有金钱才能调动员工的积极性，钱越多，员工的积极性越高。然而，在实际操作中，却没有设想的那么美好。很多公司在用金钱激励员工的过程中，虽然花销很大，但是却没有达到预期目的，根本没有把员工的积极性调动起来，这种错误的方法反而使公司失去了发展的宝贵机会。

美国管理学家皮特（Tom Peters）指出："重赏会带来副作用，因为高额的奖金会使大家彼此封锁消息，影响工作的正常开展，整个社会的风气就不会正。"而华为的物质激励之所以能生效，是因为与其自身的企业文化相协调。

虽然任正非说过："只要你努力工作，就能得到应有的回报。"但这种回报，并不完全是经济上的回报。

一个企业对员工的管理，在一定程度上可以说是用该企业的文化来塑造员工，而管理的成效，取决于能否让企业文化融入每个员工的价值观里面去。所以只有当员工融入、认可企业文化的时候进行管理，才能为企业的持续发展提供充足的动力。而华为，恰恰就是这么做的。

华为逻辑

华为重视让艰苦奋斗的员工得到回报，这既是人才管理基本的原则，也是提升团队凝聚力的重要保证。总结起来，华为的人才激励举措有以下几点。

第一，让努力工作的人得到应有的回报，不会让做雷锋的人吃亏。坚持奋斗的员工必须得到尊重，在物质上享受应有的回报。这是华为坚守的基本原则之一，永远不会改变。

第二，激励机制不单纯是物质奖励，还包含精神上的满足，如荣誉等。在企业文化管理上，华为倡导奋斗文化，并将这种理念融入每个员工的血液里。

第三，激励机制建立在公平公正的原则之上。机制的建立，首先就要得到绝大部分员工的广泛认可，执行的过程中要严格按照程序，长期坚持下去；其次激励机制要与员工的业绩和绩效挂钩，借此来激发员工的竞争意识，充分挖掘员工的潜能；最后机制的制定要体现科学性，要全面搜集信息，了解员工的需求，根据不同的工作阶段制定相应的政策。

第四，根据企业自身特点采用合适的激励机制。如工作激励、参与激励等。日本著名企业家稻山嘉宽在回答"工作的报酬是什么"时指出，"工作的报酬就是工作本身"。可见，工作激励在激发员工的积极性方面发挥着重要的作用，所以运用一个合适的激励机制会起到事半功倍的效果。

第五章

产品设计——企业不创新，势必走向灭亡

　　一个企业不能满足于现在的产品，要不断自我更新。任正非创办华为后，一直以客户需求为中心，设计能够满足客户需要的产品，并且随着时代和客户需求的不断更新，进行产品和技术的更新，为的就是尽最大能力满足客户。

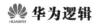

1. 在设计中构建产品、成本和服务优势

总结华为公司在国际市场上的优势时，任正非说："产品不一定性能最优，技术不一定最先进，但一定要实用，可以满足客户需要，帮助其获取利润。服务最优化，在所有极端情况下都要竭尽全力为客户提供保障。价格有充分的竞争力，也就是价钱便宜。"

总的来说，华为之所以能够在海外市场取得今天的成就，靠的就是产品实用、服务到位、价格低廉这三驾马车。

第一，产品一定要实用，能够满足客户要求。为了拜访客户，市场人员经常接连几天站在客户办公室门前等待，寻找机会向其介绍自己的公司及产品。为了展示泰国旅游业的特色，华为在泰国智能网建设项目中帮助运营商开通了在手机上进行小额投注的博彩业务。

2007年8月，位于南半球的秘鲁经历了8.1级大地震，当地所有移动业务都因地震瘫痪，只有华为的短信业务设备还在照常工作，这无疑使客户对华为更加充满信心。并且，华为所提供产品的范围越来越广，越来越通用。华为不甘心做一个大家眼中的廉价电信设备供应商，而是直取品牌效应形成后的超额利润。

华为已经具有3G、NGN、软交换、光网络、GSR等一系列全新产品的研发能力，并且正在逐渐颠覆全球市场。华为采用国内、国际并重的方式对待花费巨额资金研发的3G产品。国内3G市场延期启动后，华为立刻转向国外，在香港和阿联酋等地拿到3G商用合同，而在国际市场上积累的经验又能够在国内市场的竞争中运用起来。

第二，服务一定要到位。华为的市场口碑来自对客户需求的快速响应和定制能力。华为的服务能力和态度是赢得客户信赖的重要砝码。面对异常困难的市场开拓任务，华为人抓住每一次机会，用优质的服务和技术获得客户的信任。

非洲经历战争和地震时，其他西方公司的人员全部撤离，但华为人一直坚守。华为人在公司里为阿拉伯客户设立了祈祷室，并且与客户同时参展时先帮客户布展。华为的项目经理脱掉西装与当地工人一同搬机柜、爬铁架，这种精神让客户深深感受到华为是真正值得信赖的伙伴，从而为华为赢得了商业机遇。

华为集中资源提升研发部门的快速反应能力，以便为客户提供持续稳定的服务，并且可以在最短时间内响应客户需求。在欧洲，华为就有四个研发中心和上千人的团队。一旦客户有需求，就算当地没有公路，华为的员工也会及时赶到。

在南美，有一个基站建在热带雨林区的山顶，但是除去一条崎岖的山路外根本找不到能够运送设备的路。华为员工雇了20多个当地人将设备拆开运上山，一共花费了7000多元人民币，基站按时完工。

第三，华为具有价格优势，即具有低廉的价格。在海外市场拓展上，任正非强调不打价格战，要与友商共存双赢，不能损害整个行业的利润，不能破坏市场规则，不能扰乱市场，以免被对手群起而攻之。

在入选英国电信的供应商时，华为的报价就高于阿尔卡特，比最低出价者高出一倍。华为拿下的马来西亚、荷兰等3G项目的投标价格也不是最低。但是有时候为了打开市场局面华为也会做些赔本买卖。华为曾中标国外多个CDMA2000业务但是几乎全部不赚钱，其目的就是占领新兴市场，以稳定市场的利润来补贴新兴市场。

当然华为能够具有价格优势的原因在于其成本优势。任正非对外反复强调，华为的低成本主要基于中国研发费用的低成本，因为中国的研究人员就是一个物美价廉的人力宝库。

按照2004年西门子的分析，华为的低成本优势主要来自其低廉的研发成本。欧洲企业研发人员年均工作时间仅有1300到1400小时，而华为研发人员的年均工作时间却高达2750小时，是欧洲同行的两倍。同时，华为研发的人均费用只有2.5美元/年，而欧洲企业研发的人均费用是每年12万~15万美元，是华为的6倍之多。

华为研发投入产出比是大多数西方公司的十倍。思科的研发人员每天最多工作6小时，而华为的研发人员拿着对手20%~25%的工资，还起早贪黑、废寝忘食地工作。几乎是同样功能的路由器，思科的价格是华为的数倍，并且每年都收服务费。

产品成本的优势逐渐缩小彼此的实力差距。在电信产品日趋大众化的前提下，价格因素往往比品牌因素更能打动运营商。

对于一个企业来说，产品、服务、价格这三位一体的组合，必须与时俱进，不停地对自己进行改造创新，才能够形成持久的竞争力。

华为逻辑

华为在设计中构建了产品、成本和服务优势，从而能够快速地满足客户需要，并且价格低廉、服务周到，这些非常值得其他企业去学习。

首先，在成本优势方面，企业可以通过引进高素质人才、建立符合市场经济规律的经营机制、形成优秀企业文化等方法来降低企业成本，从而形成价格优势。

其次，在产品优势方面，企业应当做足市场调查，利用一切办法与客户交流，从而了解到客户最需要什么样的产品，以便更好地满足客户需求。

最后，在服务优势方面，企业一定要提升自身服务能力，从销售到售后一定要有优秀的服务体系，一切为从客户角度出发，为客户设身处地地考虑。

2．华为人永远做知识和技术的信徒

一位管理者说过："中国企业的领导人太不肯学习。很多企业之所以失去成长的动力，很大原因就是老板不学习，不能跟上时代的脚步，最终被时代所淘汰。"

事实上，领导人与普通员工的差别不在于8小时之内，而在于8小时之外，8小时之外要充分学习并思考。许多经营者正是凭借着不断地学习和积累，让企业由小变大，逐步成为成规模的集团。

任正非在读大学时赶上了文化大革命，父亲再三叮嘱："记住，知识就是力量，别人不学，你要学，不要随大流。"正是凭借这条家训，任正非从未停止过学习，而且华为也传承了这个优点，每一个华为人都自觉地做知识的信徒。知识不仅改变了任正非个人的命运，也改变了整个华为乃至中国通信行业的命运。

青年时代的任正非，对知识非常热爱。大学期间，他将电子计算机、数字技术、自动控制等科目自学完成，还把樊映川的《高等数学习题集》从头到尾做了两遍，接着学习了很多逻辑、哲学方面的知识。他还自学三门外语，并且达到能够阅读大学课本的程度。

同时，任正非也是一个科学精神的追随者。1997年访问美国公司时，在IBM任正非表现出许多的敬畏；而在贝尔实验室，则表现出很多的兴奋。任正非坦言："我在青年时代就非常崇拜贝尔实验室，仰慕之心超越爱情。"他参观了大厅中的贝尔实验室名人成就展，还在巴丁的纪念栏下照了相。

创办华为以后，任正非依然坚持热爱知识、不断学习的初心，培养了优秀的华为企业文化。为了将华为打造成一个学习型组织，华为在各方面都做了很多努力。

华为每年的培训费都高达数亿美元，教材自己编写，长期聘请人民大学以及国外著名大学的相关教授进行授课。华为从实际案例中提炼出有利于教学的思想，形成了真正的产学研相结合。培训的结果要经过严格的考核评估，新员工在进入华为前要进行系统培训，培训后要进行更加严格的认知资格考试，培训的结果与录用、晋升、加薪挂钩，形成一个完整的体系。

由于任正非对知识非常重视，培训中心成了华为内部的重要机构，现任华为董事长的孙亚芳就出身于培训中心。华为在深圳建设坂田工作基地时把培训中心建成了豪华的酒店。当时有人对此提出异议，任正非认为，这不是浪费，而是一种投资。

2005年，华为正式注册了华为大学，为华为员工和客户提供很多培训课程，其中包括新员工文化培训、上岗培训、针对客户的培训等等。华为大学主要以融贯东西的管理智慧和华为企业的实践经验，培养职业化经理人，发展国际化领导力，成为企业发展的助推器。

这所大学依据公司总体发展战略和人力资源战略，推动和组织公司培训体系的建设，并通过对各类员工和管理人员的培训和发展，来支持公司的战略实施、业务发展和人力资本增值；对外配合公司业务发展和客户服务策略为客户和合作伙伴提供全面的技术和管理培训解决方案，来提升客户满意度；同时通过华为员工分享管理实践经验，来与同行共同提升竞争力。

今天，华为大学拥有三百多名专职和逾千名兼职培训管理及专业人士，广泛分布于中国深圳总部和中国及世界各大洲的分代表处。

华为除了非常重视对知识的学习外，还分外关注钻研开发技术。华为不惜巨额亏损、大胆投入资金去搞研究、做开发，在踏准电信技术的演进道路上倾尽全力，数以万计的研发队伍夜以继日、默默探索，最终创造了今天的伟大成绩。

2008年，华为技术有限公司总部提交了1737项PCT国际专利申请，超过了世界第二大国际专利申请大户松下（日本）的1729项和皇家飞利浦电子有限公司

（荷兰）的1551项。

在中国，华为已经连续6年成为中国企业专利申请数量的第一名，其所申请的专利绝大部分是发明专利，截止到2008年12月底华为累计申请专利35773件。在我国，PCT申请量位居世界前列的只有华为和中兴两家，而仅华为一家公司的PCT申请量就占我国申请总量的50%。

同时，任正非也一再强调，企业的研发一定要与市场需要结合起来，要实实在在地掌握知识，而不是纸上谈兵，一些高深论断无法付诸实施。

中国没有哪个企业能够像华为一样，数十年如一日地坚持进行年均数亿元甚至数十亿元的研发投入，并且坚持与规模百倍于自己的跨国企业一同竞争、成长。而华为能够取得如此辉煌的创新成果，任正非关于技术创新重要意义的领悟功不可没。

任正非曾经说过："华为人要做知识的信徒，用知识和技术改变企业的命运。"任正非从不带领华为搞宣传、做表面功夫，而是一直踏实学习知识、钻研技术，用产品来征服客户。这为今天许多企业做出了很好的表率。

当然，在传输知识的过程中，企业不仅要对自己的员工进行培训，也应该在全社会提倡知识的重要作用。只有社会上对知识重视了，有了基础性教育，企业才能有更多的人才源泉。同时，企业也可以树立自己重视知识、爱惜人才的形象，广招天下英才。

拥有了强大的知识，过硬的技术对企业来说也至关重要。因为只有强大的技术引领，才能够不断地满足客户不断增长的需求，才能够跟上时代的脚步，才能够不被时代所抛弃。做企业，知识和技术是关键。

3. 财富主要是由知识和管理产生的

从前，华为的研发人员一直存在着加班现象。创业初期，任正非非常鼓励这种艰苦奋斗精神，但是后来他逐渐认识到，研发体系之所以存在普遍的加班现象，主要是因为研发队伍的管理存在问题，未能做到人尽其用，一部分人的工作量没有得到合理安排。因此，华为研发体系的管理需要一系列的制度、方法和规划才能实现。

"对于研发人员，不能以时间为唯一参考，要综合考察研发人员的贡献度，以此来推动华为研发体系的完善。"任正非认为，企业财富主要是由知识和管理产生的。因此，只有优秀的人才而没有很好的组织管理体系，无法形成生产力。研发结构要适时进行改革，不能将所有的东西都搞成僵化不变的。关于研发体系，一段时间内眼光要短浅一点，而一段时间内眼光要远大一些。

研发体系往往是企业在自身长期的摸索过程中逐渐形成的，它往往是智慧与经验的结晶。但是，有许多企业因为进入的是全新的领域，缺乏相关的研发经验，无形中会形成开发效率低下、程序繁杂的研发体系。

由于惯性或是变革研发体系的成本非常高，同时研发体系的变革还会涉及到人事结构以及相关核心人员的调动，企业往往选择了迁就与回避变革。长此以往，只会使企业失去竞争力。因此，企业必须要有足够的勇气和智慧，在合适的时候勇敢进行研发体系的变革，从而保持研发优势和竞争力。

有一次，华为与爱立信一同参与东南某省移动通信项目的竞标。当时，华为集中了两百名工程师参加研发过程，两百名工程师按照不同环节严格分工，以保障项目测试中不出现任何失误，最终华为中标。

但是，华为的工程师事后了解到，爱立信公司参与竞标的技术人员一共不到20人，而且它没有中标的主要原因是价格太高了，而不是存在质量问题。任正非知道这件事后，立刻决定带领向光工程师和管理人员去爱立信公司进行参观学习。

早在1996年，华为就从IBM引进了集成产品开发（IPD）和集成供应链管理（ISC），主要是想让公司避免在产品开发上被过度"技术导向"和过度"创新"误导，从而有悖于"客户需求导向"的出发点。

IBM说服华为购买这套产品并承诺，IPD的管理模式将在五年内改变和缩短华为的管理缺陷和差距。任正非认为，华为原来的开发模式属于分离的开发模式，即技术部门根据技术的发展情况来设定技术路标，产品开发部门根据技术路标去开发产品，市场人员再将产品提供给客户，进行推广销售。

IBM的集成产品开发思路给华为带来了一种跨团队的产品开发与运作模式。在这一过程中，市场部、采购部、供应链、研发人员、财务部门、售后等在产品立项阶段就开始参与，以此来确保产品从最初立项到实现的整个过程都按照客户的需求而产生。

同时，在整个过程中也伴随着成本竞争力的考核，从而让公司能够系统地分析通过购买和自主开发两种方式获得技术，提升产品的竞争力。

这场管理变革引起了公司员工的强烈震动，不仅动摇了原有人事结构和职位评估，也冲击了原有研发技术核心人员的理念。华为公司运用的新IPD流程更注重决策的流程化和组织化，强调研发为市场所主导。

"从一个技术人员的角度来看，IPD让我们从技术驱动型转向了市场驱动型，改变了我们的做事方法。"华为中央软件二部技术副总监施广宇说。

1998年，华为员工总数八千人，研发人员达到四千人。自从任正非穿上了他向IBM定制的这双"美国鞋"，原来独立而分散的研发部门成为市场主导下的一个环节。在IBM设计的五年课程中，华为一直在适应这双美国鞋。

直到2003年，IPD的洋装由1.0版本升级到了3.0版本。从此，IPD理念融入了华为人的血液中。任正非曾经说过，这场持续而作风强硬的管理变革的代价就是，当时有数百名管理干部离开了华为。但是，阵痛的代价换来了华为自2001

年之后实现了百分百产品研发都通过IPD的流程化产生，为华为2002年开始的深入国际化奠定了管理和文化基础。

同时，任正非还强调，华为高层管理者的视野可以再开阔一些，在管理中注意适当授权，一层一层放松，让每一层都能找到合适的工作量。他要求，公司对研发人员要强调项目目标的考核和工作目标的考核，经理对员工的考核不能太简单。特别是对于研发人员，不能以时间为唯一参考，要综合考察研发人员的贡献度，从而完善华为研发体系。

"知识就是力量"，对企业来说这是一个永恒的主题。倘若每个人、每个项目的经验和知识能够被更多人和更多项目吸收借鉴，那么公司业务就会有更大的改进，发挥更大的价值，知识的力量也会得到更多的放大。

因此，做企业一定要以知识为支撑，努力将企业建设成为"学习型组织"。技术型企业尤其需要不断学习，不断更新知识，这样才能在产品设计上不断创新，紧跟时代步伐。

当然，掌握知识的同时，企业也一定要做好管理。企业不能一直沉浸在老旧的管理模式中，一定要积极认真地学习优秀企业的先进管理模式，对组织管理进行不断改良，促进企业快速发展。

同时，高层管理人员不能一味地贪恋职权，要将视野变得开阔一些，做到适当放权。这样不仅能够使每一层员工得到合适的工作量，也能够增强员工的工作积极性。

4. 产品研发设计要与世界同步

任正非曾经说过："早期华为在技术研发上采取的这种'拿来主义'其实就是一种跟随策略，即跟随现有的技术。通信行业瞬息万变，研发必须要与世界同步，跟也要跟得上。"

"拿来主义"是鲁迅先生提出来的理论。任正非说："我们不仅要懂得送出去，还要懂得拿进来。拿，不是一味地全盘吸收，要懂得取其精华去其糟粕。"他还说："我们要使用，或存放，或毁灭。那么主人是新主人，宅子也会成为新宅子。"

今天，技术标准非常开发且透明，将来任何一家公司或一个国家都很难拥有绝对优势的基础专利，这种关键专利的分散化为交叉许可专利奠定了基础，相互授权使用对方的专利将变得更加普遍。

任正非曾在内部的一篇名为《任总看创业与创新》的讲话中，总结了"自主"与"拿来"的关系："在我们未进入的一个全新领域进行产品开发，对公司已拥有的成熟技术以及可以向社会采购的技术利用率低于70%，新开发量高于30%，不仅不能称为创新，反而是一种浪费，它只会提高开发成本，增加产品的不稳定性。凡是说'我的项目全部都是由我来完成，没有使用别人的成果'，这种人一定不能加薪。"

尽管所有企业一直在强调自主创新，但过度的自主创新是危险的。创新的核心思想是怎样增强企业的竞争力，来满足质量好、服务好、运作成本低、优先满足客户需求这四点要求，而绝不是过分强调"自主"开发与创新。

中兴总裁殷一民说过："例如一个核心芯片，我们首先要看它是否能采购到，是否存在关键的技术瓶颈，如果自主开发在最终产品上降低多大的成本，同时自主开发是否会影响到产品上市的周期。"

华为副总裁宋柳平提到，外界对于"创新型企业"存在很大的误解。拿微软来说，其几个核心产品都不属于原创性创新，而是基于已有产品或技术的启发继续进行开发，在利用他人成果基础上取得商业成功的。

追溯华为的发展历史，它从来就没有掉过队。它的起步主要是基于对"拿来主义"的实践应用，并在"拿来"的同时有所创新。而当华为真正进入了通信行业，有了一定的技术和经验积累之后，就开始大力提倡自主研发，完成了向"技术华为"的转型。

在内部讲话时，任正非曾经这样反驳"唯技术论"的荒谬：为了克服发展障碍，"我们也不全靠自主开发，因为等自主开发出来了，市场机会早没有了，或对手已在市场上构筑了优势，我们却没法在竞争的市场上获利。所以，我们经常采用直接购买技术的方式来缩短差距并构筑领先"。

通信行业瞬息万变，不能保持与世界同步的研发能力注定是要在国际市场上失败的。任正非认为，人们必须看到华为在知识产权上的进步与差距：一方面，华为从上世纪90年代中期开始启动知识产权战略，至今已加入91个国际标准组织，并在其中担任100多个职位，累计申请专利35773件，近年专利申请量开始进入全球领先行列。另一方面，华为与爱立信等欧美"百年老店"仍有着较大差距，在欧洲和北美，华为的专利授权目前只是1000多件，竞争对手们有的是一万件或几万件。

与大多数技术公司刚创业时一样，华为在技术上可谓一穷二白，所以它必须通过"拿来主义"获得公司发展所需的技术。在那个时期华为利用体制差异和待遇优势，聘请成熟的技术人才并不困难。华为利用这些人才本身掌握的技术进行二次开发，转变为公司自己的知识产权。这样，华为在GSM产品、无线射频（RF）技术等方面很快领先于其他对手，为后来的快速发展奠定了基础。

宋柳平一再强调说，公众应该在全球专利数据中注意到"华为榜样"背后的真相，即：华为除了通过自主开发技术提升竞争力，亦从未拒绝过以开放的心态，"站在巨人肩膀上"去获取商业的快速成功。

总之，任正非认为，在产品研发的问题上必须保持清醒的头脑，既要掌握核心技术，保持自己的研发能力，也要不断地吸收外国的先进技术，紧跟最前沿的研发。

任正非是一位拥有世界格局观的优秀企业家，他认为，华为要想成为世界顶尖企业，必须做到研发技术与世界同步，只有这样，华为才能够引领行业发展，在通信领域屹立不倒。

但是，想要做到企业研发技术与世界同步，只靠自己的力量是绝对不行的。如果事事都要自己进行研发，那产品成本就非常高，而且无法很快生产出适合市场需要的产品。一旦错过了最佳的市场机会，一切都于事无补。因此，企业一定要广泛吸收世界电子信息领域的最新研究成果，恰当地运用"拿来主义"。

事实上，很多企业都是运用了"拿来"的方法。比如，DOS是微软以5万美元的价格从西雅图一位程序编制者手中购得并进行部分改写后提供给了IBM；微软最为成功的Windows操作系统，也是采用美国施乐与苹果公司的图形和鼠标技术开发完成的……除了微软，思科等通信业的翘楚也是如此。

同时，企业也要虚心向国外优秀企业学习，在独立自主的基础上，开放合作地发展企业的技术，用卓越的技术和产品使企业屹立不倒。

5. 掌握"知本"的企业无惧 IT 泡沫崩溃

"知本"即以知识为资本，通过实际运用知识来推动社会和经济的快速发展。华为公司要求员工离职时必须将自己持有的公司受限股重新卖给公司，这说明只有你在为公司贡献自己的知识，才有机会享受公司的"股东"权益。在华为，"知本主义"更像是一种企业文化，它不断地激励员工努力奋斗，为公司贡献自己的知识。

任正非曾经说过，华为公司的基本法绝不是为了包装自己而产生的华而不实的东西，而是为了规范和发展内部动力机制，以促进核动力、电动力、油动力、煤动力、沼气动力等各种力量沿着共同的目标努力，从而使华为可持续发展的一种认同的记录。因此，华为公司各部门没有必要对外宣传基本法，只有当人们需要了解华为公司的时候才能够进行交流。

企业是功利集团，所有活动都是为了实现目标，因此没有共同的目标，即使交流了也没有什么意义。在华为，无法很好地完成本职工作实质上就是没有学好，这就要求员工既要努力学习又要做实，不做实就没有必要去学习。

关于"知本论"，任正非强调，企业要把"论"留给社会学家，而把"知本"留给企业自己。企业要好好研究相互之间的关系，来指导其解决现实问题。

在华为，任正非强调每个人的学习一定要深入实际，处在各个层次上的领导干部都要学习收集案例。对于那些无法深入的管理工作，要懂得适当下放，绝不能形成如同空中楼阁一样的管理。

　　华为还要求中高级干部和所有希望取得进步的员工，在业余时间学习，并且相互切磋。在华为不会存在形式主义的念报活动。当然，员工有不学习的权利，公司也有选拔出干部后不使用的权利。这种形式使得公司里每个希望进步的员工都去主动学习。

　　当然，公司会对每个员工的工作情况进行考核，没有通过考核的员工，肯定是没有学好。到那个时候，不管员工在心得上写多少溢美之词都于事无补。

　　在华为，员工认同的基础就是华为文化。凡是那些不认同华为文化的员工只会到处碰钉子，很难在华为工作。只要是想要认真地在华为工作的员工都会主动去学好专业，学好技术，学好业务。而学好华为的企业文化是非常重要的，华为绝不存在空头理论家，企业文化一定要落实在奉献上，没有技能就无法实现奉献。

　　拥有了知识，还需要不懈的技术创新和管理创新，才能够提升企业核心竞争力。任正非曾经说过："为提升核心竞争力，企业就应该进行不懈的技术创新与管理创新，矩阵式管理结构是高科技公司的唯一出路，公司所有的制度都应有强化矩阵结构的思想。"

　　矩阵式管理也称系统式或多维式管理，是相对于那种传统的按照生产、财务、销售、工程等设置的一维式管理而言的。矩阵式管理主要是将管理部门分为两种，一种是传统的职能部门，另一种是为完成某一项专门任务而由各职能部门派人联合组成的专门小组，并指定专门负责人领导，任务完成后，该小组成员就各回原部门。如果这种专门小组有若干个的话，就会形成一个为完成专门任务而出现的横向系统。这个横向系统与原来的垂直领导系统就组成了一个矩阵，因此称矩阵式管理。

　　矩阵式管理模式的推行对每个人的观念和意识都产生了巨大的挑战。如果这种观念和意识转变不到位，矩阵式管理就会形同虚设。如果观念和意识转变到位，企业就能够彻底拥有做"大市场、大专卖"的结构和模式。

　　当然，矩阵式管理还要同时建立起规范的运作管理体系。这种规范的管理体系一旦树立，企业就能像IBM、GE等跨国企业，以及国内的用友、华为等大型企业那样，企业的运转不再依赖于CEO是谁、是去还是留，而是机制性、集体管理。

华为利用矩阵式管理模式对其营销团队进行着最有效的整合与利用，矩阵式管理要求企业内部的各个职能部门相互配合，通过互助网络，问题都能做出迅速的反应。不然就会暴露出矩阵式管理最大的弱点：多头管理，职责不清。华为销售人员在相互配合方面效率之高让客户惊叹，让对手心惊，因为华为从签合同到实际供货只要四天时间。

但是，矩阵式管理结构并非是万能的，惠普总裁赫德曾毫不掩饰他对这种管理结构的反对。他认为，由于公司中有许多人都会涉及到拍板决定，所以不适合采取矩阵式管理结构。他说："我赋予你的责任越重大，你就越容易脱颖而出。我用的矩阵越多，就越容易迁罪于别人。"

由此可见，矩阵式管理结构的运用需要一定的技巧，并且它对企业的要求也非常高，需要企业员工的学习和配合。企业领导者一定要根据企业自身的实际情况来制定管理模式。

一个企业能够做到以知识为资本，那么它一定会所向披靡。显然，华为在这方面已经成为业界的楷模，无人能及。

华为逻辑

任正非一直引领华为从知识出发，尊重知识，学习知识，用知识作为员工的考核标准，以知识为资本。这样的企业善于学习，能够很快地掌握世界先进理论，紧跟知识更新的步伐，从而成为学习型组织。华为有以下几点值得广大企业学习：

首先，认为知识是高科技企业的核心资源以及价值创造的主导因素。华为所崇尚的知本主义理念强调了知识以及知识劳动的独特地位。

其次，企业要给创造价值的知识劳动合理的回报。只有对付出劳动的人给予合理回报，才能不让奉献者吃亏。

再次，企业要坚持用知识资本化来实现知识的价值。具体来说，让知识和技术创新者获得丰厚的回报，有助于提升大家的积极性，保持创新活力。

最后，企业还要主张知识职权化，做到知识与职权相匹配。让具备知识管理与创新能力的人担任重要职务，能提升企业知识管理能力，带动整个团队的技术与产品进步。

6. 华为做云计算的领跑者

一直以来，云计算都被称为科技界的一场革命，它的出现使得现有工作方式和商业模式出现了根本性改变。"云计算"是一种新的计算模式，和前几代计算相比，云计算在计算架构、终端形态和覆盖的网络范围三个方面发生了彻底的改变。

在大型机时代，网络计算只在一栋楼中进行，服务端使用并行计算模式，终端是哑终端；在PC客户端时代，网络局限在局域网范围内，采用的是服务器和客户端的计算模式，终端主要以PC为主；到了云计算时代，计算范围从一个企业网络扩展到互联网和广域网，服务端主要采用分布式和并行的计算模式，终端的形式也更加多样化。

华为是全球领先信息和通信解决方案的供应商，自然不会将这样千载难逢的机会拱手相让。2010年11月20日，华为正式向全球发布云计算战略和端到端的解决方案。任正非从前一直低调，但这次他亲自出席发布会并且讲话说道："互联网时代中国企业一直没有话语权，紧追着IBM、微软、谷歌等IT巨人小步快走。进入云计算时代，大家又重新站到同一条起跑线上，这次，华为不做追随者，要做云计算时代的领跑者。华为不用太长时间就要在云平台上超越思科，在云业务上赶上谷歌！"

任正非明白，在我国，云计算正由概念炒作转向云应用落地，其关键是找到一批能够起到示范作用的云应用，使用户能够真正感受到云计算带来的好处。经过周密的研究、设计后，华为将云计算产品和解决方案分为两个大的板块。

首先是云数据中心解决方案,即提供基础架构的平台解决方案,其中包括计算、存储、网络、平台软件、工程设计和基础设施等,来建设具有各种分布式、网络化、智能管控、开放性的云平台。云计算数据中心是华为"从电信扩展到IT"和"从用IT到做IT"的关键一步,它不仅打开了崭新的市场,也是进入IT的平台领域。

其次是云应用解决方案,其中包括电信业务云化方案和行业应用云化方案。华为所提供的电信业务云化方案非常有特色,包括业务云(如短信、彩信、139互联、IPTV等等)、支撑云(如网管系统、OSS系统、BSS系统)、IDC云(如网络存储、虚拟数据中心等)、桌面云(如虚拟办公桌面、虚拟呼叫中心桌面等);而行业业务系统的云化,则是由华为与其他企业联合一起提供的。

在业务发展趋势方面来看,云计算是华为在CT以外进入的一个崭新领域。时代在发展,电信业务逐渐走向数据化,电信技术逐渐走向IT化,IT的重要性在增强,设备商必须适应这种趋势,IT能力越来越受到运营商的关注,它也成为设备商必须具备的能力。

和其他厂商相比,华为关于云计算的思路非常看重业务和应用的云化,十分强调要为客户带来实际价值,而"云管端"一体化战略不仅可以实现充分的业务协同,也能够保障其强大的解决方案提供能力。

但是,过于CT化反而很难进入最终用户,这一点华为应当引起注意。除此之外,华为提出的以"云管端"为基础的未来信息服务新架构,不仅仅是一种网络架构,也是新的信息服务平台架构,同时它也体现了新的发展战略。

任正非曾经说过:"如同IP改变了整个通讯产业一样,云计算技术也将改变整个信息产业。开放、合作是云产业未来最重要的标志,华为一直致力于为客户提供创新的解决方案,开放的云计算战略将会帮助华为和合作伙伴一起,为客户打造最优秀的云计算平台,让全世界所有的人,像用电一样享用信息应用与服务。"

对华为来说,云计算可以说是集成化的动态基础设施,它能够把IT用服务形式提供给内部(私有云)或外部(公共云)。云计算不仅能够帮助企业更好地布置新服务、响应客户新需求，也能够把IT开销由资本性开销转变为营运性开销。客户能够按照自己的要求，按照自己的计划去畅游云计算模型的旅途，并且在途中收获各种成果。

凭借在电信领域丰富的经验，华为会充分利用云计算技术变革和商业模式创新带来的新机会，来分享客户数据中心、计算和存储资源，并且提升工作效率。华为公司总裁任正非表示，华为愿意用10年时间，在云计算领域站稳脚跟，并且向年销售收入1000亿美元进发。

今天的世界在飞速变化着，通信行业更是如此。云计算彻底取代了原来的计算模式，华为也在意识到这一点后迅速采取行动，最终在云计算领域成功地站稳了脚跟，这与它对机会的把握是分不开的。华为也向现代企业做出了表率，在激烈动荡、变化莫测的市场上，一定要高度重视把握机会，把握住机会就是掌握了发展的钥匙。

法国前总统蓬皮杜曾经说过："人是有命运的，命运就是一种机会以及抓住机会的能力。"管理企业就是企业对各种机会的把握，从而实现企业经营的根本目的，这就是今天企业管理的核心内容。因此，企业一定要把握机会，因为这是一个企业能否成功经营的关键。

第六章

管理思维——上层做"势"，基层做"实"

管理变革是华为永恒的主题，任正非为此进行着不懈的探索，付出了艰辛的努力。华为花了28年时间向西方公司学习管理，每年花上亿美元请IBM顾问团队来帮助管理企业，这样才使得华为的生产过程走向了科学化、正常化。

1. 用核心价值观统一企业的文化与管理

一个企业怎样才能长盛不衰，如何在残酷的市场中生存下来，这是许多领导者苦苦思索的问题。任正非始终在思考，华为的旗帜还能扛多久？推动华为前进的主要动力是什么？怎样让这些动力长期稳定运行？走过最初的发展阶段后，任正非必须对上述问题给出明确的回答，解除员工心头的疑虑。

1996年，华为出现了很多民营企业都遇到的难题。随着企业扩张，人员增多，企业高层和中层、基层的距离越来越远，员工无法领悟领导的想法，觉得上级管理者像鸟一样越飞越高，越来越宏观。另一方面，领导者看员工，心里想或者嘴上骂"笨得像头猪"。显然，鸟和猪的语言体系不通，企业的内部交易成本加大，让高速增长的华为显得力不从心。于是，任正非想到了提炼和总结华为的成功规律。

此外，当时华为还启动了国际化战略，任正非越来越认识到建立一套科学、严密的管理法规显得特别迫切。华为在不断成长，原有的管理制度与理念也要不断修改、完善，从而与时俱进，适应新的形势。1997年3月27日，《华为基本法》诞生了，这是改革开放以来中国企业自主制定的第一部系统的企业管理大法。

这部管理法案由六章103条构成，内容涵盖了企业发展战略、组织建立的原则、人力资源管理与开发、产品技术政策，以及与之相适应的管理模式与管理制度等议题。《华为公司基本法》从追求、员工、技术、精神、利益、文化、社会责任七个方面规范了企业的核心价值观，成为企业全体职工的基本行为准则。

"核心价值观就是适合全体员工的一道菜，一个企业只能有一个核心价值观，以此来统一企业的文化与管理。"任正非对此的形象描述，让全体员工获得了最直观的感受。实际上，《华为公司基本法》是"飞速成长的中国企业对自身的生存和发展的一次系统思考"。

《华为基本法》颁布实行了整整10年之后，2008年12月19日下午，华为员工登录公司内部论坛"心声社区"时发现，那里出现了"公司核心价值观讨论区"。上面写着"艰苦奋斗，自我批判，团队合作，至诚守信，成就客户，开放进取"24个字，并逐一进行了说明和阐述。原来，华为管理团队将公司核心价值观进行提炼概括，总结出了这24个字。

一位将军说过："出色的部队都有'节奏'，一种整体感，一种精神力量。"建立一个有灵魂的企业，和打造一支忠诚而有战斗力的军队殊途同归。显然，只有确立核心价值观，才能为团队提供强有力的保证，迎接外来的各种挑战与压力。

华为的"基本法"就像一部宪法，它至高无上，成为每个员工的行为守则，比如不能炒股、不能兼职等规定，都是在行为守则上的具体体现。杨杜教授是《华为基本法》起草人之一，他说："管理大纲就是为需要他的人准备的。"而另一位起草人彭剑锋说："华为基本法最大的作用，就是将高层的思维真正转化为大家能够看得见、摸得着的东西，使彼此之间能够达成共识，这是一个权力智慧化的过程。"

在日常工作中，华为基本法发挥着"潜移默化"的作用，影响到每个团队成员的一言一行。企业文化多数都是潜移默化地改变人们的言行，硬性的制度很少。比如，上司带头做一些事情，就会在团队内部形成一种氛围，从而对更多的人施加影响。

虽然员工不知道基本法长什么样，但从上到下潜移默化的工作方式，逐渐使员工了解并认同华为的价值观，并愿意为此奋斗。华为基本法完成了对企业文化的阐释，让它成为一种可以触摸得到的东西。显然，华为将自己的成功经验总结成有条理的管理大纲，既是对团队成员的一种激励，也是对中国企业的一种贡献。

吴春波教授也是《华为基本法》的起草人之一，他认为华为独特的"双核"是其成功的核心。"一个核就是核心价值观，以《华为基本法》为代表，核心价值就是企业文化价值。第二个核就是核心竞争力。在华为，核心竞争力是以管理为核心的。"

在长期实践和发展过程中，任何一个组织都会逐步形成特有的核心价值观，它一旦变成不可动摇的天条或信念，就会成为团队的核心竞争力，成为一种不可模仿、不可替代的战略资源。一个不争的事实是，华为在发展的关键时刻，《华为基本法》发挥了聚拢人心、团结队伍的重要作用，为企业发展壮大提供了文化引领的力量。

华为发展到今天，试图再靠《基本法》或再靠一套什么体系，把这么一个庞大的企业全部都思考清楚，确实不太现实了。但是，它毕竟发挥过独特的价值，其意义在于——在探讨核心价值观的同时让所有华为人认识到，华为基本的核心价值理念是可以统一的，并且是一直不变的。

华为
逻辑

日常管理中，企业有必要遵守通行的商业价值观和一系列标准流程，保证企业使命的实现。此外，竞争对手及合作伙伴除了关心你的产品，还关心你的业务流程、财务管理、人力资源、员工利益等，考察你是否具有长期发展的潜力，并对你进行一系列严格的资格认证。这些都可以体现为企业的核心价值观，成为外界参照的重要指标。

在讨论《华为基本法》的基本框架设计时，任正非提出要求，希望它能够确立企业处理内外矛盾关系的基本法则，确立明确的企业共同语言系统即核心价值观，从而有效指导华为未来成长与发展，成为企业行之有效的基本经营政策与管理规则。显然，《华为基本法》完成了这一使命，在华为发展史上留下了浓墨重彩的一笔。

2. 职业化、表格化、模板化推动管理进步

华为从创立那一刻开始，就一直在追求卓越的道路上不断迈进。起初，公司主要实行负责人为主的魅力型管理。在每个团队中，负责人更像一个出色的企业家，这要求其必须具备极高的情商、口才、决策能力。那段时间，华为处在企业家个人领导的阶段。

随着早期创业人员逐渐老去，随着市场环境发生翻天覆地的变化，原有的管理模式已经无法适应新的形势，任正非感到了华为管理层的力不从心。他说："公司现在最严重的问题是管理落后，比技术落后的差距还大。虽然发展很快，但是内部问题很多，管理迟迟不能跟上去，效益就会下滑。当务之急是认真学习国外著名的企业，为此聘请了许多国外大型顾问公司，为华为发展提供顾问服务。"

这时候，华为内部迫切需要一个目标一致、具备专业技术、人人都能独当一面的管理团队。显然，华为在管理职业化、规范化、表格化、模板化方面还十分欠缺。按照任正非的说法："华为是一群从青纱帐里出来的土八路，还习惯于埋个地雷、端个炮楼的工作方法，还不习惯于职业化、表格化、模板化、规范化的管理。"

管理走向规范化并不是一句空洞的口号，事关企业的生死存亡。在早期成长阶段，华为缺乏雄厚的基础，如果不能在管理上跟进，一旦出现不可预料的危机必然导致企业崩溃，会最终失去复活的机会。

对企业来说，管理进步必须基于良好的管理方法与手段。任正非认为，规

范化管理的要领是工作模板化，也就是把所有的标准工作做成标准的模板，就按模板来做。一个新员工能看懂模板，并据此开展工作，胜任岗位职责，那么企业就能朝着职业化、规范化的方向迈进一大步。事实上，有些模板前人已经摸索了几十年，后来者不必再去重复劳动。各流程管理部门要善于引进各类已经优化的、并被证实行之有效的工作模板。

在中国，许多企业推行家族式管理，领导者的个人色彩太浓，这成为组织管理的危机。家族式管理模式注定不能适应日趋激烈的市场竞争，也无法有效构建民主、科学、高效的管理机制，从而建立自身的竞争优势、实现持续发展，因此必须做出变革。

任正非说："如果管理不从小改进做起，什么事都将做不成。世界上唯一不变的就是变化，贯彻永恒的是管理改进。现在华为公司面临一个战略转折点，那就是管理与服务的全面优化建设。因为如果没有良好的管理与服务，就不可能有市场的扩张，就不可能有所前进，所以管理的优化和服务意识的建立是公司的战略转折点。"

华为公司有一份《管理优化报》，是专门进行自我批评的刊物。有一次，天津管局来公司访问，提了一些中肯的意见。后来，华为公司的中研部、中试部全体员工组织听录音，认真进行反思，并写了许多心得和体会。《管理优化报》把这些总结整理、编写成一本书，起名叫《炼狱》。由此可见，华为在管理改革的道路上始终在持续努力，而对管理革新进行得如火如荼的关键，是领导人任正非对管理的重视。

在任正非心里，只要有利于实现"成为世界级领先企业"的光荣与梦想，一切改变和改革都是必要和必需的。无论对华为员工，还是外部人士，不必继续追问这个理想背后的根源与动机，关键在于华为正在被理想驱使，并努力奋斗。

通俗地讲，企业管理系统就像赛车，而管理人员是赛车手，赛车手的技术水平与车的质量要同步。在高速公路上奔跑，如果你开的是一辆夏利，即使车技很高，最后仍然赛不过奔驰。所以，当企业管理技术落伍的时候，必须大胆革新。其实，管理变革就等于换一部更现代化的车。推行规范化管理就是在管理系统上升级换代，把原来保守的管理模式或家族式管理模式换掉。

在企业岗位上推行职业化管理，在流程上推行表格化管理，最终实现科学的模板化管理，对管理者来说是一项重要的使命，关系到企业未来的长远发展与战略规划。概括起来，推动管理革新与进步需要把握好以下几点。

第一，建立完善的规章制度、科学的业务流程，让企业拥有一套法人治理的现代科学管理体系。全体成员明确行为规范，能够有效协调内外关系，就可以解决人治管理、无章可循、无法可依、有法不依、相互推诿等问题，最终实现公司健康、长期、稳定发展。

第二，做好职位管理、组织结构设计，理顺公司组织结构，重新设计管理体制，构建有效的业务组合和协作模式。在企业内部，只有明确各部门职能，职位职责清晰，实现责权匹配，才能有效避免职责不清、责权不等、机构臃肿、分工不合理等一系列问题，从而保持高效执行，让公司走可持续发展的道路。

第三，设计目标管理与绩效考核体系，建立起一套环环相扣的运行机制，设计员工持股、期权、薪酬、福利等组合构成的员工利益机制。完成这种改进与变革，会有效激励员工，并凝聚高级管理人员和业务骨干，让企业未来发展获得持久的人才支持。

长久以来，中国很难产生过像美国IBM、朗讯、惠普、微软等这样的大企业。因为中国的管理体系和管理规则，以及适应这种管理的人才的心理素质和技术素质，都不足以支撑中国产生这样一个大企业。

华为依靠自身进步，逐渐走向了正轨，建立了一整套科学、高效的管理范式。一个浅显的道理是，不想改进管理，企业已经死亡。世界上唯一不变的就是变化，贯彻永恒的是管理改进。华为公司决心构筑管理与服务的进步，一旦出现新的机会点，就迅速抓住，最终成长为时代巨人。

对经营者来说，提升企业管理的效率与效益是一个永恒的主题。随着市场、需求、员工等因素的变化而不断调整，将"以人为本"的管理模式与制度管理的模式成功结合，并不断发展完善的企业，企业才能在激烈的竞争站稳脚跟，赢得一席之地。

3. 改造流程让华为管理与国际接轨

推动管理科学化、制度化，始终是华为不懈的追求，也是任正非努力达成的目标。能够像IBM那样基业长青，是任正非多年的梦想。任正非十分欣赏美国IBM公司，在华为内部会议上经常提及郭士纳如何领导IBM公司，并对IBM的管理能力十分推崇。因此，在华为国际化管理的背后，也能看见IBM的身影。

1998年，华为的销售额达到了89亿元，面临着与国际一流电信设备制造商对决。于是，在管理上与国际接轨成了任正非最现实的问题。随后，华为开启了业务流程变革的征程，并瞄准IBM，将其作为自己学习的榜样与国际化战略合作伙伴。

实现高质量、服务到位、运作成本低的目标，并优先满足客户需求，必须进行持续的管理变革，走向新的发展阶段。持续推动管理变革，目的是实现高效的流程化运作，确保端到端的优质交付，从而达到理想的运作水平。

从客户需求端出发，到满足客户需求端，提供端到端服务，这就是端到端流程管理。其中，输入端、输出端都是市场，要求行动快捷、高效，中间没有阻隔，流程很顺畅。对企业来说，实现快速的服务能有效降低人工成本、财务成本，最终降低管理成本，实现低成本运作。

1998年8月，华为与IBM公司合作启动了集成产品开发项目（IPD），随后50位IBM管理咨询顾问进驻华为。IPD项目的核心是规划和设计华为未来3~5年需要开展的业务流程和所需的IT支持系统，包括集成IT系统重整、产品开发（IPD）、集成供应链（ISC）、财务四统一（财务制度和账目统一、编码统

一、流程统一和监控统一）等八个项目。

具体来说，IPD是关于产品开发的一种理念和方法，强调以市场、客户需求作为驱动力，在产品设计中就构建产品质量、成本、可制造性和可服务性等方面的优势。在此，产品开发成为一项投资管理。

按照这种逻辑，产品开发的整个过程都要从商业角度进行评估，而不是像以往一样仅仅考虑技术因素。IPD项目管理能确保实现产品投资回报，或者减少投资失败带来的损失，提升了管理的效益。

产品开发流程处于企业价值链的最上游，牵一发而动全身，对后期执行发挥着关键性的决定作用。通常，前期产品开发流程出现的任何一个细节问题，都会对下游的生产、销售、交付、售后服务等产生倍增影响效果。许多时候，人们在分析采购业务系统时，都能在产品开发流程上找到原因。

任正非意识到，抓好产品开发环节，是提高产品投资收益、解决公司系统性问题的治根之举。为此，华为花巨资引进IPD，就是希望通过变革产品开发模式，缩短产品上市时间，降低各项费用，提升产品质量，最终提高产品的市场竞争力与赢利能力。

显然，任正非对产品开发项目寄予厚望，希望华为通过此次流程改造与管理变革，真正成为一家国际化公司，在未来的行业竞争中占有一席之地。为了配合IBM顾问人员的工作，华为专门组建了一个300人组成的管理工程部，包括生产制造、采购、客户服务和全球物流等。

在花钱这个问题上，任正非舍得投入。当时，华为每小时付给国外专家的费用是300美元到680美元，累计向IBM专家交纳学费高达10亿元。这次涅槃重生式的业务流程变革历时5年，涉及公司价值链的各个环节，是华为有史以来影响最为广泛、深远的一次管理变革。尽管整个过程充满了痛苦，但是任正非义无反顾。就这样，任正非在华为打造了一个IT支撑的、经过流程重整的、集中控制和分层管理相结合的、快速响应客户需求的管理体制。

IPD究竟给华为带来哪些变化？一位基层研发人员说："过去我们是没有技术支持的，研发人员随便写一些资料。现在有专门的资料开发人员为我们做新产品的资料配备，如果没有可以投诉。IPD强调的是产品开发第一天就进行全员参与，产品刚出来的时候就要注意可维护性，技术支持人员随时配备。"

经过多年努力和不断实践，华为已经建立了一个面向全球的企业信息化系统。流程管理变革推行后，华为完成了一次彻底自我革新。在企业内部，管理的阻力以及灰色文化无处藏身了，整个团队效率得到极大提升。此外，华为裁减了2000多个中层岗位，大大降低了人力成本。

现在，华为在全球所有的机构和所有的员工都能享受到IT系统所提供的高效服务。公司几乎所有的行政和业务运作基本流程都能够实时完成沟通、信息共享、业务审批和跨部门协调，不受地理位置和业务流程环节的限制。想象一下，分布在世界各国的6万多名研发人员，可进行全球同步研发和知识共享，那是多么激动人心的画面。

后来，华为与思科的侵权案达成和解，荣膺2011年度电信行业最具分量的"行业领导力大奖"，都得益于流程改造管理变革。起初，华为内部有人对学习IBM抱有疑虑，但是当华为开始与世界顶级的电信运营商以统一的语言进行沟通的时候，很多华为的员工包括中高层管理人员才理解了任正非推动变革的良苦用心。

华为
逻辑

企业完成内部管理体系的改革，达到简化、科学的目标，打造一支最精简的队伍，这就是端到端的改革。任正非的目的很简单，让最不情绪化的控制有效地连通，从而在流程管理中摆脱对人的依赖。

发展到一定规模以后，华为具有规模大、产品线宽、系统复杂、技术含量高等特点，IPD在华为的实施变得异常艰难。但是，任正非铁腕推行改革，将落实IPD上升到了华为的生存层面，才最终赢得了自我革新的成功。

引入IBM业务流程系统之前，华为的订单及时交货率仅50%，库存周转率只有3.6次/年，远远落后于国际上其他电信设备制造商。重整供应链实现了以客户为中心、成本最低的发展目标。一番变革之后，华为已发展成为全球领先的电信解决方案供应商。

4．没有管理，技术与人才无法形成合力

"向管理要效益"这句话是每个企业都懂的，但如何管理，并不像喊一个口号，或者是把它刷成标语、贴在墙上那么简单。世界上各行各业，大大小小的企业数不胜数，然而，在激烈的市场竞争中，每天都会有相当的一部分企业因为经营不善而被淘汰。原因有很多，比如说资本的大小，生产技术水平、管理水平的高低，生产效率等，其中一个最关键的因素就是企业的经营管理。管理是企业运营的核心，任何企业要想做强、做大，首先必须拥有一个完善的管理体系。

企业的生产经营过程总要体现为一个管理的过程。管理的架构设置好了，管理的流程理顺了，就会有事半功倍的效果。任正非认为：庞大的华为机器只有两条清晰的主线：客户线和产品线。管理与服务的进步远远比技术进步重要。没有管理，人才、技术和资金就形不成合力；没有服务，管理就没有方向。

企业要想获得持续发展，不能仅仅依靠一位优秀企业家，它必须拥有整套超越个人因素的企业制度与企业文化，这才是企业持续发展的动力源。从小窥大，华为的细节管理，足可放大至所有员工的养成教育和管理训练。就是这样一些公示于天下、毫不起眼的细节，成就了华为。能把小事情按照大事情标准做，这就是有着独特"细节"情怀的华为。

任正非一直致力于不断完善华为的管理，他不断推进企业文化的发展，不断完善一整套企业管理的制度，甚至希望通过管理制度上的完善，实现华为的

"无为而治"。对于包括华为在内的企业员工来说，管理在日常生产和生活中最与自己贴近的体现形式之一也就是公司的规章制度了。众所周知，单位中的任何人触犯规章制度都要受到惩处，企业的管理规章制度就像一个热炉，热炉火红，你不用手去摸也知道炉子是热的，是会灼伤人的，这是它的警告性原则；每当你碰到热炉，肯定会被火灼伤，这是它的不可侵犯性原则；当你碰到热炉时，立即就被灼伤，这是它的即时性原则；不管是谁碰到热炉，都会被灼伤，这是它的公平性原则。

有效的管理，在于结合企业自身实际，并要随着企业的发展而不断创新和完善。当然，一套与企业发展紧密契合的管理理论能为企业的发展起到指示明灯的作用，但管理要卓见成效却要依靠企业中的每一位员工的不折不扣的执行来实现。

管理不能因岗位不同而不同，更不会因人而异，因此管理从这个意义上来说，也不仅仅是管理者应该做的大事，所谓众人划桨才能开大船。没有良好的管理，那么一个上千人的企业就会像一盘散沙，其低下的效率注定要被时代所淘汰。

如果管理上出了问题，不仅不能推动企业的发展，还会给企业的生产经营造成很大的阻力。"我们真正战胜竞争对手的重要因素是管理，并不完全是人才、技术与资金，上述三要素没有管理形成不了力量。至少在近两三年内，华为生死存亡的问题是管理的进步问题。"诚然，华为一向都是以技术创新著称，任正非提出人力资本的增值优于财务资本的增值，承认知识的价值。但是他也清楚地认识到，华为取得成功的关键因素，除了技术、人才、资本以外还有管理，没有管理，技术与人才形成不了合力，也不可能为企业创造巨大的财富。

在国际化的过程中，任正非对华为内部管理的担忧从未停止过。他曾这样描述道："公司现在最严重的问题是管理落后，比技术落后的差距还大。我们发展很快，问题很多，管理迟迟上不去，效益就会下滑。当务之急是要向国外著名的企业认真地学习，我们聘请了非常多的国外大型顾问公司为我们提供顾问服务。"从这一点不难看出，任正非在企业管理上的认识是十分清醒的，他没有被华为快速发展的表象迷惑了双眼，而是能够站在客观的角度来正视华为所出现的管理问题，这是十分难能可贵的。

　　企业都要维护管理这个"火炉"，对于那些不安定的心来说它是危险的游戏，对于尊重和爱护它的人来说，它却能带来保护、温暖，以及个人的发展和提高。企业要加强管理，还要能根据实际变化和用途调节火炉温度，如果企业能用好这个火炉，企业的效率和效益也将接踵而至。当其他企业被落后的管理体制拖后腿时，华为早已经实现了"破茧成蝶"，如果没有任正非勇敢果决的"改革"决策，就不会有冲出亚洲走向全球的华为。

　　对于一个企业而言，要实现企业的发展，不仅仅是实现一个员工的绩效那么简单。很多企业虽然有很好的发展势头，也在一段时间内获得过很好的效益，但当发展到一定的阶段之后，由于缺乏科学有效的管理，最终不是败在竞争对手的手里，却在自己的手里毁掉了根基。

　　管理体制改革是一场伤筋动骨的大手术，"家族式"的管理模式已经无法适应日趋激烈的市场竞争，华为要想在国际化的道路上有所作为，就必须要面对管理体制改革这一关。基于此，任正非开始了由"负责人魅力型"管理向现代化管理的迈进。

5. 领导者要掌握灰色管理的艺术

作为华为的精神教父，华为的每一次腾飞都吸收着任正非独具一格的管理哲学和管理思想。企业要跟上时代的步伐，就要不断地变革。这是最基本的前提，任正非也深知这一点。于是，任正非便要求领导者要掌握灰色管理的艺术，以实现管理上的变革。

关于灰色管理的艺术，任正非曾有几段经典论述：

"在变革中，任何黑的、白的观点都是容易鼓动人心的，而我们恰恰不需要黑的或白的，我们需要的是灰色的观点。介于黑与白之间的灰度，是十分难掌握的，这就是领导与导师的水平。没有真正领会的人，不可能有灰度。

"任何事情都不会以极端的状态出现，黑白只是哲学上的两种假设。现实中真正生活成功的，大多真正理解了灰色。

"我们要有灰色的观念，在变革中不要走极端。有些事情是需要变革，但是任何极端的变革，都会对原有的积累产生破坏，适得其反。"

灰色管理的艺术并不完全是软弱、妥协，它要求各级主管既要坚持原则，也要善于找到让员工心甘情愿去接受的变通方法。任正非表示："任何事物都有对立统一的两面，管理上的灰色，是我们的生命之树。我们要深刻地理解开放、妥协、灰度。"

不管是在平时的讲话还是在华为制度文件中，不论是在干部培养还是人员使用上，甚至在公司政策以及领导层的管理变革中，任正非所提出的灰色管理思想始终贯穿其中。这种管理上的"灰度"不仅为华为培养了一大批管理层的中流砥柱，而且大大减少了企业内部制度改革的阻力，缓解了集权与分权的矛盾，成功实现了事前控制、事中控制以及事后补救三方的平衡，做到了领导与员工关系的平衡以及和谐，因此华为的管理效率大大提高也就不足为奇了。

在组织方面，管理者要使组织结构保持软硬的结合和平衡，要保持集权与分权的平衡，要协调领导与员工之间的平衡。在领导方面，管理者要确保员工与团队之间的平衡，要保持自身管理能力与领导能力的平衡。在控制方面，管理者要保持事前控制、事中控制与事后控制的平衡，要像放风筝一样，既能使员工与团队自由发挥，又能使他们的主动性保持在一定范围。

事实是检验真理的唯一标准，随着华为在国际市场上的拓展，其在海外设立的办事处也越来越多。管理过严会增加工作流程，降低海外办事处的工作效率，管理过于松散则容易滋生"占藩为王"。为了更好地解决这个问题，任正非均是采用灰度管理这一法则实现了远程监控与一线及时反应的和谐统一，从华为越来越大的国际版图来看，灰度管理的作用确实不容抹杀。不得不说，这种讲求中庸的管理方式是中国传统文化的延续，更是任正非本人在管理领域摸爬滚打的智慧结晶。

企业要做内外有度，张弛平衡，要实施软与硬的平衡，攻与守的平衡，官与兵的平衡等等。在经营良好的前提下，要积极回报社会；在经营不善的情况下，要努力改善自己的经营状况；既要做遵章守纪的企业公民，同时又不要被规章制度约束了创新行为；要保持适度的增长速度，又不要学习"大跃进"的激进方式。

任正非提出了"学习灰色管理"的理念，其背景是这样的：一是华为正处在一个变革时期，所以要求管理者要有灰色管理的理念，不要走变革的极端。二是这些变革也是华为"二次创业"，为了现实和国际管理接轨而进行的。有变革就一定有业务整合调整、利益重新分配等，为了消除变革带来的影响，就必须使用灰色管理的方式和态度处理矛盾，相互协调，并获得最好的平衡点。三是在此之前，部分管理者已经适应了这种"精确管理"模式，所以他们面对变革需要有新的思维。

如今，不少企业家都在忙着向西方学习先进的管理经验，实事求是地说，这是一种追求进步的行为，是无可厚非的，但我们不能因此就忽略了自己的

"根"。尽管中国的企业管理学起步晚，发展落后，基础薄弱，但中国有着上千年的优秀传统文化，其中所蕴含的丰富管理思想应当引起我们的重视。在探讨管理思想的过程中，向传统文化汲取营养是一条切实可行的十分有价值的途径与方法。在这方面，任正非无疑走在我们的前边，并用"灰色管理"的概念很好地诠释了什么是中庸之道。

中庸之道，是我国古代儒家思想的最重要组成部分之一，从哲学的高度来考量，它确实称得上是辩证的科学之道、经商之道。任正非所提倡的"灰度"不是简单地将西方的管理理论移植过来，而是结合自身的实际发展状况，将中国的传统管理理念也融到了里面。对于陷入管理困境的企业来说，管理制度变革固然是一件好事，但切不可太过于冒进，唯有"坚持均衡的发展思想，合理把握解决各种矛盾的灰度"，才能把改革牢牢掌控于股掌之中，把改革中的阻力和风险降至最低。

我们要想掌握"灰度管理"的精髓，就要深入学习儒家思想里的"中庸之道"，要懂得灵活变通，尤其是要学会用变化和"取中"的眼光看待企业改革当中出现的问题，只有这样才能更好地把控局势，并最终找出实现矛盾双方协调统一的最好解决之道。

与西方管理和中国传统管理的某些观点相比，灰色领导的思想，有继承更有发展创新，寓意深刻，发人深思，现实有效。灰色领导的思想和模式，造就了一大批优秀的管理干部，是引领华为公司持续成功的重要因素之一。任正非推崇灰度哲学，他信奉"合二为一"，而不是黑白不两立的"一分为二"；正是在灰度理论的支配下，任正非强调开放与妥协，反对"斗争哲学"，崇尚合作精神与建设性。

当今，我国的许多企业和管理者都在学习西方的管理哲学，却没有对传统文化蕴含中丰富的管理思想引起重视。他们仍在狂热地追逐国外的管理时尚，但是换来的只是"东施效颦"的丑剧。当众多的希望破灭时，在传统文化中汲取管理思想也就成为一条值得探索和重视的途径。

6. 管理变革三部曲：先僵化、后优化、再固化

管理作为一门技术，可以说是西方人发明的，在我国更强调的是领导的艺术。西方经过多年的市场经济的洗礼，逐渐形成了比较成熟的企业管理体系。既然我们要融入国际社会，要在国际舞台上扮演更重要的角色，那么我们必须学习西方先进的管理理论，缩小在管理领域的差距。而在实践中，引进西方的管理体系就是学习的一条捷径。

在引进国外先进的管理经验时，很多人都会提出"根据中国国情，根据实际情况进行改造，有选择地应用"。为将先进的管理模式应用到华为的日常管理中，任正非反其道而行之，宁愿"削足适履"，完全照搬。

在《活下去是企业的硬道理》中，任正非阐述了他对直接引进外部资源这个问题的观点。任正非说："华为公司从一个小公司发展过来，是在中国发展起来的，外部资源不像美国那样丰富，发展是凭着感觉走，缺乏理性、科学和规律。因此，要借助美国的经验和方法，借用外脑。"

1997年年底，任正非访问了美国休斯公司、IBM公司、贝尔实验室和惠普公司。其间对IBM的产品开发模式、供应链管理模型等做了比较全面的了解，他决定向IBM学习。他说："我们只有认真地向这些大公司学习，才会使自己少走弯路，少交学费。IBM的经验是他们付出数十亿美元的代价总结出来的，他们经历的痛苦是人类的宝贵财富。"

后来，华为与IBM公司合作启动了"IT策略与规划"项目，开始规划华为未来3~5年需要开展的业务变革和IT项目，其中包括IPD（Integrated Product

Development，集成产品开发）、ISC（Integrated Supply Chain，集成供应链）、IT系统重整、财务四统一等八个项目。

任正非在IPD第一阶段总结汇报会上说："中国人就是因为太聪明了，五千年都受穷。日本人和德国人并不聪明，但他们比中国人不知要富裕多少倍。中国人如果不把这个聪明规范起来，将是聪明反被聪明误。""我们要先买一双美国鞋，不合脚，就削足适履。"

在这次讲话中，任正非第一次明确了管理变革的三部曲，就是要先僵化、后优化、再固化。在开始的两三年内以理解消化为主，之后再进行适当的改进，从而将艰难的管理变革持续地推进下去。

所谓先"僵化"，就是告诫领导层放弃传统的"家族式"管理理念，接受新的管理思想，将新的管理体系应用到自己的管理当中去。

所谓"优化"，就是管理体系的本土化。诚然，管理思想有许多相同之处，但是每一个企业都有自己的特色，而且各行各业之间也有着诸多的不同，也许电信行业与餐饮业同样适用目标管理，但是它们在具体操层面肯定是不同的。经过本土化之后，管理体系得到了升级。

最后一步就是"固化"，无规矩不成方圆，必须将管理体系变成一种机制、一种制度，对每一个人都有约束力，才能发挥巨大作用。

曾经有员工问任正非："我们请了一些德国专家，在合作过程中我们内心有许多矛盾，为什么要全听他们的？我们应该向德国专家学一些什么东西？"

任正非的回答是："我认为小孩要先学会走路再去学跑，现在我们还是幼稚的，多向人家学一学，等你真正学透了以后，你就可以有思维了。先形式后实质，也是我们公司向外面学习的一个重要原则。我们在向IBM学习IPD的过程中，从各部门调来一些人，开始也在批判IBM，我将他们全部都赶走了。我们就是要好好向人家学，他就是老师，学明白了再提意见……向人家学习也确实是痛苦的，华为公司就是在'左'和'右'的过程中走出来的。"

向管理要效益，通过持续改进提升企业管理水平，提高企业的竞争力是每个企业都追求的目标之一。目前各种管理体系层出不穷，都声称能解决企业当前面临的各种问题，企业也是病急乱投医，纷纷引进各种管理体系。但是当企业开始执行引进的管理体系后发现，体系之间的冲突问题无法解决，各级管理人员为了应付各项管理体系的要求而疲于奔命。

任正非引进管理体系绝不是要照搬别人的管理模式，其核心是"优化"，即形成自己的管理体系。他认为："人才、资金、技术都不是生死攸关的问题，这些都是可以引进的。而管理与服务是不可能照搬的，只有依靠全体员工的共同努力去学习先进的管理理论，并与自己的实践紧密结合起来，才能形成自己有效的管理体系。"

在僵化阶段，华为的反应速度明显放慢了，变革遭遇到了更大的阻力。曾在集成产品开发推进小组工作过的王冠珠回忆："研发部门、销售部门天天都在骂我们，说集成产品开发管理团队的成员就会干两件事：一是兜里有钱乱花钱，二是爱打高尔夫。除此之外什么都不懂。"但是，在一片反对声中，任正非仍旧固执地坚持着。

削足适履无疑是艰难的，就像任正非在1998年所发表的题为《不做昙花一现的英雄》的讲话里所指出的那样："世界上最难的改革是革自己的命，而别人革自己的命，比自己革自己的命还要困难。"任正非把这次变革称为"革自己的命"，要享受触及自己灵魂的痛苦。因为华为具有规模大、产品线宽、系统复杂、技术含量高等特点，IPD在华为的实施是十分艰难的。任正非铁腕推行，将落实IPD上升到了华为的生存层面："IPD关系到公司未来的生存与发展，各级组织、各级部门都要充分认识到它的重要性，通过'削足适履'来穿好'美国鞋'的痛苦，换来的是系统顺畅运行的喜悦。"

这种"拿来主义"的创新模式对华为发展的作用得到了任正非的肯定，他讲道："至今为止(2005年)，华为没有一项原创性的产品发明，主要是在西方公司成果上进行一些功能、特性上的改进和集成能力的提升，更多的是表现在工程设计、工程实现方面的技术进步，与国外竞争对手几十年、甚至上百年的积累相比还存在很大的差距。对于我们所缺少的核心技术，华为都会通过购买和支付专利许可费的方式，实现产品的国际市场准入，并在竞争的市场上逐步求得生存，这比自己绕开这些专利采取其他方法实现，成本要低得多。由于我们肯支付费用，也实现了与西方公司的和平相处。"

任正非要求华为人在最初的三年里以理解消化为主，之后进行适当的改进。也就是说华为员工在第一阶段必须"被动"地全面接受引进的管理技术，等到对整套系统的运行有深刻的理解和认知以后，才能进行调整优化，最后形成适合华为人的管理方法。

　　企业规范化管理体系就是按照市场经济的企业运行规律和现代企业制度建立的一套严谨的、科学的系统管理模式和管理规则，尤其要根据自身企业的特色建立管理体系。所以，从企业的长远发展角度来看，引进新的管理机制无可厚非。但千万不要盲目，任何管理机制都不可能是"灵丹妙药"，不可能一引进就"药到病除"，企业要想真正通过管理变革实现管理优化，就必须要在变革的过程中建立自己的"优势"。

　　在这个问题上，任正非提出了"先僵化、后优化、再固化"的改革三部曲。在他看来，任何形式的管理改革，其目标都是优化企业的内部管理模式，因此"优化"是核心。但要想实现这个核心目标，就必须要有合适的方式方法，盲目的四处乱撞是撞不出什么成效的。

7．华为的管理者要用生命优化管理

在大多数的中国企业中，提倡的是一种中庸、宽容的文化。但是，华为一开始就对这种方式很不屑，这和华为当时面临的挑战和生存压力是分不开的，同时也和任正非本人的个性分不开。从一开始，任正非就选择了一种更为激进的方式。在华为的干部选拔上，秉承着一种和华为的狼性文化一脉相承的原则：合格的管理者需要具备强烈的进取精神与敬业精神，没有干劲的人是没有资格进入高层的。这种所谓干劲和进取心还包括自己所领导群体的进取与敬业精神。

任正非曾多次在讲话中提到，华为衡量优秀管理者要具备三个标准：一是具有敬业精神，对工作是否认真。改进了，还能再改进吗？还能更改进吗？二是具有献身精神，不能斤斤计较。企业的价值评价体系不可能做到绝对公平，献身精神是考核干部的一个很重要因素。一个管理者如果过于斤斤计较，就不能与手下融洽合作，不能将工作做好。没有献身精神的人就不要去做管理。三是具有责任心和使命感，这将决定管理者是否能完全接受企业的文化，担负起企业发展的重担。

"我们一些人才自己很优秀，但没有影响力，原因何在？"在华为的内部会议上，任正非曾针对影响力的问题专门进行了深刻的剖析。在他看来越是能力出众的人越是喜欢"洁身自好"，他们自己学习，自己什么都会、什么都懂。从用人哲学上来看，把他们放在普通一线岗位上，他们绝对会如金子般闪闪发光，但对于是否把他们提拔到管理岗位上则需要谨慎考虑。

一个管理者不但要学会做人，也要学会做事，踏踏实实地做事，认认真真地做事。这就是华为对于一个管理者最基本的要求。华为的管理者要用生命优化管理，华为公司有一份《管理优化报》，是专门进行自我批评的。政府部门来公司访问时，提了一些意见，中研部、中试部全体员工组织听录音，认真反思，写了不少心得，《管理优化报》把它编成了一本书，叫《炼狱》。

任正非曾提拔过一些这类员工，但他们往往难以发挥管理的最大价值，对此任正非曾毫不忌讳地批评道："既然把你放在了管理者的岗位上，既然你做团队的领导，仅仅自己做好绝对不是洁身自好，自己洁自己的好有什么用？独木不成林，群体的力量才能让我们战无不胜。"那种只说不做或只会做表面文章的人，只会进行原则管理、从不贴近事件的人，在华为是不会得到提拔和重用的。华为要求每个管理者都能够亲自动手做具体的事，那些找不到事做又不知如何下手的管理者，就会面临被精简的命运。同时，华为要求中高层管理者要具备自我提升的能力，能够很快地适应社会、企业的发展要求。

这和任正非身上一直体现出来的忧患意识是分不开的。在他看来，华为要继续生存下去，就必须变成狼群，以狼的韧性和狠劲虎口夺食，还要以狼的危机感继续不断向前，才不至于被吃掉。

任正非要求华为的管理者要具备领导的艺术和良好的工作作风。团结、沟通是管理工作的永恒主题，任何一个管理者不仅要团结与自己意见一致的人，也要团结那些与自己意见不一致的人，做不到这一点就没有资格做接班人，就永远不会得到上级的提拔。同时，在华为强调的是批评与自我批评的工作作风，并从高层一直传递到最基层。在公司内部允许员工对自己的上级、对自己的部下进行批评，否则人人都顾及影响，都做"好人"，企业管理的进步就无从说起。

华为的魅力在于它的务实，在于它的细节，在于它的人才机制、人文管理以及它独有的企业文化。华为人要用生命去做产品，华为的管理者要用生命优化管理。任何一个管理者都要清清白白做人、认认真真做事，做员工学习的榜样。任正非不仅这样严格要求自己，也这样严格要求部属、要求华为的管理层。在他看来，只有一个群体具有高水平，才表明这个管理者的高水平。

虽然出身草根阶层，但是任正非的眼光早已走出了国门。管理是一件决定企业成败的大事，每一个管理者必须用心、用力地去寻求管理的改进，唯此才能使得华为永葆青春。细节决定成败，这在华为体现得淋漓尽致：卫生间中永远都有质地很好的手纸、面巾纸、洗手液，有的还有擦手的湿毛巾、一次性梳子；华为人在推行职业化管理后始终坚持了"放置水笔的时候笔尖朝下"等行为规范；员工购餐也是清一色一字长龙，秩序井然……

此外，任正非认为"将生命注入优化管理中"并不是一句空口号，而是要付诸实际行动的方案。很显然，任正非已经将优化管理当成了企业的一个重要指标，这样就使得每名干部和员工都能够认真进行管理的优化和变革活动。

对此，华为人近乎偏执地坚持着他们的一个原则，坚持"干部要从内部提拔上来，从实践中来"。在干部选拔程序方面，华为没有搞民主推荐，不搞竞争上岗，而是以成熟的制度来选拔干部。这个成熟的制度包括职位体系、任职资格体系、绩效考核体系、干部的选拔和培养原则、干部的选拔和任用程序、干部的考核等。首先，华为会根据任职职位的要求与任职资格标准对员工进行认证，认证的重点是员工的品德、素质和责任结果完成情况。认证后还要对其进行360度的考查，即在主管、下属和周边全面评价干部的任职情况。考查干部后还要进行任前公示，使干部处于员工监督之下。每次任命都要公示半个月，半个月内全体员工都可以提意见。华为在每个干部任命之后还有个适应期，并为其安排导师。适应期结束后，导师和相关部门认为合格了才会转正。

华为每一位干部的正式任命，都要经过层层考核。既有国际通行的考查标准，又有华为内部独有的选拔要求，以确保最终到达岗位的人选符合该工作的要求，并最终成为"华为狼群"中合格的一员。任正非以一种制度性的形式，确保了华为有一支充满了战斗力的管理队伍。

在华为，当管理者是一种责任，一种牺牲了个人欢愉的选择，一种要作出更多奉献的机会。华为要求每一个管理者都要有远大的目光，开阔的胸怀，要在思想上艰苦奋斗，永不享受特权，与全体员工同甘共苦。

没有影响力的人才，不是真人才。在进行干部选拔的过程中，眼睛不能只盯着个人能力，也不能只看资历和业绩，毕竟业绩好、能力高不等于可以把队伍管理好。能否把队伍紧密地团结在一起，关键还要看其影响力。影响力不达标，即便个人能力出类拔萃，也不能轻易提拔；反之如果影响力超群，个人能力上弱一点也无伤大雅。总之，要将人才的影响力作为衡量其是否可以升职的决定性因素去考查、去衡量。

8. 从管理走向领导是企业家的必修课

对于任正非来说，1998年是他个人管理风格转型的一个重要分水岭。在这一年，受世人瞩目的《华为基本法》刚刚出台，但在任正非看来《华为基本法》是一次对华为过去成功经验的总结。事实上，任正非这时已经瞄上了著名的国际商用机器公司（IBM）的流程化管理经验，多次出国访问也促使他关于"建立华为职业化管理体系"的想法逐渐成形。在自觉不自觉中，任正非将自己的角色从一个管理者向"领导者"过渡。

在华为初创时期，任正非一再强调华为没有管理者，只有员工。华为的高层总是与员工同吃同睡，员工若出现了错误，任正非甚至和他一起分析原因、一起攻克难关。

企业也是一个团体，其领导者的重要职责就是把自己的理念以及指令传递给下属的每一位员工，归根结底，企业中的管理和领导本质上也是一种传播行为。在这个过程中，企业要想保持内部交流的畅通，保证上级指令的无损耗贯彻，就必须重用那些在团队中有影响力的人，在选拔中高层管理人员时，也要格外留意那些扮演着"意见领袖"角色的员工。

人们常常把出色的领导人比喻为"舵手"、"旗帜"，拿破仑带领法国军队横扫欧洲大陆，丘吉尔重振英国人的精神，都是对"领导力"的最佳注脚。近年来，华为面临的市场竞争日趋激烈，加上全球经济调整带来的深刻影响，仅仅做好管理工作是远远不够的。于是，任正非对自己提出了严格要求——在领导和决策能力上多花一些时间，他还要求担任要职的部下，别陷入机械化的管理中，要像狼一样警觉，对公司里的事务多一些引导，要从市场环境变化中找到开拓的道路。

随着华为企业规模的扩大，任正非不仅强调内部要加强管理，而且对于海外的员工也要求他们严格按照公司的规章办事。到了后来，任正非从IBM、爱立信等著名的国际公司请来大量的管理顾问，给华为诊断，给华为管理者上课，其对管理可谓是推崇至极。

近年来，随着华为在国际、国内市场上的地位逐渐走向成熟与稳定，华为又开始了一系列的亲民政策，让领导下到基层，设立了首席员工健康与安全官，为员工营造归属感。

拿破仑有一句名言：一只绵羊率领的一群狮子，打不过一只狮子率领的一群绵羊。在华为任正非更强调"领导"的作用，尽管他也很重视管理的价值。他认为，无论什么时候，如果过分强调规范的管理体制而忽视领导作用，公司就不会取得重大发展，经营很容易走向盲目。任正非把目光聚焦在缔造优秀的领导者身上。孙亚芳被称为是华为的"二把手"，她在华为的地位举足轻重。她既有政府工作的背景，又曾经在哈佛商学院学习，在历时5年的流程变革过程中，已经充分体现了她的跨文化沟通协调能力和细节管理能力。正是因为有像她这样能力突出的高级管理人员的存在，华为的决策管理变得简单起来。

从管理走向领导是企业家的必修课。管理虽然重要，但领导才是真正的制胜之道。任正非的领导力，使华为从一开始就像一匹嗅觉灵敏、强悍的狼，在商场里战斗不息。任正非认为："华为目前处在全球化发展的关键时刻，公司的战略目标能否有效实现，取决于是否有一大批认同公司文化与核心价值观、具备国际化视野和职业化管理水平、能征善战、敢打硬仗与善打硬仗的各级团队带头人。"

领导力的发展，70%来自挑战性的工作实践，20%来自同事间的互动学习，只有10%来自培训。所以，培训的关键是要学以致用，在实践中不断积累、不断总结和不断反思。华为很早就认识到，一家公司是否能够快速成长、高效运作，根本上取决于是否能够创造一种自我激励、自我约束和促进优秀人才脱颖而出的机制，要倾注大量精力于管理团队的领导力培养和开发。从2004年开始，华为全面推动干部和后备队建设，按照华为干部选拔标准和领导力素质的要求，近千名中基层管理后备干部被选拔出来。2005年以来，系统性的干部培训培养工作全面启动。任正非指出："面对全球化竞争更为复杂、更为激烈的形势，我们比任何时候都更需要一支带领华为的千军万马奋斗不息、驰骋四海的领军队伍，各级干部和后备队任重而道远，我们的干部培养工作也任重而道远！"

当杰克·韦尔奇对全球领导人呐喊："别沉溺于管理了，赶紧领导吧！"曾经让我们很多中国企业家"一头雾水"，迷惑不解。尽管现代企业发展越来越让位于科学的管理制度，但是组织的重大变革仍然需要具备强大领导力的人物出现。而在企业发展过程中，具备领导才华的人才，无疑是一笔宝贵的财富。事实上，企业高层管理人员的'领导力'，已经成为决定企业兴衰成败的关键因素之一。"领导力"日益受到重视，就是最好的证明。

"有力的领导"往往被看作伟大公司在挑战中持续成长、变革和再生最重要的关键因素之一。华为在2009年就曾被评为"最佳领导力培养"公司，这种登峰造极的人才储备和领导人培养机制，使得华为能够在很长的时间内屹立不倒。

耶鲁大学校长理查德·莱文指出："作为领导者，要有冒险意识，要树立远期目标，然后不断地制定近期目标去一步步实现。"任正非无疑具备这种领导力，其可谓一手将华为从2万元的企业领到如今的轨道上来。任正非就是那头机智勇敢的"头狼"，在丛林中带领着群狼攻城略地，构建自己的帝国。

第七章

危机哲学——惶者才能生存，偏执才能成功

　　企业家是否具有危机意识，关系着整个企业的命脉，它反映出的是企业应对环境变化的反应能力。惶者才能生存，偏执才能成功。作为一个企业家，任正非的忧患意识以及对企业经营管理的深度思考，已经将华为的成长基调推向了一个一般中国企业所不能企及的思想高度，这也是华为不断前进的内在动力。

1. 天天思考失败，对成功视而不见

说到企业的危机意识，人们总是喜欢用任正非举例子。人们也确实觉得，任正非总是在喊"冬天来了"。他就这样一路喊下去，从国内市场喊到了国际市场，从第三世界喊到了发达国家市场，一直到华为能够与世界上最大的通信设备供应商们同台竞技，任正非还在继续喊。任正非说："十年来我天天思考的都是失败，对成功视而不见，也没有什么荣誉感、自豪感，而是危机感。也许正是这样才存活了十年。我们大家要一起来想，怎样才能活下去，也许才能存活得久一些。失败这一天是一定会到来，大家要准备迎接，这是我从不动摇的看法，这是历史规律。"

细细想来，对于企业的发展来说，未雨绸缪的道理谁都明白，但真正有多少企业树立了危机意识？"温水中的青蛙"实验，我们每个企业管理者都耳熟能详，但没有多少企业真正能做到引以为戒。任正非做到了。危机无处不在，关键在于预防。任正非一直都在提醒华为，要预防时时都可能面临的危机。

正当华为海外步伐逐步加快，在华为2000财年销售额达220亿元、利润以29亿元人民币位居全国电子百强首位，同时任正非本人凭借5亿美元的财产被美国《福布斯》杂志评选为中国50富豪第3位的时候，任正非大谈危机和失败，喊出了"华为的冬天"即将到来。

不断预言危机的存在、预言冬天就要来临，这不是任正非悲观的体现，只是证明，华为是在忧患中成长，在忧患中成熟，在忧患中前行。任正非认为："华为公司老喊狼来了，喊多了，大家有些不信了。但狼真的会来。我们要广泛展开对危机的讨论，讨论华为有什么危机，你的部门有什么危机，你的科室有什么危机，你的流程的哪一点有什么危机。还能改进吗？还能提高人均效益吗？如果讨论清楚了，那我们可能就不死，就延续了我们的生命。怎样提高管理效率，我们每年都写了一些管理要点，这些要点能不能对你的工作有些改进，如果改进一点，我们就前进了。"

有人认为这是任正非为IT业敲响的警钟，也有人说任正非是"作秀"，还有人猜测是华为在为人事变动制造舆论。但是后面的事实却对此提出了有力的反驳。2003年，当"非典"肆虐中国，各大企业纷纷喊出冬天来了的时候，华为公司全球市场销售同比增长42%，达到317亿元人民币，其中海外销售10.5亿美元，同比增长90%，海外销售所占比例上升到27%。2008年冬天，当全球金融风暴让爱立信、思科等电信巨头先后陷入困境的时候，华为继续保持了稳健的、健康的增长，全球销售额达到233亿美元，同比增长46%，国际市场收入所占比例超过75%。

华为有没有经历过冬天？有，但是对有准备的华为来说，冬天也是很可爱的。这说明华为一诞生就处在危机之中，而危机能够让人保持一种清醒的头脑，保持一种为了活下去不得不奋力一搏的竞争魄力与勇气。没有对比，就看不到差距。任正非说："我们公司前段时间挺骄傲的，大家以为我们是处在行业领先位置。但是他们用了半年时间做成了战略沙盘，才发现在全世界市场的重大机会点我们占不到10%，弟兄们的优越感就没有了。"

"生于忧患，死于安乐"和"居安思危"这两句话在任正非那里获得了新的注解。他说："冬天也是可爱的，并不是可恨的。我们如果不经过一个冬天，我们的队伍一直飘飘然是非常危险的，华为千万不能骄傲。所以，冬天并不可怕，我们是能够度得过去的。"

危机意识意味着我们必须为还没有发生的事情做准备。美国《危机管理》一书的作者菲特普对财富500强的高层人士进行过一次调查，高达80%的被访者认为：现代企业不可避免的要面临危机，就如人不可避免的要面对死亡。14%

的人则承认自己曾面临严重危机的考验。危机就像死亡和纳税一样是管理工作中不可避免的，所以必须随时为应对危机做好准备。

任正非正是把这种意识不断灌输到华为人的心里，让他们在企业还处在上升期的时候，就要为接下来会遇到的不好的情况做准备。只要企业还活着，就意味着它天天都可能会有危机。微软创始人比尔·盖茨曾告诫管理层："微软离破产永远只有18个月。"这可能也正说明了看似悲观的危机论背后，其实有一种浪漫的乐观情怀。就像雪莱在《西风颂》里写的那样："如果冬天来了，春天还会远吗？"如果能面对危机，做好准备，在冬天的严寒中活下去，就必然能迎来生机勃勃的春天。

任正非也正是通过这种方式，把一种危机意识放进华为人的心中。在这样一种压力之下，使华为人保持着生机和活力，让他们不会在安逸中丧失了斗志。当真正的危机到来时，只有那些提前做好了准备的人，才会更有能力和机会把危机变成机遇。

如果你面对的是一家在几年乃至十几年的经营历程中一帆风顺，从来就没有遇到过挫折和失败的企业，那么，要么它是上帝格外垂青的异类，要么它根本就是一个自欺欺人的泡沫。经济学家魏杰曾经下过一个预言："这是一个大浪淘沙的阶段，非常痛苦，我估计再过十年，现在民营企业200个中间有一个生存下来就不简单，垮台的垮台，成长的成长。"

为什么中国企业的平均生命周期只有8年？为什么当年名噪一时的"孔府家酒""三株""秦池古酒"等品牌都已烟消云散，退出历史舞台？为什么IBM、通用等国际企业的CEO们经常充电、考察？一切源于危机感！来自外界的危机感！来自自身的危机意识！

企业家要想让企业的生命力更长久，就必须要时刻保持一颗警惕之心，对于未来无法预知的各种风险一定要提前布局、提前谋划，而不能因为企业现有的发展成绩而固步自封、沾沾自喜。唯有用危机意识时刻警醒自己、鞭策自己，才能保有制订战略的警惕性；唯有把这种危机意识渗透到每一名员工的意识中，企业才能在复杂多变的市场环境中时刻保持最佳战斗力。

危机并不可怕，没有危机才是可怕的！清晨在非洲的草原上的羚羊从睡梦中醒来，它就意识到危机存在，意识到新的比赛就要开始，对手仍然是跑得最快的狮子，要想生存下来，就必须在速度上超越对手。另一方面，狮子思想负担也很重，假如跑不过最慢的羚羊，那么最终的命运也是一样。所以说，面对新的一天，太阳升起来的时候，意识到危机存在，那么为了生存下去最好的办法就是跑得快一点！

无论是强大的狮子还是弱小的羚羊，在物竞天择的自然界中都面临着生存的危机。要想逃避死亡的追逐，首先就是要战胜心理的危机，战胜自己。如果意识不到存在着这样的危机，稍一松懈，就会成为别人的战利品，绝对不会再有重赛的机会。

2. 华为没有成功，只是在成长

任正非曾经说过："什么叫成功？是像日本那些企业那样，经九死一生还能好好地活着，这才是真正的成功。华为没有成功，只是在成长。"在任正非那里，华为时刻都面临着危机，而他时刻在做应对挑战的准备。在任正非看来，华为还只能算是一个正在成长的孩子，没有经受过大挫折，因此也无从知道它是否具有抗击"寒冬"的能力。只有经历了寒冷彻骨的冬天，并能活得好好的，才能算是一家具有抗风险能力的成功的企业。所以，华为要成为一家成功的企业，就必须在冬天到来之际准备好棉衣，确保顺利过冬。

华为成长在全球信息产业发展最快的时期，特别是在中国从一个落后网改造成为世界级先进网这一迅速发展的大潮流中。华为像一片树叶，有幸掉到了这个潮流的大船上，是躺在大船上随波逐流到今天，本身并没有经历惊涛骇浪、洪水泛滥、大堤崩溃等危机的考验。因此，华为的成功应该是机遇大于其素质与本领。

华为是1988年进入中国电信设备市场的，华为进入高增长期的时间集中在1997年至1998年的两年时间里，1997年实现销售额5亿美元，1998年销售额达到12亿美元。伴随华为飞速发展而来的就是高达60％的资产负债率。而任正非的一个策略就是要实现企业超常的发展，最起码也"要使其规模达到其足以令国家心头动一动的程度"。

华为成长越快，取得的成就越大，任正非的担心就越严重。2001年春，日本国情顾问竹内伦树对任正非提到了"死亡曲线"理论：任何个人、企业甚至国家，上升到了一定程度后，可能就是衰落，这是企业本身的生命周期而不是市场的周期在发挥作用。

所以说，即便别人给予任正非诸多的赞誉和充分的肯定，他也从不认为自己或者华为是成功的。任正非表示，华为从上到下要杜绝世界500强这个名词，"我们永远不说进入500强，至少不是一代人、两代人、三代人能够实现的。我说的一代人、两代人不是说华为公司的领导一代、二代，而是说华为公司垮了再起来，再垮再起来，才有可能。"

在任正非看来，成功是没有止境的，而华为远远达不到成功的标准。华为没有一个人曾经干过大型的高科技公司，从开发到市场，从生产到财务……全都是靠外行和未涉世事的学生一边摸索一边前进，磕磕碰碰走过来的。有些过程不亲身经历，企业就成长不起来，更谈不上成功。

任正非深知，在一个企业的发展过程中，总是会遇到危机的，一时的成就不能代表成功，作为企业，只能不断成长。2006年上半年，华为完成合同销售额52亿美元，其中，国际市场占到了65%，可以说在国际市场上是算越来越成功。但任正非认为这不算成功。在《北国之春》中，任正非写道："我们在讨论危机的过程中，最重要的是要结合自身来想一想。我们所有员工的职业化程度都是不够的，我们提拔干部时，首先不能讲技能，要先讲品德，品德是我讲的敬业精神、献身精神、责任心和使命感。危机并不遥远，死亡却是永恒的，这一天一定会到来，你一定要相信。"

每一次危机都成了华为的机遇，对此任正非有自己的见解："面对危机，更多的人选择逃避，但是华为选择面对，选择勇往直前。"任正非曾经借用鲁迅先生的一句话来勉励华为员工：真的勇士敢于面对淋漓的鲜血，敢于直面惨淡的人生。

任正非曾指出，一些华为人就像井底之蛙一样，看到华为在局部产品上偶然领先西方公司，就认为华为已是世界水平了。他们并不知道世界著名公司的内涵，也不知道业界的发展走势以及别人不愿公布的潜在成就。

狼性化的华为以"成长最大化"为第一准则，永不停息地追逐着"发展"的道路。事实上，危机中暗藏着无数的机遇，能够抓住机会迎难而上的企业往往都能成就自己的霸业。狼是世界上最有敬业精神的物种，它们兢兢业业地行走江湖，尽职尽责地做好"生存"的工作，精益求精地训练自己的狩猎技能。

2012年，华为成为全球五大通信设备商之首。华为在全球经济形势依然严峻、电信设备市场面临较大压力的情况下，仍保持了稳健增长的态势。随着全球化的快速发展，其在为企业带来巨大机遇的同时也带来了前所未有的挑战。华为是在虎豹豺狼之中逐渐成长起来的，它自成立那一天起就必须勇敢地面对自己的命运，同时也会在无数的挑战中发展完善自己，华为要实现自己的梦想，要走的路还有很多，要面对的挑战还有很多！

实施成长最大化策略的企业，一切行为以"成长"为根本的出发点，这种企业，在决策上与其他企业相比发生了很大变化。在任正非看来，IT企业必须保持合理的高增长速度和较大的规模。没有有规模的市场营销，就发挥不了软件拷贝的附加值的优势，企业就缺少再创新的机会与实力。

成长不是一句空话，更不是一个遥不可及的梦想，既然树立了坚定的发展目标，就不能因为惧怕风险而畏手畏脚。通信行业没有让你犹豫退缩的机会，在每三个月都会进行一场技术革新的行业环境中，危机距离我们并不远，即便是全球知名的微软公司距离死亡也很近，比尔盖茨曾亲口说道，"微软距离死亡最多只有18个月。"连微软这样实力雄厚、市场广阔的IT公司都是如此，更何况是其他远远不如微软的企业呢？

随着通信技术革新的速度越来越快，IT行业的竞争越来越激烈，危机已经成为追赶企业的"刽子手"，只要速度稍慢，就很可能会被无情地吞噬，会被残酷的市场所淘汰。任正非对危机的感知一向是十分敏锐的，在这场危机与发展的速度之战中，华为要想活下来就必须全力以赴，就必须加大火力全速前进。任正非要求这个仍然处于成长过程中的企业必须努力学习和完善自己，试图了解自己的对手，并向对手学习。正因如此，华为才能够后来居上，成功打败那些强大的对手，逐渐成为市场的领头羊。

企业的经营者不要轻易沉迷于眼前的成功之中，企业的发展任重而道远。一个合格的、优秀的企业经营者的眼中没有成功，只有成长。在任正非看来，华为的危机、萎缩和破产迟早都会到来，如果发展速度跑不过危机，那么只能一败涂地。有了危机，就必须看到危机，想办法解决危机，这才是企业实现健康性可持续发展的必由之路，危机正是企业获得快速发展的源源不尽的动力。

做企业和做人一样都是一场漫长的马拉松，没有走到终点，比赛就永远没有结束。过早的欢呼只会给竞争对手留下可乘之机，与其把时间用在欢呼和庆祝上，不如把时间用在切切实实的修炼内功上。我们要学习任正非，建立一种企业家的使命感，建立对企业以及全体员工的责任感，只有这样才能把企业办好，才能把企业引领到一个前所未有的发展高度。

"如履薄冰，谨言慎行"，这既是任正非的领导原则，也是这个已经年过七旬的企业家拥有的宝贵精神财富。

3. 捍卫企业的市场地位，活下去是硬道理

对于狼来说，生存就是它们的职业。对企业成长的历史稍有研究的人都知道，世界上没有任何一家企业的生命能超过1000年，甚至没有一家企业能活过500年，就算超过300年历史的企业，如今也很难找到。

死亡是任何一个企业所必须面临的，谁也逃不掉，只不过有的死得早一点，有的死得晚一点而已。生存是残酷的，有时候不带半点仁慈。华为做的是高科技，面对的是挑剔的客户和强大的对手，只有充分练兵、精心准备才有出奇制胜的可能。华为所处的高新科技的通信行业，其技术更新速度之快、竞争之激烈是其他行业无法比拟的。面对跨国巨头的技术垄断，民营企业发展举步维艰。华为目前虽然没有生存之虞，但危机意识不可缺少。

经过二三十年的发展，中国的电信行业已经呈现出饱和状态，实际上不仅仅是国内市场，国际市场也在面临着日渐萎缩的困境。随着竞争者越来越多，利润越来越薄，市场竞争日益惨烈，摩托罗拉、阿尔卡特、朗讯、诺基亚、西门子等昔日的网络通信巨头都面临着衰退危机，而任正非所带领的华为却以逆天之势不断上升发展。不管是对于电信大亨思科来说，还是对于电信巨头苹果来讲，任正非都绝对算得上是一个令人害怕的人物，华为的迅速崛起更是成为很多欧美厂商的"噩梦"。然而就是这样一个叱咤风云的企业领袖，却是一个极端怕"死"的人。从华为成立一直到今天，在这20多年的日日夜夜中，任正非想的只有一件事，那就是活下去。

生活的磨炼和事业挫折使得任正非对企业面临的危机特别警觉，他对华为的目标很简单，和当初自己挨饥受饿时一样，就是要活下去。为此，任正非不

断给员工们灌输"活下去是硬道理"这样的观念。

早年华为的市场攻略、竞争策略以及内部管理都深深打上了斗争哲学的烙印，华为在每次重要变革前，都要展开思想运动或进行领导训话，重大的"战斗"前还要召开誓师大会，以此鼓舞士气。把市场竞争当成战场，集中力量与强敌周旋直至逐步予以蚕食消灭。

为了"活下去"，华为的海外策略极富侵略性。2001年，华为决定剥离掉网络能源业务，进一步突出核心业务，其电气部门（即安圣电气）以7.5亿美元售予爱默生。2001年公司海外销售额为2.44亿美元，占销售总额的11%；2004年为22.8亿美元，占55.8亿美元销售总额的41%。华为也获得了良好的信贷支持，先后从中国进出口银行获取了6亿美元贷款用于扩展海外业务，从中国发展银行获得了100亿美元授信额度。华为在2005年晋级为国际级选手，47.5亿美元的海外销售额占当年82亿美元销售总额的58%，海外销售一年间增长了108%。

华为是一个十分强大的竞争对手，却同样是一个胆小的企业。一位美系顾问曾经这样说道："他们对失败的害怕很强烈，求知的欲望又很饥渴，永远在问世界第一流是怎样做的？"实际上，自华为成立之日起，任正非就变成了一个怕死的人，华为就成为一个怕死的公司，活下来成为华为最低、也是最高的战略目标。也正是这个简单得不能再简单的原则，指引着华为避过了一次又一次的死亡危机，并从命运的最低谷爬起来，实现一飞冲天。

只有生存才是最本质最重要的目标，才是永恒不变的自然法则。有人认为，正是冷静、清醒、韧性和团队的协调作用，再加上任正非大会小会时时灌输的危机意识，华为与国内其他企业取得一丁点成绩时的张狂、自大形成了鲜明对照，华为能够一骑绝尘也就不奇怪了。

在华为的市场拓展中，任正非的兵法思想不胜枚举。他有很强的危机意识，经常拉响警报来唤醒懈怠的员工，培养每一个员工居安思危的思想，时刻都处在准备战斗的状态。任正非经常群情激奋地讲到，在战场上军人的使命是捍卫国家主权的尊严；在市场上，企业家的使命则是捍卫企业的市场地位。讲到人们心跳加快、热血沸腾，以至于有人说华为的人都被洗了脑。

只要活下来就有希望，这是任正非常常强调的一句话。尽管这句话看似简单，但却充分凸显了一个真理：先生存才能图发展。任正非大声警告华为人，处于竞争如此激烈的市场中，企业所追求的长远目标，不是规模，不是市场份额，不是品牌，不是利润最大化，而是生存，活下来。只有生存才是最本质最重要的目标，才是永恒不变的自然法则。

今天的辉煌并不意味着明天的成功，一个企业最好的时候往往是不好的开始。危机总是悄悄来临。任正非将企业生存放在了公司目标的第一位。先生存后发展是所有企业的必然选择，但任正非却将这种概念传递到了每一名华为人那里，成为全体华为人每天必须面对和思考的命题。

任正非认为：我们必须要强化员工的危机意识，要创造一种良性循环的危机意识氛围，让员工切身感受企业生存与发展的危机与个人根本利益密切相关。要通过管理制度的约束强化员工的危机感，要通过企业文化的感召凝聚员工的向心力，要通过有效的"鲶鱼效应"使得我们的员工把压力转换为动力，把危机感转换为鞭策自己不断奋进的动力。

占有市场是现代企业生存的根本出路，捍卫企业的市场地位，活下去才是硬道理。北京大学光华管理学院经济学教授张维迎说："没有危机管理的企业就像是在黑夜里裸奔，突然天亮了，难看是一定的。"企业的管理层、决策层一定要时刻保持危机意识，做好危机管理的准备工作，并把它作为一种战略纳入企业的发展规划中。企业要一直活下去，不要死掉。对华为公司来讲，长期要研究的是如何活下去，寻找我们活下去的理由和活下去的价值。只有这样，才能够经得起市场的检验，在风雨无情的商战中立于不败之地。

关于企业的寿命，有三个三分之一的说法。第一个三分之一是活不过五年，或破产倒闭，或成为别人并购的对象；第二个三分之一是永远长不大的"盆景"企业，或曰"小老树"企业；第三个三分之一才是大家期待的、将来能够健康、持续、良性发展，成长为大企业的企业。

华为所处的电子信息领域，是一个技术飞速进步、竞争异常激烈的领域，一些实力雄厚的有百年历史的跨国公司目前正面临困境，华为虽然此时尚没有生存之虞，但危机意识不可缺少。因此，任正非自称，他个人"没有远大的理想，我思考的是这两三年要干什么，如何干，才能活下去。"他非常重视近期的管理进步，而不是远期的战略目标，他反复强调"活下去，永远是硬道理"。对任正非来讲，华为要的不是声名显赫，不是规模空前，不是一张漂亮的财务报表，而是企业的生存权——"活下去"。

4. 华为的萎缩、破产一定会到来

在竞争日益激烈、市场变化愈发迅速的情况下，企业遭遇失败的概率也明显增加。而任正非更是非常确定地指出："华为的萎缩、破产一定会到来。公司所有员工是否考虑过，如果有一天，公司销售额下滑、利润下滑甚至会破产，我们怎么办？我们公司的太平时间太长了，在和平时期升的官太多了，这也许就是我们的灾难。泰坦尼克号也是在一片欢呼声中出的海。而且我相信，这一天一定会到来。"

在很多人看来，任正非就是一个"焦虑症患者"。不管华为取得了怎样的成就，任正非对其始终都充满了担忧。成功的背后总是潜伏着危机，不可以盲目乐观，而且越是和平与繁荣时期，越是要提高危机意识和应对危机的能力，让自己生存下来。

"现在是春天吧，但冬天已经不远了，我们在春天与夏天要念着冬天的问题。IT业的冬天对别的公司来说不一定是冬天，而对华为可能是冬天。华为的冬天可能来得更冷，更冷一些。我们还太嫩，我们公司经过十年的顺利发展没有经历过挫折，不经过挫折，就不知道如何走向正确道路。磨难是一笔财富，而我们没有经过磨难，这是我们最大的弱点。我们完全没有适应不发展的心理准备与技能准备。"任正非认为，我们已经进入了一个除了冒险别无选择的社会，企业每向前走一步都有可能是万丈深渊，但是对通信行业，如果裹足不前那么就是等死。面对这个危机四伏的社会，华为能坚持多久，这是一个值得思考的问题。

华为的高层看电视都比较关注国际新闻，正因为华为是一个国际化的企业，世界上任何一个地方的风吹草动都会牵动华为的中枢神经，不论是东南亚的海啸、伊拉克的人体炸弹袭击，还是美国的飓风、印度的空难。因为这个世界的许多角落都有华为的精英，他们是支撑华为这个国际化大厦的基石。任正非在《华为如何度过冬天》一文中说："我肯定地说，我同你们在座的人一样，一旦华为破产，我们都一无所有。所有的增值都必须在持续生存中才能产生，要持续发展，没有新陈代谢是不可能的。包括我被代谢掉，都是永恒不变的自然规律，是不可抗拒的，我也会以平常心对待。"

居安思危，任正非真正将这四个字做到了实处。2001年，任正非从均衡发展、精简机关、规范管理、管理体系、模板化管理、干部评价制度、自我批判精神、心理素质、危机意识、媒体应对态度等十个方面提出了独特的管理理念和危机应对措施，为"华为的冬天"准备了一件厚厚的"棉衣"。

2003年，当华为面对着"外抗思科、内对港湾"双面作战的局面，正在苦苦挣扎的时候，"非典"的到来更是让其雪上加霜。最终，华为坚决地打击了港湾的叛乱，而与思科的诉讼案件最终也以和解而告终。

2008年，当全球金融风暴袭来的时候，世界通信行业巨头们纷纷裁员、缩编，业绩也是直线下降。但是华为继续保持了稳健的、健康的增长，全球销售额达到233亿美元，同比增长46%，国际市场收入所占比例超过75%。

对此，任正非一直强调"繁荣背后就是危机"，在思想上较好地引导了华为员工戒骄戒躁，不被胜利冲昏头脑。任正非说："我们好多员工盲目自豪，盲目乐观。如果想过如何应对危机的人太少，那么危机也许就快来临了。居安思危，不是危言耸听。"

对于一个人来说，如果没有危机意识，就会遇到预想不到的困境。对一个企业来说也是一样的，如果没有危机意识，这个企业迟早会垮掉。未来不可预测，而且人不可能天天走好运。

任正非就是用这样一种意识来激励着华为的员工，他曾说："我们所处的行业方向选择太多而且还处在巨大变化之中，我们一直生存在危机中，华为的衰退和倒闭一定会到来，而只有时时警醒我们自己，我们才能进步，才能延迟或避免衰退和倒闭的到来。面对我们所处的产品过剩时代，华为人除了艰苦奋斗还是艰苦奋斗。从来就没有什么救世主，也不靠神仙皇帝。要创造我们的幸福，全靠我们自己。十八年来，我们公司高管团队夜以继日地工作，许多高级干部几乎没有节假日，所有主管24小时不能关手机，随时随地在处理随时发生的问题。现在，更因为全球化后的时差问题，总是连轴转地处理事务和开会。我们没有国际大公司积累了几十年的市场地位、人脉和品牌，没有什么可以依赖，我们只有比别人更多一点奋斗，只有在别人喝咖啡和休闲、健身的时间都在忘我工作，否则我们根本无法赶上竞争对手的步伐，根本无法缩小与他们的差距。"

面对着越来越多的无法预知的社会风险，企业必须进行冒险，必须时刻对于风险进行控制。这个时侯，企业家往往应该具备逆向思维，不能迷信市场，因为从本质上来说，市场对于风险的控制是一种利用风险的积极方面，依赖于冒险者的冒险行动来推动社会的发展与风险的转化、消释。很显然，市场不仅不能彻底地消灭风险，其本身的运作机制也是风险的制造者。同时作为市场体制基石的经济理性在工具理性遭到挑战与颠覆的时候，其也必然面临着灭顶之灾。

今天当我们回头去看任正非的"萎缩、破产是一定会到来的"时，不得不惊叹于他惊人的预见力和顽强的毅力。2004年，在缓解了2000年互联网泡沫的影响之后，国内互联网企业大批奔向复苏的美国纳斯达克。这种良好的势头让IT行业开始乐观起来。对此，任正非再次提醒华为要注意冬天。

在风险社会中，所有的危机都是未知的，企业要想获得生存就必须拥有应对不可预知风险的本领。当真正的IT的冬天到来之时，华为已经能够坦然而从容地迎接"冬天"，甚至还将"冬天"作为企业进一步成长的良机。从这一点来说，任正非既具预见"华为的冬天"的远见力和敏锐力，同时也具备推行改革的决心和毅力。

面对危机，企业最明智的选择就是与员工"分享"危机，与员工同舟共济，激发员工的斗志。《向解放军学习》一书指出：在和平环境下，一个优秀的指挥官不仅要把世界上最强的军队作为自己潜在对手来组织部队训练，而且要时时拉响警报器，通过"紧急集合"方式，故意制造"紧张空气"，而使部队经常保持"战斗队"作风，随时处于"临战状态"。

只有长存危机意识，才能在危机发生的最初时刻就做好一切工作，以最快的速度、最高的效率应对危机。华为人清醒地认识到危机的存在，也在采取措施积极地防范。这种危机感和未雨绸缪，是敏锐的感觉和强烈的生存意识。这种危机感让任正非总是把目光投向更远的地方，也总是能够领先别人一步。正如任正非所说，华为的萎缩、破产一定会到来，只有具备忧患意识的企业才能在市场中长久生存。

5. 竞争对手太强大，在夹缝中求生存

古人云："大丈夫处世兮立功名，立功名兮慰平生"；当今社会，"眼球"甚至可以直接转化成经济。但是当代的中国企业家中，总体而论，也是高调者寡、低调者众。其实在浙江及广东一带，资产数十亿元而默默无闻的富豪数不胜数。

华为创立之初，就在自己家门口碰到了全球最激烈的竞争。中国是世界上最大的新兴市场，世界巨头云集，华为不得不在市场夹缝中求生存。20世纪八九十年代，中国通信设备市场被进口高价市场所垄断。不过，巨大的市场空间、混杂的竞争局面，也为中国本土通信设备商崛起创造了条件。

任正非的低调在业界是出了名的，因为他明白在这瞬息万变的信息社会唯有惶者才能生存！任正非曾对人说："华为是因为无知才走上了信息产业这条路的。"他也曾对员工说："华为选择了通信行业，就是选择了一条不归路。1998年华为公司的产值将近100亿元，但也仅相当于IBM的1/65，相当于朗讯公司的1/25。在电子信息产业中，要么成为领先者，要么被淘汰，没有第三条路。我们的竞争对手太强大了，我们要在夹缝中求生存，就要学会保护自己，慢慢壮大自己。"

1988年，通信产业在西方发达国家已不是什么新鲜的东西，但在全球来讲尚属于方兴未艾的新产业。对于中国来说，尤其是对于中国的民营企业来说，进入这样一个技术、资金高度密集的产业，绝对是一个史无前例的尝试。从选择进入通信产业那天起，任正非就一直生活在焦虑与恐惧之中。

在中国电信制造商中，"巨（龙）、大（唐）、中（兴）、华（为）"四

家并驾齐驱，代表了中国本土电信制造业的水平。今天，毫无疑问，华为已经远远走到了前面，其脱颖而出的关键就是华为的危机意识。许多华为的关注者，看不懂任正非的逻辑：有人说他是毛泽东的崇拜者，其实他更爱现代管理学；有人说他简朴，他却会为买一束花开车去连卡佛。在这些让人似懂非懂的"任正非逻辑"之中，有一点是毋庸置疑的——从1987年华为成立至今，任正非一直带领华为以一种苦行僧般的工作状态发展着，从华为早期以厂为家的"床垫文化"，到曾引起诸多质疑的"奋斗者协议"，任正非和华为可以获得最"居安思危的企业家和企业奖"了。

创业伊始，任正非以"狼"来形容企业个性，他认为，狼有很好的危机意识，有敏锐的嗅觉，习惯团队作战，能够发现机会并且死死咬住，不会轻易放弃。事实正是如此，二十多年后，这只"土狼"学习和嬗变的能力让对手们吃惊，这种能力让任正非和华为充满自强不息的活力。在华为，任正非如同一位船长，指挥船只在茫茫大海中夜航，天气恶劣，难辨方向，在惊涛骇浪中有时只能企求运气。值得庆幸的是，任正非指挥的船只终于冲出了一个个漩涡，迎来了一个阳光明媚的早晨，开始享受暂时的风平浪静。

但华为面对的竞争对手太强大，任正非悬着的心并没有放下。他认为，华为是吃跨国公司鸡肋成长起来的，在当时，跨国公司是无暇眷顾中国的农村、县城，而华为公司是从县城做起的，走出了一条"农村包围城市"的路线。华为是靠着这些"鸡肋"逐渐发展壮大的。华为的与众不同已经初露端倪，有着舒舒服服的生意不去做，却搞起了研发，走上了一条更快吃掉跨国公司一直占据的高端市场之路。

习惯于自我满足的管理者，如果不去冒险，总是跟在别人的后面，那最多也会处于三流以下的水平，是永远无法与大公司竞争的，同样也无法获得生存下去的权利。

二十多年间一路走来，任正非也早已经从不惑进入古稀之年，尽管他在技术创新决策上曾为华为立下过不少汗马功劳，但他依然坚持着自己的低调，依然时刻用归零心态警醒着自己。有人曾评价道："华为是一个没有功臣的公司，任正非不愿意给华为太多负累，包括他自己。"对于这一点，华为的一位高层也曾坦言："任何人都不会被供奉在神殿里，老板也是。"

2005年，一向低调的华为公司被美国《网络世界》杂志评为网络上最锐意进取的十家科技公司之一，同时华为公司总裁任正非跻身于美国《时代周刊》杂志"2005年度全球最具影响力的100人"之列。然而时至今日，华为依然不为一般消费者所知，任正非的名字也只是在通信业震耳欲聋。

刻意低调已使任正非成为一个教父维托·科莱昂式的人物。他最不愿在镜头里露脸，而越是这样，人们就越发感到他头上闪耀着一个神秘的光环。直到他自己写作了《我的父亲母亲》之后，人们才知道他人生里的一些简单故事：他出身于一个乡村教师家庭，居七兄妹之长。1982年从四川某部队转业到深圳，在南油工作过两年，开过电子公司，也受过骗。他说自己是在无处就业的情况下才被迫创建华为的。

不但自己低调，他也不准员工唱高调。在一次讲话中他谈道："希望全体员工都要低调，因为我们不是上市公司，所以我们不需要公示。我们主要是对政府负责任，对企业的有效运行负责任。对政府的责任就是遵纪守法。我们去年缴纳税金共计27亿元，今年可能增加到40多个亿。这就是对社会负责。"

"除中国人，很多人从未听说过华为。但是，这家位于中国深圳的公司正令全世界对它刮目相看。"《商业周刊》曾这样评价道。在全球金融危机的背景下，华为仍然保持了强劲的增长势头。

据统计，目前全球三分之一的宽带用户都使用着华为建设的宽带接入网络。华为的低调，让人误读它是一家在核心技术上没有竞争力的企业，但低调并不是坏事。正是通过这种方式，降低竞争对手对它的关注度，给自己赢得了超越对手的机会和空间，成长为有核心竞争力的行业领袖。

"华为由于无知才走上了通信产业，当初只知道市场大，不知道市场如此规范，也不知道竞争对手如此强大。一走上这条路，就如同上了贼船。"2006年，任正非在回顾自己19年的创业史时说："华为没有背景，也不拥有稀缺资源，更没有什么可依赖的，除了励精图治、自力更生我们还有什么呢？最多再加一个艰苦奋斗来缩短与竞争对手的差距。"

在竞争白热化的通信行业，技术发展日新月异。华为接入网产品线总裁杨志荣表示："不断的创新和持续的投入，是保持产品竞争力的唯一法宝。"正是这样一种低调和创新精神使得华为成就了一系列的"第一"。

6. 现金流是企业过冬的棉袄

伊索寓言里有这样一则故事：森林里有一只野猪不停地对着树干磨它的獠牙，一只狐狸见了不解地问："现在没看到猎人，你为什么不躺下来休息享乐呢？"野猪回答说："等到猎人出现时再来磨牙就来不及啦！"一样的未雨绸缪出现在任正非的《华为的冬天》一文中："华为总会有冬天，准备好棉衣，比不准备好。"

现金流量是企业一定时期的现金流入和流出的数量。经济越快速发展，现金流量在企业生存发展和经营管理中的影响就越大，因为金钱是有时间成本的。特别是在面对危机的时候，充足的现金流不仅可以避免破产的危险，还可以进行风险投资，从而实现转危为机。每当冬天即将来临的时候，任正非总是能够比它的同行们更早地找到过冬的"棉衣"，为企业的持续稳定发展打下基础。

任正非认为，在最关键的历史时刻，我们一定要重视现金流对公司的支持。在销售方法和销售模式上，要改变以前的粗放经营模式。宁肯卖得低一些，一定要拿到现金。这个冬天过去，没有足够现金流支撑的公司，在春天就不存在了。这个时候我们的竞争环境就会有大幅度的改善。

危机，这是驱使一个企业不断缩小与竞争对手之间差距的动力。在创业初期，任正非对现金流就十分重视。其在经营华为的整个过程中始终给管理者们灌输一个理念，那就是：要保持充裕的现金流。他多次对华为的高层管理者们说："家有粮，心不慌。"

任正非说："西方公司由于巨大的财务泡沫对它们已经产生了巨大的影

响，它们自己已经乱了阵脚。乱了阵脚华为应该做什么呢？乘胜追击，争取更多的市场、更多的机会就能活到春天。活到春天，我们存的粮食吃光了，但是我们有种子，也只有我们有种子、有土地。"

2001年2月，华为与爱默生电气签下秘密协议，将非核心业务华为电气(Avansys)卖给全球电气大王爱默生(Emerson)，并改名为安圣电气，华为由此获得了7.5亿美元(65亿元人民币)的现金。这是华为第一次通过出售公司资产获得资金，以防备公司可能遇到的危机。

任正非关于现金流的提醒绝非是耸人听闻。其实，在华为开拓海外市场的时候，首先遇到的就是海外回款期长、风险大等问题，对于华为这种要将业务开拓到全球多个国家和城市，市场拓展无比迅猛的企业来说，现金流的压力特别大。所以，2004年前，任正非就非常有预见地设置了专门负责回款的市场财经部门。当时，很多华为人不愿意去这个部门，觉得它是一个非核心部门，去那里就等于被发配到了边远地区。但几年后，市场财经部的重要性显示出来，于是市场财经部的干部被提升得很快。

对于现金流的重视，使得华为躲过了IT泡沫之后破产的命运。在市场低迷的2000年前后，任正非预见全球IT泡沫即将破裂，大规模的电信设备制造商及运营公司即将破产。在此背景下，支撑华为走下去的最大资本就是充裕的现金流。

任正非要求财务部门必须时刻监测公司的现金流状况，而且还指示销售人员，为保持充裕的现金流，华为在特定时期甚至要赔钱做销售。比如说原来价值100元的设备，华为90元卖掉就亏10元，这种生意本该坚决不做，但任正非认为，在特定时期也要做。如果不做，公司就亏损了23元，因为所有的费用，包括开会用的桌子、椅子的费用都分摊进去了，还要多拿23元贴进去，甚至可能还不止这个数。其实，亏了10元钱卖掉就是消耗库存的钱，但可以回收现金，帮助华为有充足的资本去打消耗战。

人无远虑，必有近忧。任何组织或个人要想健康长久地生存和发展，都要居安思危，未雨绸缪。一直维持较充裕的现金流，是华为在海外市场突飞猛进的最基本保障，是华为持续发展的物质基础。当年，华为在开拓海外市场的时候，首先遇到的就是海外回款期长、风险大的问题。对于只进入局部海外市场的小企业来说，这种风险容易防范，所需要的资金也少。但对于华为这种业务遍布全球、市场拓展又十分迅猛的企业来说，企业现金流的压力更大，财务风险也非常突出。为此，华为特别注重保持充裕的现金流。华为采取如下方式获取资金支持：与银行合作，直接从金融机构贷款；与国内外银行合作，采用银行授信的办法支持海外客户；出售非核心业务获得自筹资金；与国家外交等政策相结合，取得政府的相关支持。

世纪之交，全球经历了一场IT业由盛而衰的过程。华为虽然曾经有过辉煌，但是在网络泡沫显现的时候，出现了市场变化及销售额下降等不利的形势。如何让企业存活和发展，是华为CEO任正非面临的巨大挑战。

在金融危机的环境中，企业要想"过冬"，就要做到丰衣足食。"食物"就是订单，"衣服"就是现金流。没有订单就等于没有"食物"，不饿死也会饿晕；有了产品却不能迅速变现，成为库存，没有了现金流，等于没有"衣服"，还是要冻死。

在日趋激烈的市场竞争中，一个企业能否持续发展、能否在危机来临之际站得住脚，在很大程度上取决于这家企业的现金流。华为是面向全球市场进行扩张的，如果没有巨大的现金流做后盾以提供技术上的持续投入，那么，"以领先的技术领先市场"就只能成为空谈，华为也极有可能会因此失去市场。因此，在华为的整个发展过程中，保障现金流的稳定和充裕都是企业管理中的重中之重。华为的冬天很热烈，华为的春天很诱人。华为在这场IT严冬中锻炼了队伍、扩大了市场，充足的现金流使华为在国际市场上大显身手，从以往强势而彼时陷入经济危机中的竞争对手那里争取到了更多的地盘，并为迎接新春更加激烈的竞争做好了战斗的准备。

现金流是考量企业经营活动的一个重要指标，包括经营活动现金流量、投资活动现金流量和筹资活动现金流量。现金流被视为企业的血液，其指标表面上看反映的是企业的偿债能力和支付能力，更为本质的是体现了企业的应变能力和发展潜力。在当前美欧债务麻烦一波未了一波又起、全球经济复苏的不确定和不稳定因素加大之时，充裕的现金流是企业"过冬的棉袄"，也为企业继续投资和扩大经营奠定了基础。

第八章

战略耐性——不忘初心，
华为从追赶者到领跑者

高科技领域最大的问题，是要沉得下心。任正非说："科技创新不能急功近利，需要长达二三十年的积累。"中国企业要走出国门，融入世界，做大做强，就必须摈弃赚"快钱"的心态，舍得在技术升级和管理创新上花钱，转型和升级才能实现。

1. 在国际舞台建立广泛的"同盟军"

中国政府很早就提出中国企业"走出去"，要大胆地开拓国际市场。国际化不仅需要企业有雄厚的实力，更需要企业有着与狼共舞的勇气与智慧。近几年来，当世界知名跨国公司大举进军中国，并大力实施本土化经营战略之时，以海尔、长虹、华为等为代表的国内知名企业不甘示弱、"与狼共舞"，逐渐形成了走向世界、争创全球品牌的战略意识，纷纷在观念、生产、营销、研发和资本等国际化方面迈出了实质性步伐。

华为是以与香港交换机生产商联盟起步的，从那一天开始任正非就走出了自己的合纵连横之路。不管是在国内市场，还是在国际市场，少树敌、多交朋友是华为一直秉承的原则。众所周知，华为是一家崇尚技术的公司，尽管华为在通信技术上的贡献已经成为行业内的中流砥柱，但作为华为最高领导者，任正非却并不是一个唯我独尊的霸权主义者。多一个朋友多一条路，多一个敌人多一堵墙，中国企业要想走出去，要想在国际市场上有一番大作为，仅仅依靠个人力量是远远不够的，必须学会分享。

华为要在国际市场有所发展就必须建立广泛的"同盟军"，对此，任正非曾多次指出，"在国际化的舞台上，单打独斗是不行的，思科也许成不了朋友，但是一定不能与它成为敌人。"不管是在技术竞争上，还是在市场营销策略上，单独的进攻战术是行不通的，因为很可能会引起对手合而攻之，进而为自身树立强敌；单独的防御战术也是行不通的，在如今这个信息越来越透明的年代，要想做到绝对的技术保密根本就是不可能的。为此，任正非提出了开放化竞争的策略。

1994年，华为推出C&C08机，那是华为在通信设备核心技术方面的第一次突破，而这个时候国际市场上的通信行业早已为爱立信、思科所占据，如果此时它们联合剿杀华为，那么华为就危在旦夕了。此时华为没有盲目扩张，而是秉承了自己一贯的低调，与国内的相关产业建立了稳固的同盟，步步为营，稳扎稳打。等到思科注意到华为的时候，华为已经羽翼丰满，思科除了与华为做朋友别无选择。

任正非始终认为做企业和做人一样，只有学会给盟友分蛋糕，学会用开阔的心胸看世界，才能赢得市场的广泛认可，才能在自身的行业中树立威信与口碑。对此，任正非指出：

"这里，我还是强化建立广泛的同盟军的概念。我们规定，办事处主任、直销系统的人不得干预分销系统的经营。尽管有规定并不等于不可以合作。我认为为什么不要干预他们呢？系统是他们在管理，但是我们的代理商，只要明确是哪个领域的代理商、分销商，有困难的时候，我们是可以帮助他们的。电力系统问我们华为公司的产品怎么样，我们推广一下，华为公司的产品不错。为什么？他签了合同，就送了我们一件'小夹袄'，我也能过几天。分销系统也是一样的，不要干预人家，至少可以帮助人家，不要说'这事我不管'，这个态度可不好，这是对同盟军的打击。我们公司胜利后，大家知道，这是一条供应链，将来的竞争是供应链的竞争。

"春天来了，我们一排排开出去，就像是有几百万拖拉机，前面的拖拉机是500万马力，我们能收回多少东西！我们春天把种子抢播下去了，人家都晚了，季节不对头了，收成就没有了。这次，我们又把俄罗斯高层市场占住了，而且这条线可是俄罗斯大环的重要一环。俄罗斯的大环可不是网通的环能所比的，要大好多倍，俄罗斯国土实在太大了！这就是大公司与小公司的不同，大公司在于输得起、赢得起，一定要有这种气派。我们在与同盟军及与他们的合作中，也是要有这个气派，这样我们才能度过最严重的困难时期。"

2008年华为全球销售收入达到183.3亿美元，同比增长42.7%，也超过之前170亿美元销售收入的预期。净利润达到11.5亿美元，同比增长20%。40%的增长基本符合了华为的成长节奏，但是如果相对比行业内其他巨头的年度业绩，就可知华为之春风得意：2008年，爱立信净收入减少40%，诺基亚、西门子亏损3亿欧元，阿尔卡特-朗讯(阿朗)、摩托罗拉、北电更是一塌糊涂。在排名前几位的巨头之中，只有华为一枝独秀。

市场的蛋糕就这么大，华为多吃一块，就意味着竞争对手少吃一块。尽管过于霸道侵略扩张的经营战略可以在短期内为华为带来丰厚的利润，但利润与风险是并存的，如果仅仅因为眼前的利益，就为自己大量树敌，显然不是一个明智的举措。在进入国际市场的过程中，必须要为竞争对手留出必要的利润空间，否则很容易会成为"全民公敌"，即便实力雄厚，也架不住同行们的围追堵截，所以与其你死我活地强硬竞争，不如握手言和共同开发市场。

按照华为决策层的思路，此次经济危机是华为实现跨越发展的机会：在经济危机的影响下，运营商要更加慎重地选择设备供应商，不仅仅要能够降低成本，同时还要是为其未来战略性发展提供帮助的合作伙伴。"这次经济危机是华为改变格局，提升市场份额的机遇。"华为公司常务副总裁徐直军表示。

竞争对手的恶劣处境给了华为更从容的机会去修炼内功。基于开放化的技术竞争策略，华为和不少国际通信巨头都建立了不同程度的合作关系。为了把产品开发按流程以及面向客户的供应链流程理顺，任正非果断与IBM合作。早在2009年华为便开启了与埃森哲的合作计划，并成功完善了客户关系管理(CRM)流程。"这方面华为之前做的不够好。"徐直军坦言，"我们现在在面向全球运营。我们在100多个国家有300多个客户。我们通过与埃森哲的合作，将打通从机会到合同，从合同到现金这样一个流程。这一流程打通之后，企业运作效率将得到很大提升。这应该是华为2009年管理重点之一。"

在国际化的合作过程中，不舍得拿出地盘来的人不是战略家，不舍得共享技术的企业不是有前途的企业。在技术研发方面，华为与微软、爱立信以及诺基亚等国际知名企业都建立了不同程度的合作关系，这种强强联合的合作兼竞争关系大大减少了华为进入国际通信主流市场的阻力，从长远发展角度来看，对华为有百利而无一害。通信行业的竞争不是一朝一夕之事，也不是一城一地的得与失，作为运筹帷幄的总指挥，千万不能太过计较一座城池的得失，更不能太看重眼前一时的利益，唯有用全局的眼光去谋划、去经营，才可能最终赢得整个世界。

即使华为有75%的营收来自海外市场，但经济危机对华为似乎很难造成影响。华为采取区域运作模式，每个区域都根据其市场发展情况配置资源，通过前几年海外市场的发展和摸索，整体销售网络和服务网络的建设已经基本成型，能够进行自我弹性调节，不会像其他公司需要资源大规模转移。

目前，随着全球经济一体化愈演愈烈，越来越多的中国本土品牌会更加注重国际化经营战略，以参与世界竞争，与世界跨国公司一道分争国际市场，这是必然的趋势。纵观华为的国际化版图，从俄罗斯到西欧各国，从印度到非洲各发展中国家，从拉美到全球经济中心美国，唯有在开放化的过程中以技术为桥梁，广结善缘，化敌为友，才能为企业争得最大化利益，这是目前最为可行的发展办法。尽管开拓国际市场的道路十分艰辛，但华为秉承着"中华大有作为"的目标成功走进了全球各地的通信市场。唯有各大企业携手合作，在共享现有技术的基础上，把人力、物力、财力集中到一处，才能实现通信技术的大发展，反过来通信技术的大发展也必将会为华为开拓出更为广阔的市场。

不管是在通信行业还是在其他行业，技术竞争早已不是市场竞争成败的关键因素，尤其是在国际市场上，强强联合、收购等资本游戏正在扮演着越来越重要的角色。既然技术竞争是防不住的，那就索性开放化，一来可以凭此和竞争对手握手言和，建立战略化的合作关系，二来有利于通信技术的发展，有利于塑造企业服务社会、奉献社会的良好形象，同时也彰显了企业对自身社会责任的重视和实践。

2. 华为要淡化英雄色彩

一个不争的事实是，在华为员工的心目中，总裁任正非就是华为的灵魂和英雄。"没有任正非，华为的前瞻战略肯定会大打折扣。"因此，早年的华为是一个"英雄"创造历史的公司。

事实上，任正非也从来不否认与华为一起打拼了这么多年，自己投入了太多心血。而那些见证华为点滴成长的老员工们，也是华为的英雄。然而，随着公司规模发展壮大，面对的市场环境越来越严酷，华为如果还把自己当做英雄，就显得太不合时宜了。

在日常管理中，任正非经常讲："一个没有英雄的公司是一个最好的公司。过去是靠英雄打下这份基业，现在是靠流程、靠平台，不再是靠一个能人。"因此，淡化英雄色彩，特别是淡化领导人、创业者的色彩，是实现职业化的必然之路，是华为实现自我突破的必然选择。

研究表明，企业只有实行职业化、流程化运营，才能提高组织运作效率，降低管理内耗。当华为发展壮大以后，自然面临着第二次创业，其重要特点就是推行职业化管理，让"英雄"难以在高层生成。随后，华为公司大力实施IT管理，进行端对端的流程化管理，每个职业管理者都在一段流程上完成规范化运作。就像一列火车从广州开到北京，期间有许多人接力，全力配合；我们不能说最后一个驾车到北京的司机就是英雄，而忽视前期其他人的付出和努力。如果有一个人去接受鲜花，那么他也只是组织的代表，真正的英雄是全体工作人员。

对此，任正非反复强调："只有员工真正认为自己是企业的主人，分权才算有了基础。如果做不到这一点，权力分下去就会乱。让有个人成就欲望者成为英雄，让有社会责任义者成为领袖。基层不能没有英雄，没有英雄就没有动力，但是管理层要淡化英雄色彩，实现职业化的流程管理。"

在任正非看来，管理层绝对不能以英雄自居，那会阻碍公司成长和发展。对基层员工来说，每个人应该有成为英雄的信念和向英雄学习的精神，但并不能让个人英雄主义在华为扎根。因此，没有哪个员工可以凭借过去的贡献自傲，甚至阻碍华为的进一步发展。

市场经济条件下，技术进步日新月异，商业变革层出不穷，企业需要进行组织创新。组织创新的最大特点在于不是一个个人英雄行为，而要经过组织试验、评议、审查之后的规范化创新。显然，任何一个希望自己在流程中贡献最大、青史留名的人，最后注定会成为流程的阻力，甚至贻笑大方。

对华为来说，如果想在国际市场中稳稳地占据一席之地，就必须不断淡化英雄主义色彩，一切让制度和管理说话。日本企业家松下幸之助说过："当你领导十个人的时候，你走在最前面，领着大家干；当你领导一百人的时候，你站在最中间，协调各种关系；当你领导一千人时，你站在最后面，把握前进的方向；当你领导一万人时，你就必须求天人合一之道。"

任正非在经营管理中深刻体会到，伴随着企业由小到大，团队规模急剧扩张，这对管理能力是一种考验。开始创业的时候，带领着身边十几个人一起打拼，领导者确实需要扮演英雄的角色，号召大家追随左右，取得一致行动。但是，当企业面临着规模扩张，以及转型升级的考验，领导者必须在管理思维上完成突破，具备大局意识、前瞻性，放弃个人英雄主义。成熟的管理者懂得管理的基本方法，让员工高效地开展工作。

管理至少是涉及到三个不同层面的复杂系统，它们分别是管理对象存在的功用与价值的层面，管理要素之间的关系与过程的层面，以及管理系统整体的辩证规律的层面。尤其是当企业规模扩大以后，管理集中表现为一个控制过程。如果领导者仍然强调个人英雄主义，甚至整个管理层都停留在理想化阶段，那么对整个组织的发展无异于一场灾难。

从本质上说，管理既有"管"，也有"理"，它们组合在一起才能叫"管理"。通过市场经济选择资源配置，科学、合理地优化各种经济要素，这明显是一项技术工作。作为管理者，更应该扮演好一名技术人员的角色，在日常管理中力求科学、合理、高效。

华为逻辑

"以前我们还有家传秘方，比如爷爷打菜刀水平一流，方圆五十里都知道。然后，孙子继承了爷爷的手艺，方圆五十里我还是优秀的铁匠，自然能娶到一朵金花。但是，现在还坚持这个套路就行不通了。经济全球化了，人家用碳纤维做刀，削铁如泥，比钢刀还好。你在方圆几公里、几十公里曾经流传几十年的祖传技艺，被经济全球化在几秒钟内打得粉碎。"诚如任正非所说，爷爷有祖传秘方，是那个年代的打铁英雄，但是现在的人不能再一味地崇拜过去的英雄，要不断开拓视野，用更先进、更完备的知识和技能装备自己，才能生存下去。对企业经营者来说，明白这一点尤其重要。

管理走向职业化是一个趋势，一切都要在科学的道路上行进。在美国、欧洲等经济发达的国家和地区，管理职业化已经成为一种常态。多年来，华为在管理制度、流程运营等方面投入了大量时间和金钱，才取得了应有的地位和尊严。

3. 不创新才是企业最大的风险

英特尔公司前总裁安迪·格鲁夫认为，创新是当今企业的唯一出路。这是一个要求创新的时代，一个不能创新的企业势必要走向衰落和灭亡。而对于创新的有效管理，将成为企业管理层、特别是高层主管不得不面对的一种挑战，也将成为其能力的试金石。

创新不仅是技术创新，也包括策略、观念、组织、市场、经营模式的创新。例如，戴尔公司依靠经营模式创新击败了技术先进的IBM和惠普。要想打造企业战斗力，管理者必须全面提高企业创新力。

任正非曾说："回顾华为的发展历程，我们体会到，没有创新，要在高科技行业中生存下去是几乎不可能的。在这个领域，没有喘气的机会，哪怕只落后一点点，就意味着逐渐死亡。"他认为，创新是华为发展的不竭动力，华为自始至终都是以实现客户的价值观为经营管理的理念，围绕这个核心，以提升企业核心竞争力为目标，来进行不断的技术创新和管理创新。华为人逐渐体会到，不冒风险才是企业最大的风险。只有不断进行创新，才能持续提高企业的核心竞争力；只有提高企业核心竞争力，才能在技术日新月异、竞争日趋激烈的社会中生存下去。

华为从开始创办到现在，始终致力于通信核心网络技术的研究与开发，几十年如一日，从没有动摇过。正因为这样的坚持和专注，才使得华为今天的实力大大增强。尽管如此，华为依旧没有改变方向，集中力量只投身于核心网络研发，不断在技术上进行创新，最终形成了自己的核心技术。由此，华为一步一步前进，逐步达到了世界先进水平。

华为的技术创新，更多地表现在技术引进、吸收与再创新层面上，主要是在国际企业的技术成果上进行一些功能、特性上的改进和集成能力的提升。对于所缺少的核心技术，华为通过购买和支付专利许可费的方式，实现产品的国际市场准入，再根据企业和市场需求进行创新和融合，从而实现自身快速发展。

华为公司所在的通信行业变化非常迅速，3个月就会发生一次大的技术创新。为了适应这个速度，华为的组织结构必须能够迅速调整，从而适应技术和市场的变化。因此，华为把技术创新转化为商业价值的基础，就是迅速地进行有利于该创新技术的组织架构创新。华为每次产品创新都必然伴随组织架构创新，这种组织架构创新同样是相机而动的创新，具体方向是随着业务的需要而确定的。

要想创新必然要承担风险，但是绝不能因为风险的存在，就拒绝创新。回想起来，若不冒险，跟在别人后面，长期处于二、三流，华为将无法与跨国公司竞争，也无法获得活下去的资本。若循规蹈矩，也不会取得这么快的发展速度。

任正非认为，华为的竞争对手多方位、多层次的竞争，使得华为不能有一丝一毫的懈怠，稍有不慎就会落后。当员工都在努力往前赶的过程中，公司不能出现太懒散、不进取的人。一个充满危机感和敏感性，又没有懒散之人拖累的公司一定是屹立不倒的。

要想拥有这样的境界，不仅要在技术上不断创新，在管理上更要不断创新。任正非曾经说过，对于高科技企业来说，管理的创新比技术创新更为重要。华为在发展中还存在很多尚未解决的问题，而我们与西方公司相比最大的差距就在于管理。

华为公司曾提出与国际接轨的管理目标，同时请来西方顾问在研发、生产、财务、人力资源等方面做长期合作。最终，企业的职业化、制度化发展取得进步，企业的核心竞争力得到提升，企业内部管理开始走向规范化运作。

在华为二十多年的发展中，营运商始终是华为的良师益友。它们在我国通信网络的大发展中，在与西方公司的谈判、招标、评标中，练就了一种国际惯例的职业化水平。它们用这种职业水准来衡量每一家竞标者，使得华为的标书规格差一点就不可能入围，更无法中标；特别是华为的解决方案，必须在先进性、合理性、优良的服务上与西方公司进行综合比较才可能入围。

对手的苛求，让华为在技术、理念等各方面获得长足发展，压力转化为成长的动力。事实上，同行业精英们对网络的理解，远远超过华为年轻的研发人员。一次又一次谈判和技术澄清，使得华为这群土生土长的青年人迅速成为世界领先产品的开发者。

不难想象，倘若没有它们的严厉和苛求，华为就不会感到生存危机，就不会迫使华为一天也不停地去创新，就不会有今天的领先。当然也因为华为的存在，迫使西方公司改善服务、大幅降价，十年来至少为国家节约了数百亿元采购成本。

华为
逻辑

比尔·盖茨曾经说过："我们不能满足于现在的产品，我们要不断自我更新。"在今天风云变化的商海中，企业一时的成功不代表能够一劳永逸。几年甚至几十年过去后，一些企业从人们的视线中消失了，一些新的企业又出现了，这就是竞争中残酷的优胜劣汰法则。

企业要在竞争中成为胜利者，唯一的办法就是不断改革、不断创新，而许多公司之所以崩溃破产，就是因为缺乏创新意识。显然，任何企业要想经久不衰，就要不断创新，不断跟随时代的步伐。

当然，创新绝不仅仅意味着新事物的出现，更意味着依然"健康"的旧事物的"猝死"。这就意味着，企业发展要考虑的中心环节，已经不是"苦练内功"，而是外部市场的创造性破坏。如果企业自身的"变形"速度追不上外部市场的创造性破坏速度，那么无论其经营状况如何，企业都已经处在濒临破产的地步。如果企业不肯推出更新的商品取代原有的商品，别的企业就会取代你。

4．有坐十年冷板凳的耐心

一个人精通一件事，哪怕是一项平凡的技艺，只要做得比所有人好，也会成为独一无二的员工。在华为公司，不论从事什么工作，只要能安心于本职工作，兢兢业业，在平凡的岗位上也能做出不平凡的业绩；只要坚持不断学习、不断实践、自我批判，就能不断改进、不断进步。世上没有毫无理由的成功，不愿意从基础做起，不愿意干平凡工作的人，永远不可能走向成功。

"有坐十年冷板凳的耐心"的意思是要专心致志做学问，不慕荣誉，不去追求名利，甘于寂寞，只要坚持自己的学术方向，不怕别人不重视。《华为人》报纸上的文章《板凳要坐十年冷》是极好的阐述：在冷板凳上坐的都是一代英豪。科学是老老实实的学问，要有思想上艰苦奋斗的工作作风，要有坚定不移的精益工作目标，要有跟随社会进步与市场需求的灵活机动的战略战术。做实不是没有目标、没有跟踪、没有创新，但没有做实就什么也没有。君不见周劲、余浩泽、吴昆红、谷丰、张来发、张群……的点滴奋斗与持之以恒的努力，踏踏实实地在本职岗位上不断地进取，太阳已经在地平线上升起。

任正非说："科技不是一个急功近利的问题，一个理论的突破，构成社会价值贡献需要二三十年。我们今天把心平静下来，踏踏实实做点事，也可能四五十年以后就有希望了。要耐得住寂寞，板凳要坐十年冷，特别是基础研究。"华为也确实这么做了，持续的高强度研发被认为是华为成功的重要原因。

在工作中，不要贪多，不要图全，而是要真正沉下心去钻研，精益求精，把工作做成专长，做到数一数二，做到无可替代。只有建立起自己的核心优势，才能"一招鲜，吃遍天"。华为曾有一名员工，被安排从事与电磁元件相关的工作。他想不通，认为自己是电子专业博士，理所应当做项目，而且应干大项目，结果却让他研究电磁元件这小玩意，只能用到他所学专业知识中很小的一部分。

任正非告诉全体员工：华为处在一个超常的发展时期，当前最严重的问题不是竞争对手，也不是人才、资金等问题，最大的敌人就是华为人自己。战胜自己，是华为取得胜利的关键。华为人一定要越过自己的心理障碍，在管理与服务上狠下功夫，从一点一滴的小事做起，在市场洪流冲击我们的时候，不做叶公好龙的人。

"板凳要坐十年冷"，以这种心态潜心于一个点上，做精做深，这样的一个专才，比十个通才的价值都要大。

一直以来，任正非都要求华为人以"平常心"专注于本职工作，他曾说过："精力应该放在搞好工作上。"华为确实有这样一群人，他们经得起诱惑，守得住寂寞，默默坚守在自己的工作岗位上，甘做一颗"永不生锈的螺丝钉"。

任正非曾说过："精力应该放在搞好工作上。空抱着那些所谓的远大理想是错误的，做好本职工作最重要，这也是华为文化之一。"

在任正非《致新员工书》中提到：

"做工作是一种热爱，是一种献身的驱动，是一种机遇和挑战，多么难得，应该珍惜它。认真地做好每一件事，不管是大事，还是小事；目光远大，胸怀开阔，富有责任心，不计较个人的得失。只有全身心地投入、潜心钻研，才会有爱因斯坦、居里夫人、瓦特与贝尔，才会有没有受过系统教育而成为发明大王的爱迪生。人只要热爱它，终会认识它，在严格的、大量的实践中，看出破绽，产生新的突破。没有实践的创造发明越来越难，长期不懈地做实，最终将创造奇迹，这是历史的启示，也是量变到质变的规律。我们必须有所作为，一切有志于献身事业的人，都应义无反顾地勇往直前，不管两旁的是鲜花还是荆棘。

"公司永远不会提拔一个没有基层经验的人做高级领导工作。遵循循序渐进的原则，每一个环节对你的人生都有巨大的意义。你要十分认真地去对待现在手中的任何一件工作，积累你的记录；要尊重你的现行领导，尽管你也有能力，甚至更强，否则将来你的部下也不会尊重你；要有系统、有分析地提出你的建议，你是一个有文化者，草率的提议，对你是不负责任，也浪费了别人的时间。特别是新来的，不要下车伊始，哇啦哇啦，要深入地分析，找出一个环节的问题，找到解决的办法，踏踏实实地一点一点地去做，不要哗众取宠。"

做大事，必先从小事做起，先坐冷板凳，否则，在华为成长与发展的道路上就要做夹生饭。高科技领域最大的问题，是大家要沉得下心，没有理论基础的创新是不可能做成大产业的。"板凳要坐十年冷"，理论基础的板凳可能要坐更长时间。华为搞科研，人比设备重要。用简易的设备能做出复杂的科研成果来，而简易的人即使使用先进的设备也做不出什么来。

华为逻辑

　　"板凳要坐十年冷"，不仅仅是一句口号，而是华为二十几年坚持不懈的研发、人才、管理优化持续投入，甚至是在相当一段时间看不到收获的投入。火车跑得快全靠车头带，华为的车头首先是任正非，其次是需要把战略落地的一批批的优秀人才。第一代华为人板凳坐了十年冷，使华为公司通过一次创业发展到目前的初具规模。现在，华为公司要进行二次创业，已经准备好并且正在接过第一代华为人的冷板凳，再坐十年，为实现华为的战略目标做贡献。

5. 华为从来不追求利润最大化

作为以营利为目的的商业机构，华为公司无疑算得上一家成功的企业，商业成功为其带来了耀眼的光环，同时它又是一家非常低调而神秘的企业，并不像这个年代的大多数企业那样喜欢站在聚光灯下，享受明星般的待遇，这种不对称一定程度上造成了外界对华为的诸多想象乃至曲解。

华为公司追求什么？现在社会上最流行的一句话是追求企业的最大利润率，而华为公司不需要利润最大化，只将利润保持在一个较合理的尺度。这一点在《华为基本法》对利润目标的表述中可以得到验证，"我们将按照我们的事业可持续成长的要求，设立每个时期的合理利润率和利润目标，而不是单纯追求利润的最大化。"华为不追求利润最大化，只要保持合理利润即可，多出来的资金一部分用于研发，一部分则用于市场造势。

任正非说："通过使客户的利益实现，进行客户、企业、供应商在利益链条上的合理分解，各得其所，形成利益共同体。"我们毫不怀疑，这样的方式在当时的社会环境和市场条件下，对促进华为产品销售所发挥的巨大作用。这么多年来，不单纯追求利益最大化，而考虑的是把市场做大，让合作方得到合理的回报，以利益共同体来促进命运共同体的形成，从而实现事业上的结盟，是华为成功的秘诀。

任正非不断向华为员工灌输这样的观念："对技术的崇拜不能走到宗教的程度。不能走产品技术发展的道路，而要走客户需求发展的道路。""为客户利益最大化奋斗，质量好、服务好、价格最低，那么客户利益就最大化了，他有再多的钱就会再买公司的设备，我们也就活下来了。"

而为了更有效地帮助客户创造更大的价值，任正非又提出了"深淘滩，低作堰"的全业务运营理念。他在一次表彰大会上讲道："'深淘滩，低作堰'是李冰父子两千多年前留给我们的深刻管理理念。同时代的巴比伦空中花园、罗马水渠……已荡然无存，而都江堰仍然在灌溉造福成都平原。为什么？李冰留下'深淘滩，低作堰'的治堰准则是都江堰长盛不衰的主要诀窍，其中蕴含的智慧和道理，远远超出了治水本身。华为公司若想长存，这些准则也是适用于我们的。深淘滩，就是不断地挖掘内部潜力，降低运作成本，为客户提供更有价值的服务。客户绝不肯为你的光鲜以及高额的福利多付出一分钱的。我们的任何渴望，除了用努力工作获得外，别指望天上掉馅儿饼。公司短期的不理智的福利政策就是饮鸩止渴。低作堰，就是节制自己的贪欲，自己留存的利润低一些，多一些让利给客户，以及善待上游供应商。将来的竞争就是一条产业链与一条产业链的竞争。从上游到下游的产业链的整体强健，就是华为生存之本。物竞天择，适者生存。"

华为成功的根本就是"坚持利益均沾，不求利润最大化"。对此，任正非指出："'开放、合作、实现共赢'，就是团结越来越多的人一起做事，实现共赢，而不是共输。我们主观上是为了客户，一切出发点都是为了客户，其实最后得益的还是我们自己。有人说，我们对客户那么好，客户把属于我们的钱拿走了。我们一定要理解'深淘滩，低作堰'中还有个低作堰。我们不要太多钱，只留着必要的利润，只要利润能保证我们生存下去。把多的钱让出去，让给客户，让给合作伙伴，让给竞争对手，这样我们才会越来越强大。这就是'深淘滩，低作堰'，大家一定要理解这句话。这样大家的生活都有保障，就永远不会死亡。"

其实，一流的企业必须做势，如果不做势，永远只能是二流、三流的公司。华为要想成为全球的知名通信品牌，就必须提升自己的形象。从1995年开始，华为在全国的办事处和研发中心都租用了最好的写字楼，所有的中层、基层领导均配备了独立的办公室，海外办事处的办公地点也全部进行了一定程度的改善。尽管当时的华为规模只能算中型，但任正非的这一决策所耗费的资金并不是一个小数目，如果任正非从一开始所追求的就是利润最大化，那么他就不会从利润中拿出这么大一笔资金用以改善企业的办公环境，用以提升华为在国际上的企业形象。

华为对高利润的警惕和抗拒也是基于对客户价值的尊重。任正非直言："华为公司不需要利润最大化，只将利润保持在一个较合理的尺度。""设立每个时期合理的利润率和利润目标，而不是单纯地追求利润最大化。"因为盲目追求利润最大化实际上是榨干未来，伤害战略地位。

利润是每个企业都不能忽视的目标，但企业不能一味强调利润，领导者管理企业应当平衡各种需要和目标，利润只是其中一个比较重要的目标，企业为了战略需要、长远发展，都不会把利润作为唯一目标。华为一直执行的是成长第一策略，而非利润最大化策略。为了尽可能抓住机会，华为公司宁可在一定时期内放弃眼前的利润。这导致华为损失了一些可以看得见的利润收入，但因为获得了发展的良机而迅速发展起来了。

不以利润为唯一目标，就避免了企业为了追求利润而失去绝佳的商业机会。过度强调利润，就会使管理者重视短期利益，为了今天的利润，不惜牺牲明天的生存。一个不择手段的企业很难建立信誉，一个只重视眼前利益的管理者也很难取得大的成就，所以管理学家彼得·德鲁克把一味强调赢利看成是管理中最愚蠢、最糟糕的办法。

做企业是一个长期的过程，是一个漫长的投入与产出的过程，我们不能为了眼前的利益而放弃长远发展的目标，否则这与杀鸡取卵又有何异？从这一角度来讲，我们必须承认任正非是一名颇有远见的企业领导者。任正非提出，华为公司不需要利润最大化，只要将利润保持在一个较合理的尺度上即可，华为追求的是"成为世界级领先企业"。如果说，追求利润最大化的企业过于看重眼前利益，那么，追求"成为世界级领先企业"看重的则是长远发展。

一切商业行为都是围绕利益展开的，商人无利而不往，这是买卖的起点，也是建立客户关系的根本前提。但是，作为一个商人，如果只关注自己的利益，那么他将很难找到可以长期合作的伙伴。要知道，一个没有稳定客户资源的企业，随时都有可能面临倒闭的危机。所以说,努力为客户创造价值其实是一件双赢的事。就单纯地拿利益来说,你让客户挣到钱了,他自然就愿意依附于你。这样一来,企业的利润还需要发愁吗?

　　一家企业要想从三流进步到二流,从二流跻身全球行业一流,就必须做出一些牺牲。从规模发展的角度来看,企业发展就像滚雪球,只有把获得的利润重新投入企业才能越滚越大,如果处处以利润最大化为目标,把所有利润都用于充实个人腰包,那么企业只能维持在原有的发展水平,根本不可能实现快速扩张。

6. 企业必须保持合适的成长速度

华为创立后，销售收入每年都以80%以上的速度增长。但在1997年，华为的发展速度降下来了。在销售收入的基数迅速增大的前提下，每年都以100%的速度增长显然是很难的。因为尽管每年净增的绝对值很大，但相对值在减少，因此，增长速度有所下降是正常的，以后还会不断降下来。在任正非看来，逐步降到国际高科技企业35%的平均增长水平是合理的。

公司的扩张必须充分考虑公司的供应链系统，包括售后服务、制造体系等。供应链系统是一个整体，任何一个环节出错，都会给企业带来灾难。所以，在各方面的体系还不够完善的条件下盲目扩张无异于自杀。有计划、不盲目的扩张能够成就企业霸主，无节制、一味追求速度的扩张则很可能是浩劫的开始。过快的发展速度，会给企业带来很多的不确定性因素，企业就会处在不稳定的局面。

在任正非看来，IT企业必须保持一个合理的高增长速度和较大的规模，他这样总结华为保持合理的成长速度的必要性：

"没有合理的成长速度就没有足够的利润来支撑企业的发展。我们的企业生存在信息社会里，由于信息网络的加速扩大，使得所有新产品和新技术的生命周期越来越短。不能紧紧抓住机会窗短短开启的时间获得规模效益，那么企业的发展就会越来越困难。没有全球范围的巨大服务网络，没有推动和支撑这种网络的规模化的管理体系，就不能获得足够利润来支撑它的存在和快速发展。

"没有合理的成长速度，就没有足够的能力给员工提供更多的发展机会，从而吸引更多企业所需的优秀人才。人才的发展是马太效应，当我们企业有很好的经济效益时，就能有更多的支撑人才加入。有了更多的优秀人才进入华为，由于我们有较高的管理水平，就会使人才尽快地成长起来，创造更多的财富。以更多的财富支撑更多的人才来加入，使我们的企业管理更加优化。我们的企业就有了持续发展的基础。

"没有合理的成长速度，就会落后于竞争对手，最终将导致公司的死亡。那么，怎样才能使发展速度更快？只要靠管理，靠服务。没有管理就无法形成办量，没有服务就失去方向。"

华为已经成为国内通信行业首屈一指的龙头企业，不论是从技术研发方面来看，还是从市场营销角度来讲，华为都可以称得上是行业典范。华为狂飙猛进式的成长速度是世人有目共睹的，但这并不意味着华为在管理上就不存在短板和不足。

其实，当初华为的快速扩张，导致了成熟管理干部的奇缺。比如，原来的办事处人手少，办事处主任从机器组装到销售、检测、维护，什么都要干，充当的是工程师的角色。现在人员扩充很快，办事处主任必须领导大批手下人去干，充当的是领导者的角色。

其实，发展不能只求速度，还要寻求健康、稳步的发展，要在解决好发展中出现的问题，并在看得到进一步的发展方向的基础上寻求发展，否则盲目的发展就等于拔苗助长，结果只有一个，那就是无路可走。1998年，华为员工多达8000人，组织结构的集中管理造成了华为管理难度大、效率低下等问题，更为严重的是，新的生长点长不大，部分华为人产生了一定程度的依赖性，结构性危机日益显著。任正非意识到，如果不能尽快解决这一问题，华为将在管理上因严重失灵而走向自我毁灭。因此，缩小经营单位，保持合适的成长速度，按产品建立事业部制成为当时的最佳选择。

细心的人如果稍微留意一下各大企业排行榜就会发现，在这些排行榜中，每年都约有10%左右的公司被淘汰出局，而被"新贵"所取代。而那些每年被淘汰出局的公司，相当一部分是犯了"拔苗助长"、盲目扩张的商家之大忌。也就是说，这些公司的领导人在生意做大的时候，太贪心了，失去了理智，最后败走麦城。如德隆集团。德隆是一个拥有270亿元资产，超过200家企业的大集团，它参与了十几个产业的经营，横跨一、二、三产业，从农产品加工到金融、证券、飞机厂，走上了一条风险极高的扩张之路。

发展太快就一定有漏洞，有后遗症，而这个问题并不是靠经营者的能力可以完全解决的。那些迅速崛起又迅速倒闭的企业都是因为这个致命的错误造成的。华为依然保持稳健的增长速度，这主要得益于华为长期以来规范管理、改造流程、塑造企业文化和追求全球化发展的结果。为了谋求稳步发展，华为无论是从技术方面还是管理方面都做了充分的准备，即便是全球经济危机中，华为也能凭借灵活的价格和市场策略成功寻求到机遇。

　　任何一个企业都需要长久发展的策略。企业的生存和发展同样重要，扩张和稳定需要平衡。经营者的责任就是巧妙地把握住这两种力量之间的动态平衡，促使企业在扩张的过程中保持稳定，在稳定的基础上进行新的扩张。对国内外所有百年企业的发展分析表明，这些企业之所以能够超越固有的企业寿命周期，是因为在长达百年的历史中一直处于相对稳定的成长期和成熟期，能够保证企业在上百年的时间中持续生存和发展。

第九章

经营理念——任何伟大的
成就都来自于点滴的进步

在经营过程中，很多企业不注重树立合理的经营理念，因此常常会陷入发展的误区。孤立地来看待华为的经营模式并不科学，或者说这只是狭义上的经营理念。实际上，在引导企业发展的过程中，任正非更多地考虑到了经营和管理的有机结合，形成了一个比较科学的系统，实现了客户价值、管理效率、工作效率的有机结合。

1. 均衡发展，就是抓最短的一块木板

在管理学中，有一个"木桶理论"，讲的是一个木桶能盛下多少水，不是由组成木桶壁最长的一块木板决定的，而是由最短的一块木板决定的。根据这一核心内容，"木桶理论"还有两个推论：其一，只有桶壁上的所有木板都足够高，那木桶才能盛满水。其二，只要这个木桶里有一块不够高度，木桶里的水就不可能是满的。每一个企业都会有自己的短板，所以作为管理者应该注意管理的每一个细节，及时发现自己的短板，一旦发现了短板就应该不遗余力地补足它。

华为每年将收入的10%投入到研发中，以此成就了自己产品的领先地位。同时华为研发的低成本也是使华为赢得国际竞争价格优势的重要原因。但是，这并不代表华为在研发方面就是最好的。

任正非曾这样评价华为的研发体系："我们这几年来研究了很多产品，但IBM等西方公司到我们公司来参观时就笑话我们浪费很大，因为我们研究了很多好东西就是卖不出去，这实际上就是浪费。我们不重视体系的建设，就会造成资源上的浪费。要减少木桶的短木板，就要建立均衡的价值体系，要强调公司整体核心竞争力的提升。"

任正非的说法跟管理学中的"木桶理论"不谋而合。任正非把企业比喻成木桶，就是希望华为在管理中不要寄希望于某一方面的优势，而是实现均衡发展，将生产、营销、服务等各方面都执行到位。任何一个环节太薄弱，都有可能导致企业在竞争中处于不利局面，最终让企业遭受损失。

华为发展的初期阶段，任正非曾多次出访日本，在看到了日本企业的精细化管理后，任正非意识到了华为企业管理中存在的问题——粗放、低效、发展不均衡等。于是，任正非在他提出的"2001年管理十大要点"中将均衡发展作为了华为管理任务的第一条。

任正非曾在《北国之春》一文中强调：

"华为组织结构不均衡，是低效率的运作结构。就像一个桶装水多少取决于最短的一块木板一样，不均衡的地方就是流程的瓶颈。

"在管理改进中，一定要强调改进我们木板最短的那一块。为什么要解决短木板呢？公司从上到下都重视研发、营销，但不重视理货系统、中央收发系统、出纳系统、订单系统等很多系统。这些不被重视的系统就是短木板，前面干得再好，后面发不出货，还是等于没干。因此全公司一定要建立起统一的价值评价体系、统一的考评体系，才能使人员在内部良性流动成为可能。比如有人说我搞研发创新很厉害，但创新的价值如何体现，创新必须通过转化变成商品，才能产生价值。我们重视技术、重视营销，这一点我并不反对，但每一个链条都是很重要的。"

一个企业好比一个大木桶，企业中的每一个员工都是组成这个大木桶的不可或缺的一块木板。同样的道理，企业的成功往往不只取决于某几个人的超群和突出，更取决于它的整体状况，取决于它是否存在某些突出的薄弱环节。从华为的前期来看，企业的重点是经营，对于当时的华为来讲，这无疑是明智的。当时的华为还很弱小，先存活后发展，这是必然的道理。特别是像华为这样的高科技公司，要壮大就必须将企业的效益放在第一顺位。不过，几年后，华为就依据企业状况转换了战略重点，通过引进世界一流企业的管理体系来强化内部的管理。

"木桶理论"表明，对企业而言，"最短的木板"就意味着企业的劣势，因此，劣势决定生死。华为在迅速地成长，管理的"短木板"日益凸显，这已严重影响到华为的可持续发展。为了克服这一弊端，任正非大刀阔斧地进行改革，积极借鉴先进的管理经验改造华为。

创立初期，华为的组织结构以反应迅速、运作高效而著称，但是如果它不能根据市场需求以及企业发展态势不断调整，就会成为影响企业整体发展的短板。华为重视技术、重视营销，这一点任正非并不反对，但每一个链条都是很重要的。比如，华为的客户服务一直是为外界称道的，这也是华为在国际上站稳脚跟的重要原因之一，但是任正非对此有着不一样的理解。

任正非说："研发相对用（户）服（务）来说，同等级别的一个用（户）服（务）工程师可能要比研发人员综合处理能力还强一些。所以如果我们对售后服务体系不给认同，那么这体系就永远不是由优秀的人来组成的。不是由优秀的人来组织，就是高成本的组织。因为他飞过去修机器，去一趟修不好，又飞过去修不好，又飞过去又修不好。我们把工资全都赞助给民航了。如果我们一次就能修好，甚至根本不用过去，用远程指导就能修好，我们将节省多少成本啊！"

其实，华为的均衡发展策略无疑是成功的，吴春波在其题为《华为：均衡发展模式的成功》的文章中写道："2005年，伴随着华为国际化步伐的加快，华为重新梳理了自己的使命愿景和发展战略。其战略定位于：为客户服务是华为存在的唯一理由，客户需求是华为发展的原动力；质量好、服务好、运作成本低，优先满足客户需求，提升客户竞争力和盈利能力；持续管理变革，实现高效的流程化运作，确保端到端的优质交付；与友商共同发展，既是竞争对手，也是合作伙伴，共同创造良好的生存空间，共享价值链的利益。"

企业要想获得最后的胜利，必然要实现动态上的平衡。华为二十多年的成长与发展之路，是建立在动态地实现功与利、经营与管理的均衡基础之上的，通过持续不断地改进、改良与改善，华为不断强化与提升经营管理能力，进而使企业走上了一条良性发展之路。华为的成功，也再次以中国式的案例说明，均衡的管理是企业真正的核心竞争力。

企业能力的整体水平取决于企业各项具体能力中最弱的一项，就像一只木桶，装水的容量最多只能达到所有挡板中最短的挡板的高度。任正非带领华为不断学习各种先进的管理经验，坚持推行均衡发展的管理思想，通过不断增强企业能力，加强了企业在外部的竞争力。华为已经通过实践充分证明，均衡是支撑企业发展的软实力，是一种不可战胜的力量。

"继续坚持均衡的发展思想，推进各项工作的改革和改良。均衡就是生产力的最有效形态。通过持之以恒的改进，不断地增强组织活力，提高企业的整体竞争力，以及不断地提高人均效率。"这是华为长期坚守的核心价值观。

2. 你最近进步很大，从很差进步到了比较差

　　企业管理者只有率先解决了内部用人的问题，确实选拔出了一批出类拔萃的各类人才，那么不愁没有能人开拓市场，不愁没有天才研发新产品，也不必担心没有出色的管理者能够带领整个团队走向辉煌。所以企业的经营核心归根结底只有一个字，即"人"。

　　值得一提的是，任正非对人力资源相当重视，并明确将人才摆在了企业生存的第一位。在他看来，一个可发展的人才更重于一个客户或一项技术，在关键时刻，华为宁愿牺牲一个客户或一项技术也要换一个人才的成长，因为一个有创造性的人才必然能够给企业带来更多的客户或更多的新技术。从这个角度来讲，为谋求人才发展而做出的各种牺牲和让步都是有价值的，而且这种价值往往是不可估量的。

　　任正非曾经这样评价人才：什么都可以缺，人才不能缺；什么都可以少，人才不能少；什么都可以不争，人才不能不争。他认为，华为公司最宝贵的财富是人才，其次是产品技术，再其次是客户资源。"只要拥有一批不断进步成长的人才，华为一定能够做出任何一项技术，也一定能够攻下任何一个客户。进步不需要很大，每天每个华为人能进步一点点，那么华为就会以大步的方式在国际舞台上飞奔。"

　　"你最近进步很大，从很差进步到了比较差。"这是任正非对华为员工的最基本要求。对此，任正非说："人才是企业的财富，技术是企业的财富，市场资源是企业的财富……而最大的财富是对人的能力的管理，这才是真正的财

富。"所以，华为在国内外市场上披荆斩棘、声名显赫的时候，对各种人才都产生了强烈的吸引力，成为华为的一员是众多高校毕业生梦寐以求的。华为则对各类人才敞开了大门。1998年，华为一次性从全国招聘了800多名毕业生，这是华为第一次大规模招聘毕业生。2001年，华为挨个到全国著名高校招聘最优秀学生，当时华为口出狂言："工科硕士研究生全要，本科的前十名也全要。"2003年，华为西安研究所只招2人，报名者却达200多人。对于每一个华为人来说，其工作都可谓是得来不易，所以每一个华为人都能够自觉地做到兢兢业业，华为的"床垫文化"并非是"狼性"文化的延续，而是勤劳奉献精神的实践。

2004年5月15日，华为在东莞举办了一场现场招聘会。东莞也是珠三角重要的通信电子生产基地，诺基亚的手机生产基地就设在那里。5月22日，华为到惠州举办现场招聘会，一次开列了上千个空缺职位，其中大部分与手机设计、制造等专业有关。惠州也是珠三角重要的信息产业基地，这些人才大部分集中在TCL。此时，TCL某研发项目正处于紧急关口，研发人员都在争分夺秒地赶工。TCL移动公司突然组织惠州本部的主要技术、管理骨干及全体研发人员，前往距惠州大约150公里的南昆山旅游。TCL这是在有意回避来势凶猛的华为。华为给当地众多潜在的求职者们一个强烈的信号：华为的大门随时向他们敞开。

另外，华为公司还与国内几所在业内具有领先科技水平的著名高校建立了定向培训关系，院校负责专业知识和技能的培训，华为负责为院校提供经济资助和企业文化培训，学生毕业后到华为工作。华为还在这些名牌大学里设有专门的奖学金（奖励学业优秀的学生）、奖教金（奖励教学有突出贡献的老师）、贷学金（帮助那些经济困难的学生），并与中国科技大学、华中理工大学、北京邮电大学等多所名牌高校合作培养研究生。

其实，经验、学历等只能代表过去，不能代表未来。在任正非看来，没有经验可以在实际工作中积累经验，学历不高可以通过平时的自主学习来弥补，因此华为的招聘不唯经验，不唯学历，而只看重其发展能力。但相当多的企业管理者并没有清醒的认识到，员工的发展能力不能直接转化为生产力，而需要企业进行深入挖掘。与新入职的员工相比，绝大部分公司都更愿意相信老员工的能力，即便是新人表现十分优秀，领导者也不会将重要任务委派给新人。尽管这种做法可以理解，但必须得承认一点，即企业给予新人的锻炼机会并不多。

"华为没有院士，只有'院士'。要想成为院士，就不要来华为。"不管你在进入华为前是高学历还是低学历，一旦进入华为，学历自动消失，领导层对每一位员工都会一视同仁，加薪升职的标准只有一条，那就是能力。包括任正非在内的所有华为人一律都是按照贡献来衡量其价值，这种公正、公平、公开的评价选拔机制，打破了传统高学历升迁优先的人本管理模式，大大激发了人才的再学习热情。

千里之行，始于足下。没有勤奋学习的习惯，没有经常思考、经常实践的行动，再多的设想，也只能是夸夸其谈的纸上谈兵。任正非说："如何面对当前的形势，如何面对竞争对手，我们应该怎么办？其实就是必须继续努力，要一天比一天有一点点进步。我们没有奋斗的终极目标，不奋斗是没有出路的。不管形势如何变化，只要我们团结合作，紧张而镇定，总会有活路的。同时我们也不要仅为自己生存，而去做一些不应该做的行为。我们要做一个国际市场秩序的维护者，而不是一个破坏者。我们要遵循这些规律，而不是颠覆这些规律。我们要积极地向强者学习，尊重它们的市场领导地位，积极、但有序地开展竞争，以激活双方的组织体系，实现共赢。"

如果离开了持续的学习，靠天赋或者说过去的学习来应付眼前的工作，终究有一天会"江郎才尽"的。在人才战略上，华为是决不含糊的。任正非反对空洞的理想，倡导点点滴滴地改进工作，提倡既要努力学习，又要"做实"，反对好高骛远，追求不切实际的目标。其实，企业不仅仅需要一批高学历、高素质的专业管理人员，也需要一批高能力、高技能的实用型人才。评价一个人是否对社会发展有用，不应该仅仅看他拥有多高的学历、多么炫耀的过去，更要注重他所能够为社会做一点什么、带来一点什么。课堂里，仅仅能学到学习的方法、做人的原则和提升素质的基础，很多东西和知识都需要在不断的扎实工作中，慢慢总结，慢慢顿悟。这就需要我们经常思考问题、研究问题，经常通过勤奋学习来提升能力，解决问题。

知识经济的到来，使得企业之间的竞争最终归结为人才的竞争，企业不能在缺人的时候才想起来去找人，必须有一个宏观的规划，对于自己企业发展有利的人才，要时刻敞开自己的大门。面对经济危机，华为不仅没有进行大规模的裁员，反而在全世界的范围内广纳贤士，对世界大集团的优秀员工进行"抄底"。可以预见，一旦经济复苏，华为必将迎来自己的硕果。

　　在众多国内企业还在思考是否给员工增加几十元钱工资而犹豫不决的时候，华为就以相当于普通企业数倍的高薪"囤积"了一大批重点院校的优秀毕业生。华为后来的腾飞，正是这些优秀人才智慧与勤劳的结晶。

3. 华为人从不吝啬，但也从不浪费

华为成立初期，公司规模小，盈利能力不足，因此研发资金投入就显得尤其捉襟见肘，然而就是这样一个小公司却逐渐成长为研发能力不输思科的国际电信大亨。论研发投入实力，华为曾弱小得不堪一击；论研发人员的水平，华为连成为对手的资格都没有。在国际电信巨头的眼皮子底下实现研发技术大爆发，任正非究竟是怎样做到的呢？

在《华为基本法》中有这样一条规定：我们坚持"压强原则"。这里所说的"压强原则"就是指要集中力量以超过主要竞争对手的强度配置资源，一旦选定了科研项目，就要不顾一切地集中人力、物力和财力，只有这样才能实现重点突破。任正非认为：该花钱的地方就要大手笔，该节俭的地方则要非常节俭。尽管华为的研发资金有限，研发人员短缺，但把所有的人力、物力、财力都集中到一处，主攻一个技术方向，未必不能取得重大突破。这也正是任正非决策的聪明之处。

在兵戎相见的战场上，尤其是在这个热武器时代，谁舍得多打炮弹，谁就会成为最终的赢家。在技术研发上也是如此，要舍得投钱，在资金以及资源的分配上绝对不能吝啬，俗话说"一分付出一分收获"，如果不舍得技术研发投入，那么很难保证技术研发工作的顺利进行，一旦技术研发受阻，企业的产品优势很快就会在激烈的市场竞争中被取代、被遗忘，从而陷入没钱搞科研——科研落后——产品落伍的恶性循环之中。

尤其是对于电信这样一个竞争异常残酷的行业来说，技术研发是企业发展的最大瓶颈，谁能突破这一瓶颈，谁往往就能够甩开竞争对手，迅速抢占广大市场。在技术研发上，资金投入很重要，但如何用好研发资金同样重要，各大电信国际巨头在研发上都很舍得下本钱，但依然有前有后，为何？从专业角度来说，是由于每家公司的金钱技术转化率不同，同样一件事，有些人花10元可以办好，而有些人则需要50元。用最少的钱办最多的事，这才是华为技术人的追求。

同样的资源，不同的分配方式往往会产生完全不同的结果。华为之所以能够在技术上遥遥领先，一是任正非舍得投入大把研发资金的结果，二是由于集中力量，杜绝资源浪费，以最优的配置实现资源最大化的决策分配方式。如果没有这种集中优势兵力各个击破的兵法妙招，与国际电信大亨巨大的研发投入相比，弱小的华为根本就没有任何可以翻身的机会。但事实证明，华为确实实现了后来居上，这与其资源最优化的管理效率不无关系。

为了保证每一分研发资金都能发挥出最大效益，华为内部还专门制定了人、财、物关键资源的分配原则，即以优秀人才为分配标准，充分保证最优秀的科研人员能够拥有足够的资源和充分的职权，并能够借助公司坚实的后备支撑实现自己的任务和研发目标。

尽管任正非在技术研发的投入上可谓是一掷千金，但这绝不是浪费，更不是为了充面子。钱多有时候也未必是一件好事，在企业管理当中，往往越是钱多，越容易滋生浪费现象。华为之所以在资金投入方面对科研部门大力倾斜，其目的是为了把有限的资金转化为无限的技术力量，因此怎样把资金用到实处，怎么杜绝研发资金使用上的浪费就成了摆在任正非面前的一大难题。

任正非认为，做事拖拉带来的低效率是一种隐性的浪费，虽然它造成的浪费是我们看不见的，但它给企业造成的无形损失却是惊人的，因此，我们要千方百计提高工作效率。必须让每一名华为人明白，他的速度就是公司的形象、公司的机会！每一名有责任感的员工都应该视公司如家，会尽最大努力完成自己的每一项工作，高效率地利用好自己的时间，注重细节，精打细算，讲究节俭，严格管理。

华为人从不吝啬，但也从不浪费。节俭是任正非的一大特点，也是华为在国内和国外市场能够取得成功的一大法宝。出身贫寒的任正非一直有着节俭的习惯，即使在自己坐拥上亿元资产以后依旧穿着老式的中山装。任正非从来不讲排场，与员工同吃同睡，他心里明白能节约一分钱就能在研发上多投资一分钱，而这意味着多一分成功的可能。这种节俭的精神影响着每一个华为人，他们总是想法设法地为公司节省经费，把钱用在刀刃上。

这样的案例很多，下面我们就看看华为内部员工的说法。

1996年3月，为了和南斯拉夫洽谈合资项目，老板亲自率领了一个十几人的团队，入住在贝尔格莱德的一家五星级酒店——香格里拉。为了体面，我们为老板开了一间总统套房，每天将近2000美元。

但是，我们还是精打细算，把总统套房的几个房间都充分利用起来，每天晚上打地铺。每天早上我们早早起来让服务员打扫卫生，以便白天会见客人。我当时是华为的首席谈判代表，刚刚加盟华为公司不到一年，亲眼目睹了老板和我们一起艰苦奋斗、同甘共苦的情景，也明白了什么时候应该花钱花到手软而不心软，什么时候应该厉行节约。

1997年的一个周末，老板带我们去亚马孙热带雨林自费旅游。出发前我们去商店买旅游鞋，发现有三种档次的，价钱分别是每双35Real、45Real、55Real（当时1Real大约折合1美元）。我们每天的出差补助有75美元，因此，我和同事就选择了名牌耐克，每双55Real，而老板却选择了35美元的不知名的普通旅游鞋。

当时我们很不理解，老板就说："我是来巴西出差的，和你们长驻人员不一样，穿一次就扔掉了，不用买名牌的。"然而，旅游结束返回驻地后，我们却发现老板正在卫生间里用刷子刷洗那双鞋，回国时把鞋带回了深圳。这件事对我们的触动很大。

另外，华为成长最大化策略的一个具体表现是"不计成本"，华为人从不吝啬：为保持较快的市场增长速度，执行成长第一策略，任正非很舍得投入。华为的"大手笔"与公司的市场定位及竞争对手的变化有关，与公司的资金状况并没有直接关系，并非是说华为的钱多得不得了，必须用这样的方式花出去。

华为在市场费用上"敢于花钱"是出了名的。华为员工的收入一流，费用开支同样也是一流的：1996年，华为在开发上投入了1亿多元人民币资金，年终结算后发现，开发部节约下来几千万元。任正非知道后说了一句话："不许留下，全部用完！"开发部最后只得将开发设备全部更新了一遍，换成了最好的。

打仗讲究的是拳头出击，手指头力气再大也不如拳头，尽管华为在科研上的资金投入确实不菲，但如果使用得过于分散，则很难取得这么大的科研成就。对于这一点，任正非曾语重心长地对科研人员说道："在成功关键因素和选定的战略生长点上，以超过主要竞争对手的强度配置资源，要么不做，要做就极大地集中人力、物力和财力，实现重点突破。"既然投入的资金有限，那么就更不能随随便便分散，只有集中起来，把钱用到刀刃上，才能在有效避免浪费的同时，把研发资金的最大效益发挥出来。

投入是为了更好的产出，因此不管是通信行业还是其他行业，都必须重视投入产出比，如果只管投钱，却丝毫不关心钱的去处，那么只会造成大范围的浪费。人们常说千里之堤溃于蚁穴，如果认为浪费只是不值一提的小事，那就大错特错了，如果任凭浪费成风，迟早会断送企业的大好前途。从这个角度来讲，勤俭节约不仅是个人的良好修养，更是企业长盛不衰的传家之宝。

华为要想以弱胜强、以小搏大，必须要把有限的资源使用到最关键的回报最大的少数点上，否则只有死路一条。在技术研发上的投入不能吝啬，但整体资源毕竟是有限的，在无法改变投入资源的情况下，有效避免资源浪费，把每一分投入都发挥出最大价值也是一种智慧。

4．把顾客、员工与合作者结成利益共同体

任正非曾经教导华为人，从企业活下去的根本来看，企业需要有利润，但利润只能从客户和顾客那里得来。既然决定华为生死存亡的是客户和顾客，为华为提供生存价值的也是客户和顾客，华为就必须把顾客、员工与合作者结成利益共同体。在华为1997年修改的员工持股规定中指出："我们决不让雷锋吃亏，奉献者应当得到合理的回报。"任正非对财富的认识，是华为今天能做大做强的原因所在。

究竟是什么原因，让华为成长为世界电信行业的巨无霸？分析其原因，有很多很多，根本的原因，是华为的利益均沾原则。《华为基本法》明确指出：华为主张在顾客、员工与合作者之间结成利益共同体，努力探索按生产要素分配的内部动力机制。任正非在1996年就讲过：回顾这些年来走过的道路，我认为我们就是本着一种真诚、互利的合作态度，所以我们的合作伙伴越来越多，我们的销售额也越来越大。

一直秉承大投入、大产出的华为，在研发和人力资源等方面的投入是巨大的，为了保持技术优势、留住优秀人才，没有大投入是很难实现的。创业初期，由于华为资金紧张，即使员工们做出了一些成绩，公司也不能拿出资金来奖励员工。于是任正非就自掏腰包请做出成绩的员工吃饭，他还要求每一名领导者都要这样做。

后来，即使华为成就了自己的帝国梦想，但是这项请客制度一直保留了下来，只是公司有一笔专款就是留出来让领导者请自己的员工吃饭的。如果花不出去，领导者就会受到批评。在日益激烈的市场竞争中，留住人才是每一个领

导者最为关心的事情。华为员工的跳槽率是同行业中最低的，而华为挖墙脚的功夫却是在业界出了名的。

思科总裁钱伯斯曾戏言道："如果我有了辞职的打算，我想华为已经为我写好了辞职报告了。"华为有很多留才、用才的机制，其根本就是要把客户、员工与合作者结成利益共同体，使得彼此之间相互支持、共同发展。在公司内部，华为与员工之间建立起了"利益均沾"的分配机制。作为华为这样的一个高科技企业，必然使用的都是高学历的员工，并且都是名牌大学的一流人才。任正非讲"高工资是第一推动力"，公司给予的薪资待遇是国内同类公司最高的。此外，公司各级主管不是独立贡献者，而是要带领团队创造优秀绩效的领头人，有责任指导、支持、激励与合理评价下属人员的工作，帮助下属成长，全面承担起本部门团队选、育、用、留的各项人力资源工作。

更为主要的，华为不仅在员工发展上提供助力，在利益、荣誉方面，同样将员工放在前面。有亲和力的双方就是有共同力量表示的双方，这种友好表示，使得双方有一种合作的意识和共同作用的力量。有亲和力是促成合作的起因，只有具有了合作意向，才会使双方结合在一起共同合作。在内部，华为公司与员工之间通过内部股票，将企业的整体利益与员工的自身利益紧密结合起来，使员工的利益与公司的利益紧紧捆绑在了一起。尽管华为是任正非创办的企业，但任正非仅仅持有1.4%的股份，其他的98.6%被员工所持有。从这个意义上来讲，华为已经不是任正非自己的了，已经名副其实成为"华为人"的华为了。同时，华为还将不断地使最有责任心与才能的人进入公司的中坚层。

在公司外部，华为与客户之间的合作，更加体现了"结成利益共同体"的经营指导思想。通过参股、合资、让利等方式将各个群体与华为结成利益共同体，加入到华为的合作体系后，合作各方都能够获得相应的利益分配，这是华为与众多机构合作的前提和基础。当然，成为华为合作方也不是简单的事情，只有那些对华为的市场提升、发展壮大有巨大帮助的机构才有资格加入。

另外，《华为基本法》讲：我们将按照我们的事业可持续成长的要求，设立每个时期的合理的利润率和利润目标，而不单纯追求利润的最大化。2006年2月14日，华为以"倾听客户声音"为主题参加了在西班牙巴塞罗那举行的3GSM世界大会。秉承"聚焦客户需求和快速响应客户需求"的理念，华为逐渐获得国际主流运营商的认同。

　　顾客要好的产品，员工要好的福利，合作者要较高的回报，华为要做的就是不断地满足他们并且把他们与华为全部结合成一个利益共同体。2014年10月11日，华为轮值CEO郭平在《经济学人》创新峰会上做了名为《华为是怎么造"汗血宝马"的？》主题演讲，着重介绍了华为的创新机制和创新理念。而在华为创新理念中，开宗明义第一条就指出：技术创新要以客户为中心，交付价值。郭平谈道："企业创新，追求的是能够受到市场追捧的宠儿，而不是为了能够获得诺贝尔奖。"这与任正非"卖出去的技术才有价值"的论调是一脉相承的，而华为也一直在用行动验证着这一研发创新理论的科学性。

　　我们不得不承认，华为为客户确实做到了鞠躬尽瘁死而后已。不管是自然灾害还是政治暴动，不管是荒郊野外还是戈壁沙漠，只要有客户的地方就有华为人的身影，越是通信商们纷纷撤离的危险地带，华为人越是以"咬定青山不放松"的态度坚守在客户需要的第一线。正是这种真诚服务客户的态度打破了国界的限制，并深深打动了客户，可以说没有华为人那份多于常人的付出，就没有华为遍布天下的忠诚客户。

　　在现代商战中，顾客无疑是企业生存的根本，顾客的需求就是企业的方向，而企业的前进需要每一名员工的努力与合作者的配合与支持，协调好顾客、员工与合作者之间的关系无疑成为领导者的重中之重，将顾客、员工与合作者结成利益共同体则是一条可行的捷径。

　　在华为，唯一不变的就是"变"，任正非对这种"善变"的能力相当自豪——位子会变、产品会变、任务会变、组织会变，他把与时俱进写进了每一名华为人的心中。舍弃一些眼前利益，宁愿自己吃点亏或冒点风险，也要照顾合作对象；不单纯追求利润最大化，而是把市场做大，让合作对象有合理的回报。这是华为的一贯做法，也是华为能够挣到"大钱"的秘诀。

　　刻意培养"变"的能力，反映了任正非尊重市场、理解市场、创造市场的经营理念。可以说，当别人把目光瞄准财务报表、企业规模的时候，任正非却死死盯着公司的市场机会。这启示我们：看一个公司成长了，不在于这个公司有多少钱，也不在于这个公司有多少人，关键是这个公司的市场成长了，顾客、员工与合作者已经结成了稳固的利益共同体。

5. 从每件事中多体悟一点，水平自然就提高了

有人说任正非是华为这个狼群的"头狼"，意志坚强、机敏、迅速、凶狠；有人说任正非是华为的"教父"，有感召力、亲合力、凝聚力。任正非认为自己只是做了一名企业家应该做的事情，他从华为的成长过程中，体悟着每一个细节，也正是这种细致入微的观察，不断使自己进步，才成就了任正非"头狼"的称号。

在谈到华为的成功和发展时，任正非本人也曾说过，"没有坚韧的意志，没有华为人的耐力，就没有华为今天的辉煌"。不了解华为的人，永远也不会知道，为了拿下海外市场，包括任正非在内的华为人究竟付出了怎样的代价，经受了怎样的精神磨难。

面对着国际巨头的围追堵截，任正非选择忍耐与孤注一掷，将所有的资金投入研发，最终从技术上获得了重生；面对国内市场即将饱和的危局，任正非没有坐着等死，而是提出了国际化的构想，从此踏上了征战国际舞台的不归路；面对华为员工所乘飞机失事，任正非也是沉痛万分流下了眼泪；面对"辞职门"事件所带来的绝大社会反响，任正非不再低调，选择了直面社会与媒体的议论……这些可以称为"魄力"的行为，绝对不是凭空想象而出，而是来自他自己对生活，对工作，对企业发展的体悟。

任正非在一次高层会议上提问："我的水平为什么比你们高？"大家回答："不知道。"任正非说："因为我从每一件事情（成功或失败）中，都能比你们多体悟一点点东西，事情做多了，水平自然就提高了。"

2000年1月22日，第98期《华为人》报第一版发表了标题为《"自我批判"是什么？》这样一篇文章。文章强调了公司的各级干部必须具有自我批判精神，这是一个企业长治久安的基础之一。

任正为曾对员工们说："公司最近出了一本书叫《炼狱》，炼狱就是要把你们这些博士前、博士后放到太上老君的炼丹炉里去炼一炼，让你们去反思我们过去所走过的道路，永远铭记我们走过的曲折道路。IBM在PC机的开发上损失了几十亿美金，在通信网络的收购上又损失了几十亿美金，'一朝被蛇咬，十年怕井绳'，他们面对通信领域战战兢兢，不敢进入。华为公司是不是也要等到损失几十亿元之后才能赢得我们所要走的正确道路呢？不应该！'前车之鉴，后事之师'，我们应该向世界各国成功的优秀企业学习。"

任正非的这种自我批判不是为批判而批判，也不是为全面否定而批判，而是为优化和建设而批判，总目标是要提升公司整体核心竞争力。只要进行自我批判，华为的每一位领导者及员工才能做到"从每件事中多体悟一点"，领导及管理水平自然就提高了，对市场的"嗅觉"及把握才能达到一个比较高的境界。

一个企业要想在世界经济浪潮中得以生存和发展，洞察全球的经济趋势及其所在产业的变迁是一项非常关键的技能。华为的这种批判与自我批判的精神，能够揭露存在的问题，解决发现的问题，使华为获得了新的生机。所以，作为一个优秀的企业管理者，他需要有像狼一样的"嗅觉"，如此才能抓住机遇或躲避危机。任正非敏锐的洞察力就是华为得以发展的不可或缺的重要因素，他总能带领华为走向更新、更好的局面。

华为作为一家年轻的电信设备运营商，在与经验丰富的国际巨头竞争的过程中难免会犯错误。对此，任正非的态度是："允许犯错，但要有进步。"一个人只有及时而认真地总结自己的工作、学习和生活中的各种经验教训，从工作和生活中的每件事中多体悟一点，才能获得不断的成长。对此，任正非深以为然。

1997年，任正非在一次内部讲话中强调："自我批评是无止境的，就如同活到老学到老一样，陪伴我们终生。学到老就是自我批判到老。学了干什么？就是使自己进步。什么叫进步？就是改正昨天的不正确。当我们在NGN上重获成功的时候，我们G9又在泰国AIS再次摔了大跟头，被退网。HLR在泰国、云南的瘫局，又一次警钟敲起。没有我们已经形成的自我批判的习惯，就不会有我们在中国移动的T局交付上获得的成功。对沙特的HAJJ的保障，是自我批判的成果，改变了世界技术发展的历史，也改变了我们核心网的发展方向。"

从每件事中多体悟一点，就是人们经常说的"悟商"。悟商是人生的一大智慧，特别是作为企业家，要学会两个字：一个是"忍"，一个是"悟"。即要能容忍文化的劣根性与现实的阴暗面，从而悟出人生与事业的本质。悟性与韧性对人生的影响巨大。

比如，有人称，华为的企业文化是独一无二的。对此，任正非同样不敢居功，他说："（华为企业文化）不是我创造的，而是全体员工悟出来的，我那时最多是从一个甩手掌柜，变成了一个文化教员。业界老说我神秘、伟大，其实我知道自己名实不符。真正聪明的是十三万员工，以及客户的宽容与牵引，我只不过用利益分享的方式，将他们的才智黏合起来。"

管理学家彼得·德鲁克经常提醒私营公司："如果在取得初步成就时固步自封，安于现状，私营公司就不会有生命力。"华为就是一家倡导不断优化和提升自我的公司，正因为拥有这种内在驱动，华为才具有了持续领先的优势。

华为逻辑

现在，任正非依旧在华为的舞台上尽情地展现着他的魅力，而华为也在任正非的带领下，继续在通信行业中一路冲杀。有人总结道，要想成为像任正非那样的领导者，必须有"八商"，即：心商、德商、志商、智商、情商、逆商、悟商、财商。我们只要清醒地认识到自身不足，努力吸收学习前辈的经验，充分发挥自己的长处，仍然能够成为企业的顶梁支柱。

企业领导者要自觉加强自身的修养，从每一件事中多体悟一点，水平自然提高了。诚然，领导者的很多能力是一种天赋，但是成为一名成功的领导者仅仅靠天赋是不够的，后天的努力与实践可以帮助每一个有志的企业家成就自己的成功领导者之路。

6. 为客户服务是华为存在的唯一理由

企业如何才能活下去，并且活得好？这想必是所有企业家从创业第一天起就开始思考的问题，任正非也不例外。在任正非看来，只有关注客户需求，才能提供符合市场的产品，才能不断提高客户的满意度，企业才能持续地发展下去。任正非表示："任何时候，不管是给运营商提供网络设备，还是探索一项新的技术、开发一个新的产品，不管是与客户交流、沟通，还是优化内部工作流程，华为公司总是不断地回到最根本的问题——客户的需求是什么？"

华为的服务理念一直在不断地更替，但企业的核心价值观是不变的，那就是：以客户为中心，聚焦客户关注的挑战和压力，提供有竞争力的通信解决方案和服务，持续为客户创造最大价值。任正非不止一次地强调客户对于华为的重要意义，他提出："为客户服务是华为存在的唯一理由；客户需求是华为发展的原动力。"

华为是一家民营企业，与其他的国有企业相比，它在竞争上的劣势很明显。华为最初是在各地建立办事处进行销售。这种销售模式为华为迅速打开了市场，但弊端也随之暴露出来。办事处主任紧盯订单，短期行为严重。市场关系不稳定，人员调换频繁，开支庞大。

关注客户需求，是华为服务的起点；满足客户需求，是华为服务的目标。为了建立稳定的市场关系，尽快了解客户的需求，任正非开始探索与客户之间建立关系的新形式：与客户"联姻"，建立合资公司，形成利益共同体，以此巩固市场、拓展市场。

华为管理顾问黄卫伟教授指出，华为的核心竞争力就是比竞争对手争得更多的服务客户的能力。华为要实现长期的稳定和可持续发展，就要建立起长期稳定的可持续为客户服务的体系和价值观。为客户服务不是个人能完成的行为，而是一个群体长期持续不断努力的过程。

1988年，被华为定义为"服务年"；2000年，华为扛起了"服务的华为，增值的网络"的旗帜；2001年，"你赢，我赢"成为了华为新的服务思维；2003年，华为在IBM的帮助下正式实施工程向合作方转移、维护向用户转移、客服中心向技术支援转移的服务战略；2008年，"新运维，新价值"作为华为服务理念新鲜出炉……

华为将为客户服务的理念时刻灌输给每一名华为人，华为新员工在接受培训的时候，会被告知：华为存在的理由就是为客户服务，华为的任务就是争得更多的为客户服务的机会。研究市场，围绕市场转，归根结底要以顾客（客户）为中心，提供他们喜欢的产品或服务。而要抓住顾客，就必须创建以顾客为中心的超强服务模式。

任正非认为，客户是华为之魂，华为生存下来的理由就是为了客户。因此，华为从上到下都要围绕客户转，而不是只有一两个高层领导建立客户价值观，只有全体员工都建立了客户价值观，才能实现客户服务的流程化、制度化，才能实现华为的无为而治。

任正非所有的战略战术都可以用这一点来解释：一切围着客户转。在他看来，无论产品还是服务，其最终的归宿都是客户，最终都要走向市场，公司的利润依靠市场，公司的成长依靠着市场的成长。在"关注客户需求，才能做到客户满意"的思想指导下，华为经常进行客户满意度调查，搜集信息，以用户的意见为努力的方向。

当任正非提出将"实现客户的梦想"作为华为的发展目标时，很多人就在思考：客户在意的到底是什么？对此，任正非认为："企业不能只为实现股东利益最大化，也不能以员工为中心，管理的任务是争得为客户服务的机会，因为客户是企业价值的源泉，没有了客户，企业就失去了立足之本。现代企业竞争已不是单个企业与单个企业的竞争，而是一条供应链与供应链的竞争。企业的供应链就是一条生态链，客户、合作者、供应商、制造商命运在一条船上。

只有加强合作，关注客户、合作者的利益，追求多赢，企业才能活得长久。因为只有帮助客户实现他们的利益，华为才能在利益链条上找到自己的位置。只有真正了解客户需求，了解客户的压力与挑战，并为其提升竞争力提供满意的服务，客户才能与你的企业长期共同成长与合作，你才能活得更久，所以需要聚焦客户关注的挑战和压力，提供有竞争力的通信解决方案及服务。"

为客户服务是华为存在的唯一理由。为了能更好地贴近客户，华为还专门提出了6个必须防止的误区：高高在上，听不到客户的声音；以我为重，强行引导客户需求，听不进客户的意见；看到了表象，没有抓住实质；花花绿绿不加分析，全盘照收；抓大放小，忽略了潜在增长点；面对变化的环境，却固守以前的规则、理念。由此可见，华为对客户的细心之处，在于把关注客户的工作落到了实处。

对客户需求的关注，使华为赢得了客户的信任和支持，也使华为在业界建立起差异化竞争优势，在充分理解、掌握标准化的基础上，为客户提供有针对性、个性化的解决方案，更准确地满足了客户的需求。

"关注客户的需求是华为得到全球运营商认可的关键，我们认真地倾听来自客户的声音。"华为当年的无线产品线总裁张顺茂说，"围绕客户的需求，通过创新的解决方案，为客户持续地创造价值，与客户共同成长是华为的发展战略。"

正所谓"有舍才有得"，任正非也是基于这一点提出了"多让些利益给客户"的观点。只有帮助客户成功了，企业才能走向成功。这便是华为理念给予人们的启示。

7. 让营销投入的每一分钱都发挥效益

在这个充满竞争的微利时代，几乎所有的行业中的任何企业都必将面临和已经面临微利时代的挑战。微利时代的到来是一种必然，经济全球化使得企业之间的竞争日趋激烈，企业面临的生存压力也越来越大。现在很多销售上百亿元的企业的利润，还比不上过去中小企业所实现的利润。

任正非认为，营销过程中节约不是目的，节约是为了营销实现价值的最大化和最优化。以节俭为核心的营销策略要求该用的一定要用，而且要用精用好，不该用的坚决不用，该花的决不吝啬。

两军对垒，武器的好坏多寡直接关系着输赢，因此现在打仗都十分重视武器。俗话说，好钢要用在刀刃上，关键时候要舍得打炮弹，要敢于用现代化的方法以及现代化的产品，抢占市场制高点。长期以来，华为很少在电视广告上花冤枉钱，但是华为在进军国际市场上却一次又一次地展现了大手笔。

2008年，第16届中国国际广播电视信息网络展览会（CCBN2008）在北京举行，来自世界上30多个国家和地区的近1000家参展企业和机构，覆盖中国国际展览中心13个展馆，其场馆展览面积达65000平方米。华为此次包下了200多平方米的展览场地，在通信行业是最大的。

这并不是华为第一次在展览会上的大手笔，早在2004年华为刚刚进军国际市场不久的巴黎展会上，华为就以近150平方米的展台让爱立信的展览主管不得不感慨："如今世界通信行业，华为确实占了一席。"

尽管华为的收入十分可观，但任正非在营销费用的开支上从不讲究节约。

华为的营销费用比一般的企业往往要高出很多，市场人员出差下了飞机就打车，不用等公交，也不用挤地铁，费用一律由公司报销。

在这一点上，公司领导层曾专门给任正非提出建议，认为如果市场人员全部改坐民航大巴能够节约不少营销费用。但任正非非但没有同意，反而理直气壮地回答道："如果你们不让市场人员坐的士，我就降你们的工资。"事实证明，任正非的这种高调确实是物有所值。一来激发了市场人员的工作积极性，让他们出差跑市场也能变得潇洒起来，从而很好地提高了工作效率；二来节省了不少时间，并提升了公司的形象。华为的市场人员只要出差全部都是住高档酒店，请客户吃饭也是一掷千金，这样的营销投入和高调的市场策略，令华为的很多竞争对手都十分吃惊。

华为在海外市场的营销战略中，没有大幅的广告宣传投入，而是集中资金优势造势。只有把自身朝着一流企业打造，才能真正实现从二流企业到一流企业的跨越式发展。为了实现这一目标，华为内部提出了一系列口号，诸如"不敢花钱的干部不是好干部，花不了的要扣工资"，"省钱的不是好干部"等，任正非鼓励一线销售人员花钱，在该花钱的时候一定要舍得花，尤其是对待重点客户，要不惜血本地将其拿下。

尽管这种不计成本的市场投入在相当程度上削弱了华为的利润率，但任正非却并不在乎，在他看来有舍才有得，如果没有这种不计成本的投入，华为的市场版图就不可能会迅速扩张，其品牌影响力也不可能有今天这样大。

事实证明，任正非在市场营销方面的高调，确实为华为的高速发展起到了催化剂的作用。对于竞争异常激烈的市场来说，有高投入才能博取高回报，尽管这样的做法存在一定的危险性，但其所带来的效益也是十分可观的。

任正非认为，世界市场已由过去的卖方市场进入到买方市场。在卖方市场条件下，总供给小于总需求，企业只要仿效别人的生产和营销做法就能获利。而在买方市场条件下，由于总供给大于总需求，因而企业只是仿效别人的生产和营销则难以成功。华为，必须该出手时就出手，让营销的每一分钱都产生效益。

"节约营销"是顺应整个时代的要求而产生与发展起来的，是对传统"营销即浪费"理念的突破，是营销发展史上的重大突破与创新。让营销投入的每一分钱都发挥效益的"节约营销"时代已经开启，"节约营销"理念的确立与否，对于每一个现代职场中的营销人员来说也是其能否胜任未来工作的关键。

在这个节约就是利润的时代，各行各业都在为节约而探讨、争论、付诸行动。然而作为员工，我们决不能让"节约营销"仅仅成为一种口号，而应该脚踏实地地探讨并实践"节约营销"的策略，不断取得营销的发展与创新。

第十章

国际视野——打破目标
市场的技术与贸易壁垒

　　国际化是一种趋势，不是说企业想不想走出去，而是必须要走出去，你不走出去，别人会走进来跟你竞争。所谓国际化，并不意味着企业是否在国外驻扎，员工是否派驻国外，而是看企业能不能按照一种新的全球化的理念和规则来运营。所以说，从这个角度来讲，所有的企业都应该培养这种国际化的视野。

1. 果断决策成就世界级领先企业

在通信行业，企业选择经营方向是一个事关生死的事情，一旦不能在正确的时间作出果断的决策，势必带来严重的后果。早在创业初期，任正非就向所有华为人宣称：未来世界电信市场，三分天下，华为有其一。中国企业家杂志说："华为的国际市场战略为华为和任正非赢得了名誉。"华为靠着自己先天并不锋利的牙齿，硬是啃开了海外市场的大门。

在如今竞争日趋激烈的商场中，时刻面临着抉择，特别是在企业转型期，每一次抉择都是紧迫而至关重要的。不能当机立断，一次又一次地错过机会，无异于在慢性自杀，只有果断决策，才能抓住最好的商机，成就企业的未来。

20世纪80年代中期，中国的电话普及率还不到0.5%，原有的固定电话网设备正由传统的步进制、纵横制向数字程控交换转型。全国都在大兴土木，对电话的需求以每年翻番的幅度增长着，很多生意人想要买的第一件东西就是电话，而此时中国还不能生产程控交换机，西方限制对中国的高技术出口，此项技术无法通过引进获得。

中国市场所蕴含的巨大商机吸引了世界各国程控交换机厂商来华淘金。当时从省到县各级电信部门都有采购权，由于很多国外产品都有政府贷款，可以马上建设好投入使用，各地电信部门引进的时候几乎来者不拒，局面比较混乱。最终形成了中国通信史上有名的"七国八制"，即日本NEC和富士通、美国朗讯、加拿大北电、瑞典爱立信、德国西门子、比利时贝尔和法国阿尔卡特八家产品共同瓜分了中国市场。

这些交换机价格高昂：欧美厂商的交换机价格一般是每线300~400美元，日本厂商便宜一些，也需180美元。跨国巨头们仰仗着垄断技术，宰起人来毫不手软，赚得盆满钵满。曾经中国人装一部电话要收初装费5000元（后逐渐降到3000元、2000元以下），而且还不能及时装上，要排队等几个月甚至一年，要递烟送礼请吃饭才可以加塞装上。而且这些来自不同国家和制式的交换机互不相通，造成了中国通信市场极度混乱的局面。

过量进口、低价倾销和走私进口的交换机严重冲击国内市场，影响了国内企业的正常生产，使我国原有的纵横制交换机产业发展受阻。由于通信发展迅速，程控交换机市场大，很多国内厂家都想抢占这个市场，但鉴于技术瓶颈一时难以实现突破。此时已经进入通信行业的华为，面临着艰难的选择：搞自主研发，面对列强的穷追堵截，活下来的希望很渺茫；不搞自主研发，那么受制于人的情景无异于等死。任正非在这关键的时刻再一次展现了他狼性的一面，做出了果断的决策：与其等死，还不如放手一搏，于是他选择了自主研发。

从1994年起，华为开始进入无线业务。中国电信决定采用新的制式——GSM制式，华为的ETS450制式已经过时。华为人担心产品最早也得1998年才能上市，而到那时国外的厂商早已经把市场分割完了。经过一番研究讨论，任正非决定：进军GSM业务。这无异于虎口争食，但正是这一决定，为后来华为成功占领3G市场打造了强大的根基。

华为选择了一条多元化国际市场道路，仍沿用任正非最为轻车熟路的"农村包围城市"策略进行海外杀伐，先从发展中国家开始，逐步将产品打入发达国家市场。这个过程充满了艰辛与痛苦，可以说是一种冒险。

1996年5月，任正非发表了题为《加强合作，走向世界》的讲话，正式提出华为实现国际化的规划：在下一步的发展中，我们已制定了第二次创业规划，我们将在科研上瞄准世界上第一流的公司，用十年的时间实现与国际接轨。

1996年，华为首次参加了俄罗斯的电信展，意识到这里蕴藏着一个巨大的市场——电信普及率很低，而市场需求却很大。尤其是普京政府执政之前，由于俄罗斯卢布贬值及证券、金融等行业的问题，众多早先进入俄罗斯市场的跨国公司都陆续退出，对该市场停止投入。任正非相信此时正是华为的机会——俄罗斯未来一定会成为一个巨大的市场，要坚持对俄罗斯市场持续投入。

　　华为的当家人任正非向来主张发展中的企业要像狼一样，要具备敏锐的嗅觉，不屈不挠、奋不顾身的进攻精神，以及群体奋斗的意识。2000年以后，俄罗斯政治越来越稳定，经济持续转暖，而华为在这个市场上的坚持，也终于抓住了机会。经过6年的努力和等待，2003年，华为在俄罗斯实现了超过1亿美元的销售额，承建了俄罗斯3797公里超长距离320G国家传输网，这是华为目前最好的成绩。

　　任正非认为，当华为在国际舞台上越做越漂亮的时候，不可控的因素就越来越多。他曾经说："我相信每天都有无数的企业家、战略家、阴谋家在盯着华为，华为员工在展览会上的一次拍照都有可能鼓动某个国家对华为设置贸易壁垒，这些都是我无法预知的。但是，一旦遇到这样的时候，我该怎么办？我能怎么办？这是一个风险社会，我能做的就是坚持走正确的路，相信自己的决策。"

　　华为逻辑

　　在丛林中，进与退的选择就是生与死的抉择，狼作为丛林法则的优胜者，它们深谙其道，果断地决策是他们生存的法宝。拥有狼的精神的华为同样适应丛林法则的商战，也时刻面临着生与死的考验，他们练就了瞬间抉择的能力，而这也正是他们迅速做大的重要原因。在任正非眼里，英雄的最大作用就是在危机中带领自己的部下走出困境，英雄不会迷信任何东西，只会相信自己的智慧与直觉。

2．不能等所有问题都解决了才进军海外市场

任正非是一个有野心的企业家，他一向坚信所谓逆水行舟、不进则退，企业想要活下去就必须不断壮大，不断发展。对待国际化的问题任正非同样表示，走出国门绝对不代表只在国外建设几个工厂，或者把一些产品卖出去，中国企业应该有更大的野心和更高的追求。

但是很多企业家存在这样的疑问：中国有很大的内需市场，中国市场就是全球最大的市场，那我们为什么还非得要走出去？光把内需市场做好行不行？

这种想法是片面的。一方面，先注重国内市场不错，如果在中国这个市场都做不好，走向海外、国际化可能无从谈起。但同时任正非还认为，跨出国门，成为一家国际性企业是面对危机的必然要求。正如他所讲的，"我们总不能等到没有问题时才去进攻。我们要在海外市场的搏击中，熟悉市场，赢得市场，培养并造就干部队伍。我们现在还十分危险，完全不具备这种能力。若我们在三至五年内建立不起国际化的队伍，那么中国市场一旦饱和，我们将坐以待毙"。

在通信这个瞬息万变的行业中，企业保持生命力的最好办法就是紧盯市场，时刻保持充沛的精力，一旦有风吹草动就必须马上启动。拥有狼的奔跑速度，才能让企业前进的步伐永远充满动力，不能等到所有的问题都解决了再进军国际市场。

华为没有国际人才，没有最先进的核心技术，也没有一流的国际化运作，更没有开拓国际市场的经验，无论是在哪方面，华为所面临的国际环境都比竞

争对手恶劣。华为不是在完善的市场和环境中成长起来的，但世人却见证了它野蛮式的成长速度，这与任正非的决策理念有着十分紧密的关系。"我们不能等待没有问题才去进攻，而是要在海外市场搏击中，熟悉市场，赢得市场，培养和造就干部。"以攻为守，这就是华为成功的最大秘密。

华为正是秉承着边前进、边学习的态度，以最快的速度启动，最坚韧的耐心持续，在国际市场上杀出了一条血路。摩托罗亚洲区总裁高瑞彬曾这样感慨："华为的反应速度实在是超乎想象，机房一有问题，华为就能派人连夜赶到，立刻进行维修。每次我们的人稍微迟一点的时候，我们的客户就会抱怨我们比华为慢得太多，这让我们的维修人员很有压力。"

华为的一个很大的优势就是能在第一时间对客户的需求做出反应。华为曾经在45天内就完成了泰国的AIS智能网的安装测试和运行工作，而即使像思科、爱立信这样的电信老大看来没有半年这也是不可能完成的事情。但是华为做到了，因为他们有一只狼的团队，他们的速度比狼还要快！

1996年，华为与长江实业旗下的和记电信合作，提供以窄带交换机为核心产品的"商业网"产品。而这一合作的成功，华为的速度起到了关键性的作用。1996年，香港和记电信刚获得固定电话运营牌照，需要在短期内实现移机不改号的业务，限定的时间只有短短3个月。而和记电信在欧洲所能找到提供的设备供应商，完成该项目最快的也需要6个月，且价格昂贵。时间一天天逼近，就在和记电信眼看该项目将变成"不可能的任务"时，有人推荐了华为。

华为不到3个月的时间就顺利地完成了项目，与国际一流产品相比，除了价格上的优势，华为在提供新的电信业务生成环境的灵活性上更让和记电信喜爱——设备可以放在楼梯间里，适应了香港人多地少的特点。此单的迅速完工成功地帮助了和记电信在与香港电信的竞争中取得差异化优势。同时和记电信在产品质量、服务等方面近乎"苛刻"的要求，为华为日后进军国际市场进行了一次"大练兵"。

2000年春节，黑龙江的一个本地网交换机中断，网上运行着多种机型，不知道问题出在哪个厂家的设备上。华为的技术人员在1天内就乘飞机从深圳赶到了黑龙江，最终经过检查发现问题并不是出现在华为的产品上，而出问题的厂家却迟迟没有出现。华为的工作人员经过技术研究，把自己的接入网接到另一路由器上，通话终于恢复了。用户十分高兴，当即表示，来年新产品需求华为是首选。

2003年6月中旬，刘彦玲接到了去阿塞拜疆开局的任务。6月18日早上5点，她赶第一班上海至西安的飞机，回到西安后先回家看望了爸妈，这是2003年刘彦玲第一次回家。前后总共呆了一个小时，刘彦玲下午匆匆赶回研究所整理开局资料，晚上加班到12点多，那一天刘彦玲有20个小时没有合眼。6月23日，刘彦玲到北京办理签证，26日早上飞去阿塞拜疆。阿塞拜疆经济不佳，大街上流行着废报纸折叠起来包着瓜子卖，这一幕让刘彦玲想起了20世纪80年代的中国。阿塞拜疆蔬菜种类少得可怜，主要以西红柿、土豆、洋葱为主，他们信奉伊斯兰教，不吃猪肉，而刘彦玲又吃不惯牛羊肉，在那里的一个多月，刘彦玲几乎都吃素食。没有电饭锅，她与其他同事就用铝锅煮饭，每次都是下面的饭糊了上面还在冒泡，几样菜排列组合着炒，即使这样，一盘土豆片都会让大家回味无穷。

8月19日，刘彦玲突然接到通知，要把俄罗斯V110问题拿下，这个客户是华为在俄罗斯的第一大客户，他们要求马上提供该功能。任务高度紧急，来不及考虑是否胜任。实际上，在这种情况下，不能胜任也得胜任。第二天刘彦玲和同事组成4人小组开始攻关，问题被逐个攻破。

10月1日，刘彦玲乘坐飞机从北京到莫斯科，而9月30日，刘彦玲还在紧张地工作到很晚。10月9日，升级活动开始，升级第一个局很快通过，升级第二个局、第三个局却大费周折，业务没有跑起来，也无法定位问题究竟在哪里。华为技术人员希望得到局方的配合，但却被拒绝了。要解决问题就得再申请升级，华为向客户坦言目前的问题及下一步的计划。在等待客户答复期间，刘彦玲等人仔细研究协议、找问题，差点把协议翻烂，终于找出了与协议有微小差异的地方。随即，西安、深圳、莫斯科三地默契配合、修改代码，在最短的时间将方案修改完毕。或许是华为人的真诚感动了局方，他们答应了升级要求。10月28日，华为人在局方的安排下升级。这次升级是在在场的所有华为人的战战兢兢中结束的，每发起一次呼叫，刘彦玲都担心失败。所幸结果令人兴奋，以前未曾呼通的所有号码都被呼通了，并且和另一厂商设备对接接续非常快，传送速率也很高。

在现代商战中，拥有更高的效率就意味着拥有更大的利润空间，拥有更快的速度就意味着拥有更多的机会。但是，一个企业要保证自己的速度，保证能对客户的需求在最短的时间内做出反应，需要有良好的管理团队、研发团队以及高效率的协调系统。所以说，速度是一种能力！

　　如果说任正非是将军，那么国内就是一个练兵场，他不断从中抽选精兵强将，并将其大规模地派往世界各地开拓市场。经过了两年的艰苦奋斗，华为的海外版图基本成型。到了2003年，华为的海外员工达到了1700人，销售部门的区域划分也从原来的国内与海外两大部分升级为八大区。如今，不管是在市场占有率上，还是在结构管理形式上，华为与跨国公司早已没有什么区别。

　　从一个内忧外患的通信设备商到国际通信行业的巨头，华为的这场翻身仗打得不可谓不漂亮。作为华为的最高"指挥官"，任正非的转型决策无疑是十分高明的。别人收缩时我扩张，这种与众不同的逆向发展思路，给身处红海的华为指明了通往蓝海的成功道路，也为任正非的决策领导能力添上了浓墨重彩的一笔。

3. 破除了狭隘的民族自尊心就是国际化

如果一家企业的业务范围局限在国内，那么民族品牌也就无从谈起，但对于一家走出国门走向国际市场的企业来说，国家的影响力不容忽视，毕竟企业做得再成功，其在国际上的影响力也不可能超越自己的祖国。因此，在进行国际宣传的过程中，任何脱离了民族和国家文化而进行的产品和品牌宣传都是徒劳的，企业管理者必须明白国家的大环境直接决定自身品牌这个道理，只有在宣传产品的同时先宣传国家进步才能摆脱"产品落伍""技术落后"的整体形象。

"我在美国一个乡村访问的时候，一个五十多岁的男士很有礼貌地问我：你们国家的皇帝叫什么？"这是一位曾在美国做访问的学者的亲身经历，华为人在没有走出国门的时候根本没有意识到构建"民族品牌"的任务如此艰辛又如此沉重。

"国与国之间的竞争就是企业与企业之间的竞争。"华为走出去之前，任正非对政治的概念就是这样理解的。随着华为的国际化路途的延伸，这句话也被赋予了特殊的含义。任正非多次在内部讲话中提到华为对民族通信产业的重要性和使命感，他曾这样评价华为的国际化："破除了狭隘的民族自尊心就是国际化，破除了狭隘的华为自豪感就是职业化，破除了狭隘的品牌意识就是成熟化。"

华为是一家新兴的高新技术公司，其所提供的产品和服务都带有一定的技术含量，在走出国门的过程中，如何让国外客户相信华为的技术水平，如何让国外客户接受并认可华为的产品，这无疑是摆在华为品牌建设之路上的一个不可逾越的障碍和疑难问题。

任正非对于华为走向国际市场还带有强烈的民族情结。他认为，华为必须进行大公司战略，泱泱13亿人口的大国必须要有自己的通信制造产业。作为民族通信工业的一员，华为公司拼尽全力向前发展，争取进入国家大公司战略系列。

在国际化的初期，华为遵守一个不成文的规定，那就是以中国的外交作为大方向。华为设立办事处的原则就是与中国建交的国家。在什么地区投放什么力度的人力物力也是根据国家外交的风向变化来决策的。在《走过欧亚分界线》一文中，任正非再次明确提到了这一点："中国的外交路线是成功的，在世界赢得了更多的朋友……华为公司的跨国营销是跟着我国外交路线走的，相信也会成功。"

在全球范围内构建"民族品牌"的道路并不顺利，曾在巴西工作过的国际营销部员工周道平对此感触颇深。"你真的难以想象他们是怎么看中国的。他们甚至以为中国人还在穿长跑马褂呢！有一次我们邀请客户来中国参观，他们出发之前到处找相关书籍，最后决定研读的书是《末代皇帝》！"尽管这看起来实在像一个"冷笑话"，但这就是华为人在开拓国际市场、在塑造民族品牌时的真实写照。由此也不难看出，在民族品牌的这条道路上，任正非以及他所领导的华为究竟面临着怎样的困难和恶劣的环境。

当下，经济日益成为国际关系中的关键因素，世界各国特别是人国都着眼于提高以经济为基础、以科技为先导的综合国力。在某种程度上，一个国家的企业在世界企业界范围内的实力对比，决定了国家综合实力的强弱，而国家综合实力是外交路线和策略的决定因素。所以，政治外交越来越注重以经济外交作为基础和先导。

1996年，叶利钦总统对中国进行国事访问，与江泽民主席共同宣布建立"平等信任、面向21世纪的战略协作伙伴关系"。任正非敏锐地意识到这一国际关系变化中隐藏着商机。华为当即决定抓住这一大好时机在俄罗斯设立合资公司。1997年4月8日任正非亲赴俄罗斯乌法市，参加华为与俄罗斯的合资公司贝托华为的签字仪式。

　　同样，华为在巴西的合资公司也是看中了中国和巴西世代友好的关系而建立的。

　　作为民营企业迅速崛起的华为，很快受到了国家高层领导的关注和支持。1996年6月1日，朱镕基副总理视察华为时，明确表示，国产交换机打入国际市场，政府一定提供买方信贷。这对于回款缓慢的大型设备制造商华为来说是很大的支持。2000年11月，吴邦国副总理访问非洲，亲点任正非随行。而政府的关注又吸引来了银行的支持。在华为总部深圳，中国进出口银行与华为技术有限公司正式签署了6亿美元的出口信贷框架协议。这一支持无疑给华为的国外竞标增加了一个筹码。

　　2001年，任正非在欢送海外将士出征大会上说道："随着中国即将加入WTO，中国经济融入全球化的进程将加快，我们不仅允许外国投资者进入中国，中国企业也要走向世界，肩负起民族振兴的重担。在这样的时代，一个企业需要有全球性的战略眼光才能发奋图强，一个民族需要汲取全球性的精髓才能繁荣昌盛，一个公司需要建立全球性的商业生态系统才能生生不息，一个员工需要具备四海为家的胸怀和本领才能收获出类拔萃的职业生涯。"

　　有一个强大的国家做后盾，对于企业的发展来说肯定是非常有利的。例如美国的一些公司在海外扩张的时候，总会有政府在背后的无形支持。而对于进军那些动乱的不稳定国家的时候，美国的军队总是比企业先进入那样的地区，其员工也会有很大的安全保障。

　　华为的跨国营销和我国外交路线的结合，是成功的，也是必然的。正如邓小平指出的那样："世界上一些国家发生问题，从根本上说，都是因为经济上不去。"发展问题是"核心问题"，"这不仅是经济问题，实际上是个政治问题"。

　　但是，如果我们将华为的国际化理解为"依赖政府支持而崛起"，那就是对华为国际化的一种极大误解。华为人一再强调："华为绝对不是一个靠国家政策扶持的公司。"无论是失意小灵通业务和联通CDMA项目；以及之前被电信政策叫停的CDMA450，都看不出政府有关部门为华为做出任何利益方面的政策倾斜。

　　华为国际化进程中政府角色的日益"淡化"和市场化色彩凸现，正是华为日益成熟和迈向国际型企业的标志。从思科案的结局看，即使是在美国开庭审理一件"名为产权纠纷，实则商业竞争"的纠纷，华为没有去利用民族情绪，也没有依靠政府强力介入，而是在商言商，选择了与美国本地的律师事务、公关公司、合作伙伴3Com携手，通过商业利益和竞争规则赢得最终的胜利。有专家就这一案件的起因分析认为，正是国家标准的缺席给了思科趁虚而入之机。所以，国家政策不仅对华为的胜诉没起到任何帮助，反而成了跨国巨头法庭上的有利"证据"。

可以预见在未来，国家的影子仍然会出现在华为国际化的进程中，但华为认为自己应该扮演的最佳角色是什么呢？任正非说："在政府保障建交、经济合作、签证顺畅的背景下，具体的海外业务我们已经完全按国际企业的市场化程序运作了。"

在打造"华为"这个国际品牌的过程中，任正非始终认为，"一个不了解中国的国家是不可能了解华为的，一个不了解中国文化的企业是不可能接受华为能够制造出先进交换机这样的事实的。"为此，他始终把"民族"、把"国家"的名号放在第一位，而"华为"则退居其次。

同时，我们也要正确看待国家在企业发展过程中的角色，毕竟企业是做生意的，是要遵守市场规则的。政府能为企业开拓市场提供基础性的支持，但是决不能在企业发展的过程中起主导作用。

4. 企业没有独立自主就没有尊严

作为一个国家只有独立自主才有尊严，作为一个企业没有独立自主同样没有尊严！华为的国际化是以拥有自己的核心技术为前提的，华为以自主研发的设备抢占国际市场，赚取核心技术所带来的最大利润，而不是购买其他厂家的核心设备进行简单组装之后再出口。任正非坚信，在现代商战中，只有技术独立才是根本，没有自己的科研支撑体系，企业地位就是一句空话。没有自己的科技支撑体系，工业独立只是一句空话，没有独立的民族工业，就没有民族的独立。

从创立华为之初，任正非就一贯主张自主研发为主，否则，核心技术掌握在别人手中，很容易在市场上处于被动地位。他提醒华为人：对核心技术的掌握能力就是华为的生命。华为的目标是把技术作为核心竞争力去赢得超过10%的制造业利润率，逐渐取得技术的领先和利润空间的扩大。

任正非表示，外国人到中国是为赚钱来的，他们不会把核心技术教给中国人，而是指望我们引进、引进、再引进，却没有哪样技术被真正掌握了。而企业最核心的竞争力，其实就是技术。在与众多国际巨头结成广泛合作时，华为因其技术的先进性，摆脱了对国际巨头的技术依赖，在这种情况下，华为与之缔结的合作才是真正平等的、双向的，才是真正的优势互补。

华为选择的"技术自立"道路异常艰难。当初，看到中国通信行业满是国外品牌，任正非深知拥有自主技术的价值，"任何一个国家、任何一个民族，都必须把建设自己祖国的信心建立在信任自己的基础上，只有在独立自主的基础上，才会获得平等与尊重。"因此，他创立了华为，立志"沿着陡峭的北坡登上珠穆朗玛峰"，打破中国无技术的神话，打破中国是"世界工厂"的尴尬。他正在改写着中国企业的生存法则，为中国企业在新时代走出了一条新路：以技术创品牌。中国IT界如果没有这位硬汉，外国人或许还一直嘲笑着中国没有核心技术，中国通信行业的半壁江山或许就岌岌可危了。

众所周知，通信行业是一个技术密集型行业，随着第三次科技革命的兴起，这个新兴的高科技行业可谓是瞬息万变，对于一家通信企业来说，如果不能保持与世界同步的研发能力，注定迟早都会被市场竞争的洪流所吞没。不得不说任正非是一个十分有远见的领导者，技术出身的他比常人更能明白技术的重要性。可以毫不夸张地说，在通信行业中，谁掌握的核心技术越多，谁站立的位置就越高，谁就越有对市场的主动权。无论华为是强大还是弱小，技术研发必须要与世界同步，这是底线，也是企业生存的安全线。

企业的技术能力代表着与合作企业交换许可的话语权。从这个意义上说，核心技术是华为国际化过程中最为关键的因素。华为某位高层人士也坦率承认，华为与思科最终能达成谅解，在很大程度上是由于华为具有一定的技术实力。在华为，一名普通工程师只要两到三年就可以成长为一名高级工程师，对自己所研发的领域也往往有着独到的见解，而业内要达到这个水平一般至少需要四年时间。

华为崇尚技术为王，这与任正非本人重视技术研发有着分不开的紧密联系。没有核心技术，华为靠什么立足？中国电信行业又要靠什么立足？任正非的这种担忧并非是杞人忧天，一个没有核心技术的国家迟早都会沦为技术强国的附庸，一个没有核心技术的企业迟早都会被残酷的市场所淘汰。提到技术研发，每一个华为人都可以自豪地昂起自己的头颅，底气十足地告诉世界：华为已经走在通信技术的最前列。

"我们之所以能进入世界市场，是因为我们的核心知识产权没有一点是外国的。"从任正非的这番话语中，我们也不难看出，技术在华为的发展和壮大中究竟发挥着怎样的作用，扮演着怎样的角色。也正是因为如此，在这十几年的漫长岁月中，甚至多次在华为濒临死亡的临界点，任正非依然坚持着对技术研发的执着，对于华为来说，一定要搞技术研发，不搞研发就不可能创造机会，更不可能引导消费。

需要指出的是，任正非坚持自主开发原则，并非是完全封闭地进行自我研制、不吸纳其他公司的科研成果，而是在以自主研发为主、掌握核心技术的基础上，建立广泛的技术联盟，吸取、借鉴、购买已有的先进技术，为己所用。

独立自主不仅仅是指核心技术的独立，还包括企业发展方向、营销策略等一系列环节的创新与发展，亦步亦趋永远没有出路。华为目前还正处在变革的初级阶段，其主要是靠产品的质量与效率赢得顾客的信任，但是任正非已经意识到了这场国际变革的趋势，提出华为不仅要研发领先，在服务领域也要领先。华为要创立世界上性价比最高的营销团队，服务将成为华为未来的名片。

华为进军国际市场前夕，作为整个军团的最高总指挥，任正非对于如何打开国际市场花费了不少的精力，当时爱立信、思科等品牌早已经是家喻户晓，如果以宣传为市场切入口，不仅要花费一大笔宣传开支，而且作为后起之秀，即便宣传声势浩大，也很难后来居上，抢走这些国际大牌的市场。既然拼宣传并非明智之举，那就剑走偏锋拼质量，以质量为开路先锋，不得不说任正非这样的决策很好地奠定了华为国际化的坚实基础。

任正非在总结华为国际化的成就时说："进入海外市场，我们的差异化优势主要是满足客户需求比较快（比如说泰国AIS，我们因为比竞争对手快三倍，所以我们获得了机会）。因为海外合同要么要求比较急，要么需求特殊，需定制开发，研发、交付、供应链等只有赶时间、抢进度，全力以赴。以优等的服务性价比，获取企业成功的机会。"

华为之所以能够获得前所未有的生机，就是来自产品的成功。没有产品的成功，就不会有企业和个人的成功，没有独立自主就没有尊严。每个华为人的发展空间和个人成就感，都取决于华为创造的产品成功与否、产品商品化与否。华为的经验告诉我们，企业发展不能依靠单纯的模仿，只有拥有自主的产品、技术或经营模式，才能在变幻莫测的市场上抢占一席之地。

　　企业没有独立自主就没有尊严。任正非说："任何一个国家，任何一个民族，都必须把建设自己祖国的信心建立在信任的基础上，只能在独立自主的基础上，才会获得平等与尊重。"

独立自主发展高科技，并非闭关锁国，关起门来造车。相反，越是独立自主的发展，越要有对外开放精神，学习世界上一切先进技术，融汇一切先进成果，和世界一流企业同台竞技。任正非在阐述华为的核心价值观时，一直主张广泛吸收世界电子信息领域的最新研究成果，虚心向国内外优秀企业学习，在独立自主的基础上，开放合作地发展领先的核心体系，用华为卓越的产品自立于世界通信强企之林。

5．核心技术的掌握能力是华为的生命

华为最基本的使命就是活下去，技术开发的动力是为了生存。在高科技领域，拥有自己的核心技术才可以自主，才有竞争优势。为此，华为每年投入8000多万乃至上亿元的科研费用，这样的手笔不可谓不大；即便是在华为最为困难的时期，任正非仍然坚持拿出销售额的10%来搞科研。这种在技术上的高调使得华为在电信技术方面遥遥领先，而这也正是华为销售额遥遥领先的基础和前提。

华为一向崇尚技术，并依靠技术在行业内立足，实际上这与任正非在科研上的高调投入有着说不清道不明的紧密关系。从华为创业开始，任正非就一直强调自主研发的重要性，核心技术掌握在别人手中，企业早晚会吃大亏。任正非时刻提醒华为的研发人员：核心技术的掌握能力就是华为的生命。

1991年，卖国外小交换机的华为公司决意开发当时还属尖端技术的数字程控交换机，想填补程控交换机市场的国产空白。抱负不小的华为真的干起来才发现，以前只知道跨国公司个头大、牌子响，而在技术专利上，跨国公司个个堪称巨人，几乎每家都把持着某一方面的技术专利。没有技术专利，就必须支付昂贵的专利费，产品就难有竞争力。

数字程控交换机的研发是华为成立后的第一个坎，也是关乎生死存亡的一场硬仗。世界上第一部电话于1876年诞生在美国贝尔实验室，对于电话来说，其最为核心的部件就是交换机，它就好比是整个网络的大脑，承接着所有接转功能，不管是接入网、传输设备，还是计费设备等，都需要通过交换机才能得以实现。

当任正非认识到这一点以后，华为从一开始就明确了技术突围之路。技术研发就像无底洞，谁也不知道从开始研发到研发成功需要投入多少科研经费，需要耗费多少时间，需要动用多少人力、物力。"研发不成功，我就跳楼。"从任正非这番豪言壮语中，不难看出他对成功的狂热追求，也不难看出他一直都承受着巨大无比的压力，说他在崩溃的边缘苦苦挣扎也并不为过。

华为没钱，那就想办法凑钱，想办法省钱。技术研发需要自动测试设备，可是由于资金困难，实在是无法购买，于是任正非带领技术人员独辟蹊径，发挥集体的聪明才智，用土办法代替设备：用万用表和示波器来测试交换机，用放大镜一个个地检查电路板上成千上万的焊点。

今天的华为已经成为通信行业技术创新的中流砥柱，但很少有人知道，华为的第一个数字程控交换机产品研发成功之时，公司账面上的钱几乎全部用光。速度就是生命，试想如果当时华为的技术创新效率低下，那么任正非很可能会面临中途断炊的危险，到时候别说让企业起死回生了，就连前期的巨大投入也会"打水漂"。

1991年12月31日晚，任正非带领华为的全部员工在这间诞生数字程控交换机的破旧办公大楼里，召开了一个具有历史意义的庆功会，尽管只是简单的自助餐，但大家对于华为第一个拥有自主知识产权和品牌的产品诞生仍然感到无比兴奋。实事求是地说，此次技术研发的胜利，为华为的快速崛起奠定了坚实的物质基础。

任正非认为，华为不仅要能"中国制造"，而且更要有"中国专利"。有了这一认识，华为在产品的研发中就特别注重了"专利"这两个字，C＆C08程控交换机是华为的起步产品。华为最终靠技术攻关，取得了多项专利成果。1994年，在北京国际通信展览会上，终于有了自己技术专利的华为特意把展台建在国外展区，让C＆C08程控交换机的产品、专利、商标亮相于跨国公司眼前。当时的一位国家领导人参观后高兴地说："在外国展区升起一面五星红旗是一件值得自豪的事情。"

从那以后，华为在技术特别是核心技术上的投入不断加大，专利申请一直保持超过100%的年增长率。2002年，华为的研发投入近30亿元，仅用于专利申请的费用就超过1000万元。

创新速度就是生命，不管发生什么情况，速度和效率都不能慢下来。为了保证华为创新机制的高速运转，有相关文件专门明确规定："保证按销售额的10%拨付研发经费，有必要且可能时，将加大拨付的比例。"

即便是通信行业整体都进入寒冬时，华为依然没有减少在技术创新方面的资金投入。不得不说，这正是华为成功弯道超车的关键所在。当时，几乎所有的通信巨头们都在想方设法削减开支，以应对即将到来的困难时期，华为同样也是内外交困，但任正非依然雷打不动地在技术创新方面砸入大笔资金，这种明显的投资倾向为华为在技术上的后来居上奠定了坚实的后备基础。

另外，华为能在核心技术上有所突破，关键在人才。在任正非看来，人的潜力是无穷的，没有什么不能做到的事情。尽管外界对于他这种"德意志式"的偏执颇有争议，但不可否认的是，华为的成功正是建立在他对技术、对事业近乎疯狂的执着之上。

任正非提出，华为用人的最大特点是不拘一格。1997年，韩志宇研究生毕业后从天津来到华为，以他为主承担了SBS2500光同步传输系统的研发项目。韩志宇和同事开发的SBS2500光同步传输系统获得2001年度国家科技进步二等奖，29岁的韩志宇成为当年国家科技进步奖最年轻的获奖人。

第二年，华为STM—64光传输产品获2002年度国家科技进步二等奖，而这个项目的第一完成人张平安，又是当年国家科技进步奖最年轻的获奖人。现在，张平安是华为最年轻的技术副总裁。

华为重用人才，也贮备人才。2000年，重庆邮电大学电信专业一个毕业班几乎全被华为招募、南京东南大学无线电专业的毕业生大都投奔了华为……华为会利用人才，一位大学教授在一次与华为的合作中提出了许多建设性意见，华为专门为他颁发了特别奖。

外界不少人将华为看做一只"土狼"，在市场领域，华为人像狼一样拥有敏锐的嗅觉和不怕牺牲的作战精神，但华为人的"狼性"并不仅仅体现在市场领域，更体现在技术研发领域。如果说华为是一只土狼，那么欧美等国际电信大亨们就是豹子。豹子虽然是自然界当之无愧的短跑之王，但却不能长时间快速奔跑；土狼速度虽不及豹子，但却以自身最快的速度毫不松懈地一直奔跑。这也正是华为能够在技术创新中脱颖而出的重要原因。

　　华为是一家极其低调的企业，但在技术创新领域却异常高调。目前，华为每年的专利申请量都基本维持在3000件左右，个别年份甚至可以达到将近5000件，更加难能可贵的是其中有80%的专利都是发明专利。这也从另一个侧面彰显了华为的创新能力和速度。

　　任正非不是一个聪明人，他自己也说，正是因为不聪明所以才吃电信这碗饭。在当时的人们看来，如果他聪明就会搞交换机代理贸易而不是研发，如果他聪明就不会把自己的身家性命都赌在一场很难胜利的技术研发之战上，如果他聪明就应该懂得适可而止而不是豁出一切死磕到底。是的，任正非不聪明，但正是这种不聪明，正是这种大智若愚的偏执，才带领华为熬过了黎明前的黑暗，并最终迎来了胜利的曙光。

6. 国际化是过冬的唯一选择

从华为发展轨迹看，与国际接轨、实现全面的国际化是华为二次创业的主要任务，是华为的管理体系、企业文化、组织架构、市场营销、技术研发等全面提升，达到国际水平的过程。国际化是任正非多年以来梦寐以求的目标，但是华为的国际化不是噱头，不是赶时髦，而是生存、发展之必须。同时，国际也是华为过冬的唯一选择。

为了活下去，任正非常常跳出通信业看世界大势。1995年，任正非看到将来不会有仅仅依靠区域市场生存的电信设备商，所有的电信设备商都必须是国际标准化的。于是从1996年，华为就开始了国际化布局。1998年，任正非将"成为世界级领先企业"写进了《华为基本法》，表达了要走向国际化的雄心。与此同时，华为的国际化行动就跌跌撞撞地开始了。

任正非对当时局势的总结是："我们的队伍太年轻，而且又生长在我们顺利发展的时期，抗风险意识与驾驭危机的能力都较弱，经不起打击……要趁着短暂的领先，尽快抢占一些市场，加大投入来巩固和延长我们的先进，否则一点点领先的优势都会稍纵即逝，不努力，就会徒伤悲。我们应在该出击时就出击……我们现在还不十分危险……若3至5年之内建立不起国际化的队伍，那么中国市场一旦饱和，我们将坐以待毙！"

实际上，任正非之所以做出这样的判断，更多的是出于一种无奈，因为当时中国国内通信市场发生了巨大的变化。通信设备的关税相对较低，因而令国内、国际市场的竞争态势空前激烈。一方面，国际市场萎缩直接威胁中国企业国际市场的拓展；另一方面，国际通信设备巨头在国外出现需求紧缩的情况下不可避免地把刚起步的中国市场作为其攫取利润的目标，以此来弥补它们的颓势，这势必给华为等国内企业造成很大的竞争压力。实际上，在2000年后，国外通信公司已开始用比以前残酷得多的价格竞争来与华为等企业争夺国内地盘。

人都有惰性，一旦生活小康就会陷入一种"小富即安"的求稳心境。但对于一个企业来说，求稳绝对要不得，经商就是逆水行舟不进则退，只要你停下了前进的脚步，马上就会被竞争对手甩开一大截。2001年，任正非发表了《雄赳赳，气昂昂，跨过太平洋》的内部讲话，华为国际扩张的"过冬"战略也随即开始有条不紊地实行。

2001年，国内电信运营商分拆，加上对小灵通的判断失误，华为面临着企业发展历史中的一个重大困境。此时，海外业务的迅速增长却成为华为走出电信冬天的关键思想因素之一。2001年，华为实现了3个多亿美元的海外销售。华为派驻到各个国家的人员也都基本上生存下来，逐渐建立了销售机构。华为内部由原来的一个部门管理国际业务，变成了八大部门协同管理。

对于全球的电信行业来说，2002年和2003年是一个无比寒冷的冬天。电信市场连续两年萎缩，不管是国际电信巨头还是国内的电信设备厂商都充分感受到了这股寒冷的空气。无论是在哪一个行业，大环境的萧条都几乎等同于一场灾难，那些实力不济、决策失误的企业很可能会丧生于行业萧条的漩涡之中。

2004年2月的一天，华为总部接到了奥运会承办方的意外电话，点名要华为为即将召开的雅典奥运会提供全套的GSM设备系统。并表示，立即支付900万美元的订金。一向把竞标程序设定得极为严格繁琐的奥运会承办方，这次竟如此"化繁为简"，直点华为，一时让业界大为刮目相看。

3月25日，华为在英国设立欧洲地区总部。这是华为在海外最大的机构之一，也是中国企业在英国的最大投资。英国泰晤士论报称，"此举是中国企业走向国际化的一个重要标志"。

6月份，华为光网络全球市场份额超越朗讯和北电，直逼阿尔卡特。7月28日，思科华为案的平局，让之前默默无闻的华为以此为跳板，纵身一跃至全球瞩目的视野之内，从而获得了其在国际市场上的合法驰骋身份。

2004年年末的两张来自于欧美的订单，对于华为来说仅仅意味着开始。2004年是华为市场国际化的分水岭，这一年，海外市场销售额达到20亿美元，占公司总收入的40%，所占比例之高为华为创立以来之最。这标志着华为的国际化战略取得了具有战略意义的转折。

据接近华为高层的内部人士透露，一直以来为阿尔卡特所独占的巴西最大电信公司Telemar的互联网设备业务，现在已经被华为夺去了60%。事实胜于雄辩，尽管华为人在争夺国际市场的过程中遭遇了很多困难和挫折，但结果是令人欣喜的。试想，如果华为明明知道哪里有肉，却不敢上前争夺，那么又怎么可能会有如此辉煌的战绩呢？

任正非从来都是一个谨慎的人，正是因为谨慎，所以萧条刚露出苗头，他就指挥华为迅速做好了迎接寒冬的准备。"东方不亮西方亮，黑了北方有南方。"这是2002年任正非在讲话中最常说的一句话。这一年，国内外电信产业相继步入"寒冬"，华为也未能逃开厄运，公司在国内市场上业绩惨淡。然而在一片愁云密布当中，华为的海外业务终于有了起色。

在国际化进程中，华为公司应该是行动比较迅速和富有成效的。它对以生存为底线的国际化道路的尝试，较之于那些以国际化为扩张战略的中国公司，是具有积极的启发和借鉴意义的。

在做生意的过程中，总会遇到经济不景气的时候，这时往往企业会陷入裁员、减薪、缩小市场规模的陷阱，而在国际化过程中受挫时往往会选择退出国际市场。事实上，这样做无异于是鼠目寸光。做生意特别是想把生意做大，必须能够准确地判断市场发展的趋势，往往不走寻常路也能够得到不寻常的结果。

兵法中讲究奇正相生，在生意场上同样适合这样的道理，有时候不可思议的逆向思维往往能够带来出乎意料的效果。任正非习惯反向思维，习惯从客户的每一个呼吸捕捉华为存在的理由。从"沼泽地"冲杀出来的华为，当年曾经使用了许多颇富争议的招数，把其客户关系渗透到市场的每个枝节，借利益同盟铺开了市场版图。适者生存的秘籍，被华为发扬到无与伦比的极致。

7. 没有规模，难以应对未来的低成本竞争

没有大的市场规模是不可能有低成本的，但竞争一定会出现低成本阶段。华为开拓国际市场也是为了扩大经营规模，没有规模就难以对付未来的低成本竞争。在信息产品的利润率还比较丰厚的时候，任正非就敏锐地预料到，未来信息产业竞争的残酷性绝对不会比PC机更轻松，世界级竞争一定会出现。

谁都知道，利润是成本与价格的差价，而每一个生意人也都在不停地追逐着利润。但是他们往往是提高产品的价格。事实上，理解了"利润＝成本+价格"这个公式，就会明白成本控制的重要性。华为所从事的信息通信产业必须在规模足够大的时候，才能产生更大的边际效益。华为的产品中有很大一部分是软件，而软件产品的复制成本很低，使得复制品越多，产品的成本越低，获取的利润越大；利润越大，就可获得更多的优秀人才，用更多的钱去建立良好的管理体系，来对付新的竞争对手的进入，从而保持自己在市场上的领先地位。微软是典型的在软件领域实施规模经营成功的企业，虽然其WINDOWS XP的售价动辄几千元人民币，其实如果不算开发成本，其单张的成本也不过是转录一张光盘而已。

华为在最初进军国际市场的时候，正是凭借着较低的价格将爱立信、思科等国际巨鳄们逼进了死角。通信行业属于高科技产业，华为的低价并非是因为中国廉价的劳动力或是廉价的原材料，其主要是靠有效的成本控制将产品的成本压到最低，而将产品的利润提到最高。

1995年，基于对国内和国际电信市场前景的认知，任正非开始准备冲击国际市场。但是1995年之后的三年，中国通信行业进入了竞争最为激烈的时期。外国厂家凭借巨大的经济实力，已占领了大部分中国市场，中国厂家如果仍然维持着分散经营模式，必将会困难重重。任正非告诉华为人，华为必须进行大公司战略，大家要有信心，度过这困难的三年，必将获得较大规模的发展。

但是，任正非明白，市场经济最终会把所有的产品逼到薄利经营。因此，只有提升产品的先进性、实用性，实行产品多元化，实行超大规模生产，才能降低成本、提高质量，除此再没有其他办法可以抗衡内战外困的巨大压力。超大规模生产的充分必要条件是市场的吞吐，只有市场才能孵育出大产业。

在2000年之前，华为的毛利率最高达50%，甚至更高。但是随着技术门槛的降低，市场竞争的加剧，高科技产品的利润率也在直线下降。2001年以后，华为在价格上的优势已经不是很明显了。任正非承认，华为的价格优势在一定程度上正在消失和衰退。在薄利经营的情况下，华为必须做大销售规模才能够保证充足的利润总额。

正是在做大销售规模的思想指导下，华为的销售增长速度一直比较快。2004年，华为的销售额达到313亿元人民币。2005年，华为销售额达到453亿元人民币，其中海外市场达到32.8亿美元，海外市场首次超越国内市场。

2002年，任正非开始在公司内部推行低成本运作。任正非强调，企业通过成本控制获得赢利，比开拓市场来得更有效。"大规模不可能自动地带来低成本，低成本是管理产生的，盲目地规模化是不正确的，规模化以后没有良好的管理，同样也不能出现低成本。一个大公司最主要的问题是两个，一是管理的漏洞，二是官僚主义。因此，我们在管理上要狠抓到底，我们不相信会自发地产生低成本。"

任正非意识到，华为过去之所以能够在激烈的国际竞争中发展起来，主要依靠两个方面的优势：一是人力资源的成本优势；二是基于中国市场特点的营销能力。但是，随着中国经济的发展，劳动力的成本必然会随之提高。另外一个就是降低采购成本，而在全球一体化的经济进程中，如果不以牺牲质量为代价的话，这一点也无法持续保持。因此，持续降低成本的努力方向将会逐步从仅仅降低投入成本转至降低企业运营过程的所有环节的成本上来。

众所周知华为的研发处在世界的前列，但是很少有人知道其研发的成本有多"低"。比如，在中国，每年毕业300万的工科大学生，华为可以在里面招聘优秀的学生来华为工作。在中国一个研发工程师的工资是欧洲的三分之一到四分之一，而法定工作时间是欧洲工程师的1.5倍，同时中国人勤奋，还经常加班加点。而研发费用的80%以上是人力资源成本，所以，华为投入1元钱研发，相当于欧洲公司投入10元钱，也就是我们的研发成本是欧洲公司的十分之一。

华为近4万名研发人员中，80%以上是软件工程师。电信网络设备软件的开发量巨大。上世纪90年代开发万门程控交换机，有80多万行代码，现在一个高端路由器就有上千万行代码。代码是需要软件工程师一个一个字节（总量上亿字节）在电脑上敲进去的。所以，从某个角度来看，我们戏称其是软件蓝领。这个行业也可以称为智力（软件劳动）密集型产业。所以定制化能力强，首先就是要大量聘用研发人员。研发人员的成本也成为竞争的关键。

成本领先是企业在竞争中取胜的关键战略之一，成本控制是所有企业都必须面对的一个重要管理课题。企业无论采取何种改革、激励措施都代替不了强化成本管理、降低成本这一工作，它是企业成功最重要的方面之一，规模效应是获得低成本优势的有效武器。任正非曾说："成本控制良好情况下的成长才是健康的成长，否则风险太大。华为正处在从销售拉动型转变为精细运营的关键时期，未来的利润会更多来自我们的效率提升和成本控制。"

在2007年，华为的全球20个重点国家的客户满意度调查结果，有一项指标超过爱立信，那就是客户化定制能力。这也标志着华为是一家定制化量产的公司，而不是简单的量产化企业。这主要归功于华为庞大的研发队伍。目前，华为的研发已经基本实现了全球化，这意味着，在研发领域，华为的成本与跨国公司已经基本持平。成本优势更多体现在制造、营销与服务环节。相信终会有一天，华为的这些成本也会与跨国公司持平。到那个时候，华为也只有向管理要效益，管理水平的高低也将最终决定华为的成败。也只有到那个时候，华为才真正与跨国公司形成全面竞争。当然，也只有到那个时候，华为才真正称得上是一家国际化的公司。

　　成本优势是华为进军国际市场的利器，没有规模，就难以对付未来的低成本竞争。华为的国际化不是类似于西方企业巨头的国际化，而是具有华为自身特色的国际化，是中西智慧结合之下的国际化。华为的国际化过程实际上就是在企业规模和管理上，迅速与跨国巨头缩短距离的过程。任正非认为，高科技产品的利润空间很大，但是我们不再具备廉价劳动力与原材料的优势，我们必须优化我们的成本控制，将产品的成本控制到最低限度，这样我们才能最大限度地攫取高科技产品的利润。

第十一章

接班猜想——后任正非时代，华为走向何方

　　生于1944年的任正非心里非常清楚，华为王朝历史上第一次权力交接几乎就在眼前，他离"有一个自己的农场，开一家咖啡厅或者餐厅"的退休之日已经不远了。弹指间，华为"云帝国"走到了"后任正非时代"。花甲之年的任正非不得不考虑接班人的问题，对于华为来说，无论CEO如何轮值，老板只有一个。解决这个问题，显然比解决谁是CEO、谁来接班，更为关键。

1. 华为步入"后任正非时代"

人是有生命周期的，企业如果希望能基业长青，就要淡化英雄人物个人的影响。企业家，特别是领军大型企业的企业家，一个重要的职责是要建立一套健全的能指导企业方向的规则和制度，这套规则和制度，能够使企业在CEO离开或退休之后，还能按原来既定的正确方向继续前进。

年近30岁的华为仍然年轻，还需要继续长大，但是任正非已经老了，这已经变成一个无法回避的事实。生于1944年的任正非其在任时间有限，接班人的问题恐怕已经是华为面临的最为紧迫的问题。选择接班人是一个让人头痛的问题。全球第一CEO杰克·韦尔奇认为："长寿的大公司一是企业文化的传递；二是靠接班人的培养。"

经过七八年的试验，在轮值COO制度成熟之后，华为从2011年开始实行目前的轮值CEO制度，任正非也逐渐开始脱离管理团队，专注于董事会层面的决策管理和CEO教练角色，其目的就是通过这种"在岗培养+在岗选拔"的方式，为"后任正非时代"做准备。

任正非虽然依旧"精神矍铄"，但也已经年过七旬。岁月不饶人，年龄催促着他不得不去思考一个问题：如何建立一套制度，以淡化甚至消磨掉华为身上的"任正非"印记。

任正非曾说："一个企业怎样才能长治久安，这是古往今来最大的一个问题。我们要研究推动华为前进的主要动力是什么，怎么使这些动力能长期稳定运行，而又不断自我优化。大家越来越明白，促使核动力、油动力、煤动力、电动力、沼气动力……一同努力的源，是企业的核心价值观。这些核心价值观要被接班人所确认，同时接班人要有自我批判能力。"

其实，由于任正非本人的强势，即使是华为的高层领导也普遍缺乏战略思考能力，只是长期习惯于被动执行。

不过，华为人也清晰地看到了这一点。"任总之后，华为再无传奇。"华为一位员工发帖表示："老板的强势，造成了公司过分依赖人治，为公司的后老板时代埋下伏笔。另外，老板的强势，也造成了公司缺乏有魄力的接班人……还有就是一个好的公司应该是一个少了谁都行的公司。现在公司是除了老板，少了谁都行……"

和中国大多数民营企业一样，华为在成长中被深深地打上了创始人任正非的烙印。正是由于下属无法做出良好的决策，就需要任正非不断地做出各种决策。这就导致了一个恶性循环：所有的决策都需要任正非自己亲力亲为，被事务所困的任正非也就无暇考虑各种战略问题。

也正是在战略决策上对任正非的过于依赖，2000年后华为的失误也开始明显增多。比如说，在2001年年初，任正非就认为中国电信市场会出现"井喷"式发展，当时他给光网络部门下达了160亿元的销售目标。但是，几个月过去后，大家期盼的"井喷"并没有出现。这时，任正非告诉大家，虽然没有"井喷"，但还是会出现"浪涌"，他将光网络产品的销售目标调整为120亿元。而实际上，当年的光网络市场持续低迷，几个月之后，公司又再次将销售目标下调到60亿元。

一个人的决策机制造成的另一个问题，就是华为的战略决策缺乏透明度。2001年之后，任正非开始着手改变这个局面。他任命洪天峰为公司的COO，具体负责公司的日常业务，以便自己能够抽身出来，更多地去思考华为的未来。2003年华为开始尝试集体决策的机制，由EMT（执行管理团队）来负责公司的运营管理决策。

2005年，任正非大刀阔斧地对公司内部的组织结构进行调整改革，重新组合设立了销售、市场营销、研发和供应链、财务、策略和合作以及人力资源等七个职能部门。2010年，华为颁布了两项重大战略，内部的一系列调整，是为了更好地执行战略，将任务落实到人。

任正非认为，华为不是一家家族企业，它的快速崛起，靠的是制度保证。而华为要确保未来优势，就必须不断调整自己的组织架构，使之更合理、更完善，把制度理顺，华为才能运转通畅。

目前，任正非仍然精力充沛，反应敏锐，他甚至用"AIG创始人格林伯格88岁做50个俯卧撑"来证明自己不老，虽然他对事物的发展变化仍然有着清醒的认识和准确的判断，但他也深知华为权力的让渡是必须的。不管任正非退与不退，都已决定——华为开始进入"后任正非时代"！

对于刚刚经历过30多年改革开放历程的中国民营企业都面临着一个难题，那就是基业能否长青。"后任正非时代，华为的红旗能扛多久？"这是华为人激烈讨论的问题，这也应该是中国民营企业热切关注的问题。财富的传承是容易的，但在任何国家，企业家都是一种稀缺资源。美国布鲁克林家族企业学院的研究表明，约有70%的家族企业未能传到第二代，88%未能传到第三代，只有3%的家族企业在第四代以后仍在经营。

任正非是华为的精神领袖，他陪伴着华为不断成长，也经历了无数次生死关头。对于华为来说，由于长期养成的依从任正非决策的惰性，华为的大部分核心人才都将面临从执行型向决策型转变的严峻考验，而高层决策型人才的逐步进入，也就成为了摆在华为面前的一个重大课题。

精神领袖固然能引领企业不断进步，照亮企业前进的道路，但同时也是一把双刃剑，由于个人因素造成企业出现重大损失，也成为了困扰中国民企最头疼的问题。外界或许有理由相信，曾居安思危喊出"华为的冬天"的任正非，能够为任正非之后，再创造一个传奇。这个传奇就是，当华为没有了任正非，也是可以的。

其实长期以来，正是"任正非"的印记给华为带来了发展的奇迹。按照任正非的说法，华为历史上一系列的战略决策基本上号准了市场发展的脉搏，因此才能一路走到今天。但这与其说是华为的战略，还不如说是任正非一个人的战略。

　　后任正非时代，谁来为华为代言？华为将怎样选择呢？可能只有华为知道答案，也只有时间知道答案。可以特立，不可独行。过去和现在，任正非和华为给中国企业家和企业树立了一个了不起的榜样，希望在未来，后任正非时代的华为给我们展示的不是一个坏榜样。

2. 华为坚决不搞家族继承制

关于任正非力挺儿子接班的传闻此起彼伏。一种说法是：从2007年开始，任正非就不断在公司高层会议上谈及提拔儿子任平的问题，引起其他管理层成员的不满。在华为公司一次高层例会上，任正非又表示要将任平引入管理层，再次遭到强烈反对。另一种说法是：任正非为了排除异己，让儿子顺利接班，清洗了大部分元老，此后将财务大权交给自己的妹妹和女儿，而把基础建设重任交由弟弟负责。不过，也有人认为，任正非并没有让儿子接班的打算，这是竞争对手为他"编制的罪名"。

对华为接班人的疑问，任正非清晰表明，一切家人永久不会接班，这也是为了防止外界的猜想、舆论的猜想、内部的猜想，致使搞乱公司。对此，任正非说："华为有近7万的员工……他们将集体决定公司的命运，怎么可能由一个人决定这个事怎么做呢？华为从创立那一天起，确立的路线就是任人唯贤，而不是任人唯亲！"同时，任正非还指出，目前华为主要是由61457人组成的工会委员会说了算，他们持股98.58%，他自己只占有1.42%的股份。

2011年1月，华为副董事长、轮值CEO徐直军在接受记者采访时明确表示：

"华为未来不会是任总的亲属接班。华为的交接班是文化的交接班、制度的交接班，这些年一直在进行着，从没有停歇过。社会上的猜测，是不理解，以为人传人。美国为什么走马灯似的换CEO，并没有影响多少公司的运行，为什么，不就是文化、制度、流程吗？我们已经学了十几年了，学的时候不就是开始交接班了吗？这些年，公司上来很多学习好、实践好的人，制度化的交接班一直在进行。

"华为对未来的安排，肯定不是像你们想象的那样，肯定不会找一个接班人来接班，更不会是任正非的亲属接班。任总从一开始创立这个公司，就是这个想法，一直以任人唯贤来选拔干部。我们从一开始构筑的就是现代企业制度，有治理架构，有持股员工代表会，有董事会，还有经营管理团队。"

在华为的管理层中，除了任正非的儿子任平之外，确也还有着其他一些亲属。只是，最能引起舆论关注、让任正非无法平静面对的，还是儿子任平。2011年4月，华为在其官方网站公布了2010年报，并且首度公布了公司所有董事会、监事会成员名单、简历和照片。除了从未接受媒体采访的任正非更新了相片外，任正非之女孟晚舟也以常务董事、CFO的身份出现在官网上，并且公布了照片。

孟晚舟首度现身华为2012业绩预告媒体见面会时，引发了业内对华为公司未来"接班人"的普遍关注。据孟晚舟透露，自己先生"并非电信行业人士"，而弟弟任平"现在华为旗下慧通公司，不参加主营业务"。所以说，关于华为搞"家庭继承制"是不符合事实的。

不过有数据显示，未来5到10年，中国将有300万家民营企业面临接班问题，而90%的企业持有者希望自己的子女接班。重庆力帆集团董事长尹明善曾说过："我知道，如果我把班交给家族成员，我的企业会慢慢死掉；而如果我急急忙忙地交给职业经理人，我的企业就会快快死掉。在慢慢死和快快死之间，我选择前者。"显然，如果任正非持同样的观点，华为的下一位掌舵人仍将姓"任"。

家大业大，自然希望自己的财富和事业延续下去，有接班人能够挑起重担。所以，在子女教育问题上，商人更看重孩子将来能够独当一面，可以完成家族财富的传承。1994年，任正非把任平送到了中国科技大学少年班，希望他能够受点熏陶，成为一个有用的人，最终可以替他接下华为这个担子。但是期望越大，往往失望就会越大。在任平小的时候，任正非没有什么时间来管教任平，无法对他的性格形成起到自己所期望的正面推动作用。而尽管有着所谓的"教父"管着，但由于觉得小时候对任平有着亏欠，任正非对任平还是或多或少地表现出了溺爱，这就进一步促成了任平的状态越发地远离任正非所期望的方向发展。

实际上，无论是东方还是西方，家族企业一般都倾向于让家族内部的人接班，这是家族企业在接班人问题上的第一选择。而与大多数企业家一样，任正非也被深深地打上了创始人的烙印。但是任正非不打算搞家族继承，他所期待的华为是能够实现去家庭族化的企业。任正非指出："我的家人有四人在华为公司上班。我以前讲过，二十多年前，有一个人在兰州用背包带，背着小交换机，坐火车到各县、区推广的是我的亲人；在西乡工厂做过半年包装工，穿着裤衩，光着上身钉包装箱，后来又在四川装机搬运货物，损伤了腰椎的是我的亲人……临产前两三天还在上班，产后半月就恢复上班的是我的亲人，他们都是凭自己的劳动，在华为努力工作。他们仅是一个职业经理人员，决不会进入接班人的序列。我对大家讲清楚是为了少一些猜疑，以免浪费了你的精力。"

可见，任正非抛弃家族继承，通过公司严格的持股制度保证永远不让家人接班。《第一财经日报》记者马晓芳分析指出："华为目前是全员持股，持股员工近7万人，任正非仅持华为1.42%的股份。因为华为创始人没有最大股权，后续继承人无法通过资本力量实现权力制衡和集中，也不计划实现家族控制接班。"总之，华为交接班是文化的交接班、制度的交接班，不是人传人封建式的交接班。所以，交接班，华为公司不是交不出，而是华为公司接班人太多了。

"胡润百富榜"总裁胡润认为："在中国，一个民营企业能做10年就已很不容易了，维持到第四代的可能只有0.1%。富不过三代有两个原因：其一，随着一个家族的发展，子孙渐多，所以到第三代的时候，他们手中各自持有股份，很难保证一个企业的核心价值；其二，一部分企业发展的模式是第一代开创、第二代管理、第三代消费，可能到了后面，品牌还在，价值已不在了。"尽管任正非一再表明不选择家族人接班，他退休后实行轮值CEO制度。但对华为来说，轮值CEO是一种长远的创新还是权宜之计？轮值CEO制度能否成功，现在还不得而知。

很显然，中国民营企业在走过了近30年的历程后，第一代企业家经过多年的艰辛创业，已集体临近退出商业舞台、新老交替的阶段，而如何将手中的接力棒交给下一代、以保持企业的可持续发展是这些企业面临的一个重要问题。近期业界对华为"子承父业"传闻风波的广泛关注即是体现。虽然华为已发布严厉声明予以辟谣，但舆论对华为治理结构的关注并未冷却，"接班人"问题也确为华为的"现实焦虑"。

3. "轮值CEO"接班制度的探索

华为有着一套独特的管理层架构,有时会让人疑惑究竟谁才是公司的决策者。华为在2011年实行了一套轮值CEO制度,由三位高管郭平、胡厚昆和徐直军轮流担任首席执行长一职,每六个月轮换一次。这就是华为的轮值CEO制度。基于这项制度的产生,任正非自己也认为:"世界变化快,找不到好办法。"他丝毫也不掩饰轮值CEO制度的实验性,坦言即使不成功,也可以为后来者探路。

华为公司共有13名董事,他们在华为的董事会会议上拥有平等投票权。不过,三位轮值CEO对决策的影响力更大,原因在于他们还分管着负责公司政策设计的委员会。郭平担任华为财经委员会主任,胡厚昆担任人力资源委员会主任,徐直军担任战略与发展委员会主任。

自2011年实行轮值CEO制度以来,任正非花了大量的时间来培养这三位轮值CEO。2011年12月,任正非在其文章《一江春水向东流》中这样写道:

"我不知道我们的路能走多好,这需要全体员工的拥护,以及客户和合作伙伴的理解与支持。我相信由于我的不聪明,引出来的集体奋斗与集体智慧,若能为公司的强大,为祖国、为世界做出一点贡献,20多年的辛苦就值得了。

"我的知识底蕴不够,也并不够聪明,但我容得了优秀的员工与我一起工作,与他们在一起,我也被熏陶得优秀了。他们出类拔萃,夹着我前进,我又没有什么退路，不得不被'绑'着、'架'着往前走，不小心就让他们抬到了峨眉山顶。

"我也体会到团结合作的力量，这些年来进步最大的是我，从一个'土民'，被精英们抬成了一个体面的小老头。因为我的性格像海绵一样，善于吸取他们的营养，总结他们的精华，而且大胆地开放输出。

"那些人中精英，在时代的大潮中，更会被众人团结合作抬到喜马拉雅山顶。希腊大力神的母亲是大地，他只要一靠在大地上就力大无穷。我们的大地就是众人和制度，相信制度的力量，会使他们团结合作把公司抬到山顶的。"

一些观察人士认为，华为采取轮值CEO制度是为了缩小候选人范围，最后从中选定任正非接班人的一种方法。但据华为称，这一制度并非是为了从中筛选出一位接班人。此外，华为也从未明确表示，轮值CEO制度到底是一种临时性安排还是永久性的管理方式。

其实，轮值CEO制度这种模式能够充分发挥集体的智慧。早在1999年，华为一位新员工曾问任正非："任总，您光荣退休后，华为将会怎样？"当时任正非回答道："我个人对华为没有做出巨大的贡献，真正贡献大的是中高层骨干与全体员工。我既不懂技术，也不懂IT，甚至看不懂财务报表。我唯一的优点是自己有错能改，没有面子观。这样的人以后也好找，所以接班并没有什么难，他只要比较民主，而且会签字就行。万不可把一个人神化，否则就是扭曲华为的价值创造体系，公司就会垮掉。"所以说，华为的轮值CEO制度，是任正非深思熟虑并经过多年探索的集体模式。

在华为官网上，一则解释轮值CEO制度的声明中称，轮值CEO制度比"将公司的成功系于一人，败也是这一人的制度要好"。每个轮值CEO在轮值期间奋力地拉车，牵引公司前进，他走偏了，下一轮的轮值CEO会及时纠正航向，使大船能早一些拨正船头，避免问题累积过重不得解决。

任正非在2011年度财报发布时表示，华为实施轮值CEO制度，并呼吁员工不要百般挑剔这项制度。任正非指出：华为的轮值CEO是由一个小团队组成，但他们的决策是集体做出的。这样是为了规避意外风险带来的公司运作的不确定性。

与此同时，任正非依旧保留了一些CEO的职务，但他与三位高管扮演的代理CEO角色有所不同。任正非的不同之处在于，他有权否决董事会的决定。到目前为止，任正非还从未行使过这一权力。此外，任正非没有权力提出具体政策建议，不过他可以与其他管理人士交流看法。

对于华为轮值CEO的制度，其实就是一个企业就其领导人的更替所做的一些尝试。当然，华为的做法和成熟跨国企业的做法有些不同，但毕竟是一种探索。对企业来讲，要想"长生不老"，无疑要解决好两个关键问题：一是企业的"继任者选拔"，要能够始终保证为自己选出合适的领航者和掌舵人；二是企业要始终把握市场发展的潮流和趋势，及时而且成功地实现战略转型。华为轮值CEO制度的推出，就是为了解决企业基业长青必须面对的这两个问题，并对其产生重大影响。至于影响是正面还是负面多一些，会决定这一制度，乃至华为本身能否生生不息。

华为高级副总裁兼董事会成员陈黎芳表示，其他公司或许只会挑选一人担任领导，但华为选择让一个小团队来领导公司。她表示，这种轮值CEO制度是华为创新的一种形式。轮值的好处在于，每个轮值者在一段时内担任公司CEO，不仅要处理公司的日常事务，还要担起为高层会议起草文件的职责，这对他们来说是一个很可贵的锻炼机会。轮值期间，他需要得到别人对他决议的拥护，这样他就不得不将眼界放到公司的全局利益，而不是局限在他管辖的部门。不得不说，这一举措对以后各部门之间的协作有着重要意义。

轮值CEO制度是华为目前所处发展阶段的产物，也锻炼了几位核心高层的决策能力和承压能力。但他们会是华为未来的接班人吗？过去很长时间，华为对外界关于接班人的质疑一直保持沉默，近两年任正非的几次讲话足以说明，华为开始走向透明，只是透明度依然非常有限。

"我们不要百般挑剔轮值CEO制度，宽容是他们成功的力量。"任正非显然不希望"外行人"说三道四。但是，百般挑剔恰恰也是宽容的体现，外界需要包容华为这种非常的选择，华为也要包容各方提出的质疑和建议，这才是企业持续进步的表现。

华为的轮值CEO制度，表面看来是一种管理制度上的创新，相对于西方国家的两人CEO轮替来说，华为的多人轮值CEO制度将在操作层面上面临什么样的前景，尚不得而知。这究竟是公司的管理制度遇到瓶颈时的无奈之举，还是未来值得借鉴的一种全新的治理经验？这种制度安排是否存在潜在的风险？

CEO作为企业最高行政首长，以高层管理团队轮流坐庄的方式产生，对企业战略策划和制度建设短期负责；而企业的日常经营管理工作，由高层管理团队的成员分头负责。任正非指出，作为轮值CEO，他们不再只是关注内部的建设与运作，同时，也要放眼外部、放眼世界，要使自己适应外部环境的运作，趋利避害。

4. 接班人的责任是延续华为的生命

创业难，守业更难。二十年后的华为和二十年前的华为比起来，它无疑是强大的，强大到不会再有一个对手能够轻易地战胜它。但这并不意味着，它是不可战胜的。如果它不能找到一条自己的发展之路，不用谁来战胜它，它也会因为自己逐渐失去生命力，最终被历史淘汰。这也是所有经历过多年奋斗之后，在本行业占有一席之地的企业面临的共同问题。

华为成功的关键因素在于它的企业文化的独特性，华为文化的独特性不仅表现在它强烈的集体奋斗观念上，也表现在它与创始人任正非密不可分的联系上，甚至在某种意义上说，任正非的个性特点也是华为文化的基础之一，或者说，创始人的精神气质也融化成为了华为文化的一部分。

对于这样的企业而言，竞争已经上升到另外一个高度上。这也许意味着它的对手不再是别人，接下来它必须跑得过自己才行。企业的接班人如何培养、如何交接、如何传承，历来是一个必须面对和思考的现实问题。世界上的那些百年老店之所以能够基业长青，一个很重要的原因，就是它们有效地建立了权力的交接秩序，有效地抑制了权力交接可能对企业的伤害。

任正非说："公司不是我个人的，因此接班人不是我说了算，而是大家说了算。外界神化了我，其实不是这样。创业之初，我是自视自己能力不行，才选择了任人唯贤，如果不是这样，也许早些年公司就被历史淘汰了。现在公司这么大了，不会再倒回去选择任人唯亲。由于公司是集体领导，许多成功的事，大家不知道帽子该戴在谁的头上，就摁到我的头上了。其实我头上戴的是一顶草帽。"

早在1998年，任正非就对接班人进行过描述："认同华为的核心的核心价值观并具备自我批评精神。"现在看来，任正非的接班人还要兼备对中国环境的深刻理解和国际高级职业经理的基本素质。毕竟，正如任正非所言，"领路是一个探索的过程，在过程中，因为对未来不清晰、不确定，可能会付出极大的代价。"

对此，任正非还指出：

"对于未来华为接班人，必须还要具备对价值评价的高瞻远瞩，和驾驭商业生态环境的能力。

"华为的接班人，要具有全球市场格局的视野，交易、服务目标执行的能力，以及对新技术与客户需求的深刻理解，而且具有不固步自封的能力。

"华为的接班人，还必须有端到端对公司巨大数量的业务流、物流、资金流……简化管理的能力。"

尽管在20世纪90年代，在《华为基本法》出台前后，关于接班人的讨论就非常频繁，但当时所说的"接班人"更多的是一个抽象的概念，指的是公司人才队伍的培育、接续，并非专指公司领袖的交接班。和联想、中兴等很多公司不一样，任正非这个强势领袖并没有留出空间和时间，专心栽培某一个候选者，虽然并不避讳交接班之事，但他依然事事冲到台前，以公司唯一领袖之姿激扬文字，指点经营。

当年，任正非曾问过华为人力资源部的员工一个极具想象力的问题："如果邓小平来公司应聘，我们能用吗？"如今，接班人问题同样考验着他的想象力。一个企业能做多大，取决于企业家的境界与追求，及其创新与超越自我的能力。华为能走多远，就看任正非的魄力了。

华为的企业文化是狼性文化。一是敏锐的嗅觉；二是不屈不挠、奋不顾身的进攻精神；三是群体奋斗。在这种文化中，引进的高层领导者很难融入这种强势文化中，华为内部通过战斗成长起来的创业者也很难接纳外界坐享其成的经理人。因此，华为未来的接班人产生于华为内部的可能性很大。

根据《华为基本法》第一百零二条，对于华为接班人的产生有这样的要求：华为公司的接班人是在集体奋斗中从员工和各级干部中自然产生的领袖。

要在实践中培养人、选拔人和检验人。

根据这一规定，目前符合要求的接班人人选主要有二位：

第一位是董事长孙亚芳。她加盟华为已有18年，从培训部经理干起，直至如今的位置。她借助自己曾在国家机关上班的背景，在危难时刻帮助华为解决了资金问题。凭借在华为内部颇高的威望和出众的能力，孙亚芳得以入选美国《福布斯》杂志评选的"世界最有权势女强人"。

第二位候选人是曾主管华为战略与市场的副总裁徐直军。他是和任正非一起打江山的元老，以直言敢说而闻名，拥有一大批亲信。

而对于接班人的实质，任正非在内部多次强调说："华为交接班不是人传人封建式的交接班。西方公司的CEO走马灯似的换，没见到西方公司垮了，美国总统走马灯似的换，没看到美国有啥问题。所以华为的交接班，是要建立一个文化、制度、流程的交接班，而不是要交接给某一个人。将来像西方公司一样不管谁来干，都不会改变核心价值观。"

接班人的责任就是延续华为的生命。为公司挑选下一任CEO，是最重要的工作之一，这对公司的长期战略和业绩影响深远。按理说这是一个常识，每一家公司都应该有一个继任计划。然而，很多公司的董事会根本就没有这样的计划，仿佛这是一件并不紧迫的事情。直到公司现任CEO马上要离职了，公司董事会开始手忙脚乱地寻找新任CEO人选，通常这时已经有点晚了。

经验表明，培养一个合格的企业接班人需要数年甚至数十年的时间。即便在那些以稳健著称的大公司，姗姗来迟的接班人计划也往往会给公司带来不必要的内耗和动荡。但无论如何，任正非很早就已经意识到这一点，他很清楚自己最后的对手是谁，也很清楚华为将来的对手是谁，为了保持华为的基业长青，他能否为华为找到一条从必然王国走向自由王国的道路，实现管理上的无为而治，从而延续华为的生命，这正是人们期待的。

今天，华为可以很自信地说："面对未来，没有什么可以担心的。"他们并不担心下一个倒下的会不会是华为。华为人经过长期艰苦卓越的努力，已经懂得如何获取自身的存在价值，如何长期坚持商业的本质。华为人已经不在乎以规模论英雄，或以成败论英雄了。

一个企业能长盛不衰的关键，是它的核心价值观被接班人确认。接班人又具有自我批判的能力。《华为公司基本法》已阐明了华为的核心价值观，华为的数千员工认同它，并努力去实践它，实践中把自己造就成各级干部的接班人，这就是希望，这就是曙光。

如果公司运营良好，内部候选人就是最佳选择；而当公司陷入危机时，外部候选人会表现得更出色。总体而言，董事会成员出身的CEO比其他类型的候选人总体表现出色，他们比外人更了解公司，比内部人更能放开手脚，而且本身可能就担任过CEO，所以他们有着不可比拟的优势。

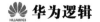

5. 扑朔迷离的接班人风波

创业企业家接班本是一个无需避讳的问题，也无关道德判断，却是改革开放以来崛起的民营企业家普遍面临的一个必经之坎。1944年出生的任正非，现已年过七旬，是时间谈论接班人了，而最近几年媒体围绕华为接班人人选争论不休，有"子承父业"之说，有"女承父业"之说，也有从轮值CEO中选拔之说。作为华为的二号人物，孙亚芳在华为的影响力以及控制能力不可小觑，也曾一度是热传的任正非接班人人选。然而，华为内部，对这一切却是轻描淡写，对接班人之事，并不愿意说起。

2010年10月11日至15日，中国国际通信展（华为内部一般称之为"北展"）在北京国际展览中心举行。此次华为参展团中出现一张年轻的面孔，虽然不为外界所知，在内部细心观察者眼中，这却传递了微妙的信号。此人就是华为当家人任正非的独子任平。当任平（在公司内部名为"孟平"）出现在"北展"的消息在华为小范围传开后，种种有关他将上位的猜测也不胫而走。

有趣的是，关于接班人的猜想在华为内部是一个公开而严肃的话题："如果任总退休了，华为的好日子还会继续下去吗？"在华为官网一个供员工交流的公开论坛上，这则帖子从一开始就被公司置于论坛推荐的头条。该话题的指向皆为如何让接班人体现公司制度化、流程化的管理理念。

但是，正如一位华为员工的感慨："该来的还是会来的。""北展"之后不久，任正非为儿子任平接班铺路、导致华为董事长孙亚芳等高管准备离职的消息突然在网上传开。华为内部矛盾，以一种罕见的激烈方式暴露在大众视野。

2010年10月27日，《每日经济新闻》刊发了一篇题为《传华为"地震"：任正非10亿送走孙亚芳》的报道。报道中称："华为掌门人任正非为了让儿子顺利接班，以10亿元人民币的'分手费'逼走公司董事长孙亚芳。"这条消息一经刊发，如同一颗重磅炸弹，引爆了新闻界对华为关注的热情，各种报道和讨论迅速占据财经媒体重要版面。如果说其他高管的职位变动乃至去留，都不足以对华为产生冲击的话，孙亚芳一旦离去，则一定是对华为最为重大的一次冲击。

"不允许亲属与公司发生任何形式的关联交易，不在公司的重大决策中掺杂自私的动机……"任正非曾让包括他在内的每一个EMT成员都宣读过自律宣言。不过，也许正如前华为副总裁刘平在《华为往事》中所说，极其崇尚IBM管理理念的任正非，之前所做的一切，都不过是在等待"小沃尔森"的成长。

1944年出生的任正非，虽然不必像国有企业干部那样必须到点退休，但是也不得不早做安排。将来不论是让任平接班，或是让其参与核心管理团队的集体接班，看来都难免一场华为内部人事震荡。就在任平现身"北展"前，华为的最高管理机构——经营管理团队（EMT）大"换血"已经开始。

任正非对孙亚芳是非常信任的，当初他提议孙亚芳做董事长，负责外部的协调，自己做总裁，专心做内部管理。孙亚芳在华为的地位和贡献可谓巨大。孙亚芳面容远比其实际年龄要年轻得多。她最早在国有通信机关工作，后在华为初期最困难的时候加入华为，并倾其所有资源为华为力挽狂澜，所以她与任正非二人之间的交情非同一般，也是华为里任正非唯一以"孙总"敬称的人。

由于受"接班人风波"的影响，2011年1月15日，华为召开股民(员工)代表大会，选举产生了新一届的董事会和监事会成员。新一届董事会成员为：任正非、孙亚芳、徐直军、胡厚崑、余承东、郭平、陈黎芳、徐文伟、张平安、丁耘、孟晚舟、李杰、万飚。监事会成员为：梁华、彭智平、任树录、田峰、邓飚。孙亚芳继续留任董事长，而原董事会成员、华为元老纪平、费敏退出董事会。任正非的弟弟任树录、妹妹郑黎、儿子任平都没有进入董事会。

1998年任正非在《华为的红旗到底能打多久》中提道："我们要逐步摆脱对技术的依赖、对人才的依赖、对资金的依赖，使企业从必然王国走向自由王国，建立起比较合理的管理机制，慢慢淡化企业家对企业的直接控制。"

在这种思想指导下，华为成立了EMT团队，EMT在华为具有最高决策权，这被观察人士认为是华为从任正非的个人意志主导向"群体接班"转变的一大铺垫。

在华为内部，关于任正非接班人的猜测，实际上从2009年年末就开始愈演愈烈。任正非既是华为的创始人、CEO，也是中国民营企业家的一个标杆。华为这家如今年销售额高达上千亿元、净利润也超过180亿元的中国通信企业龙头，谁来接班，自然备受外界瞩目。"华为接班人不是太少了，而是太多了"，任正非说为了不搞乱华为，自己所有的家人永远不会接这个班，那么未来的华为又将由谁来掌舵？华为作为一个中国民营企业的典范，其未来传承发展方式值得每一家企业思考。

摆在任正非面前的，不仅仅是考虑谁能接班的问题，而是无论谁来接班——最终不论是任平独立接班，还是参与集体接班，都应该有一个更加完善的公司治理结构。业内人士认为，华为的"接班人"问题和任正非退休之后公司的治理结构是迟早要面对的问题。而如何建立完善的制度和改变公司的治理结构，对华为而言，或许上市是最好的选择。华为如果上市进入资本市场，利用资本市场在企业管理和公司治理方面的优势，不失为一种明智的选择。

当然每个公司的情况都不相同，这也决定了每个公司都有自己的接班人选择模式。一定要注意的是，接班人的选择一旦陷入纷争，极易造成管理层不稳，企业内部军心不稳，因此应当得到企业内部高度重视。但是权力的传承岂如交接仪式那么简单？谁都知道，这个传承不仅涉及华为的生死存亡和数万员工的切身利益，更逐渐上升到了中国民众的普遍情感。正因为考虑到了这些，任正非在选择华为接班人的问题上不得不慎之又慎。

未来10年至20年将是中国民间财富从第一代创业者转向第二代的高峰期，我国将有300万家民营企业面临接班换代的问题。任正非从44岁开始创业，上世纪八十年代把一家偏居深圳的销售代理公司，打造成为如今电信行业巨头。现在的他在过去这三十年间，从青丝熬成白发，不服老的他也不得不在华为内寻找接班人了。

时至今日，任正非已经开始考虑自己的退休事宜，尽管他的退出迟早都会成为定局，但不管华为未来的接班人是谁，"狼性"的文化理念早已经渗透到了每一个华为人的骨血之中，并不会因为任正非的离开而消失。只要狼性还在，华为就不会停止前进的脚步，就不会停下扩展市场的征程。我们有理由相信，华为必将成为中国民族企业的骄傲，成为世界电信行业中的万世君王。

附录1：华为公司发展历程

2015年

○根据世界知识产权组织公布数据，2015年企业专利申请排名方面，华为以3898件连续第二年位居榜首。

○华为LTE已进入140多个首都城市，成功部署400多张LTE商用网络和180多张EPC商用网络。

○光传送领域，华为与欧洲运营商共同建设了全球首张1TOTN网络，与英国电信合作完成业界最高速率3Tbps光传输现网测试。

○发布了全球首个基于SDN架构的敏捷物联解决方案。

○发布了全球首款32路X86开放架构小型机昆仑服务器。

○智能手机发货超1亿台。华为在全球智能手机市场稳居全球前三，在中国市场份额位居首位（GFK数据）。

2014年

○在全球9个国家建立5G创新研究中心。

○承建全球186个400G核心路由器商用网络。

○为全球客户建设480多个数据中心，其中160多个云数据中心。

○全球研发中心总数达到16个，联合创新中心共28个。

○在全球加入177个标准组织和开源组织，在其中担任183个重要职位。

○2014年，智能手机发货量超过7500万台。

2013年

○全球财务风险控制中心在英国伦敦成立，监管华为全球财务运营风险，确保财经业务规范、高效、低风险地运行；欧洲物流中心在匈牙利正式投入运营，辐射欧洲、中亚、中东非洲国家。

○作为欧盟5G项目主要推动者、英国5G创新中心(5GIC)的发起者，发布5G白皮书，积极构建5G全球生态圈，并与全球20多所大学开展紧密的联合研究；华为对构建无线未来技术发展、行业标准和产业链积极贡献力量。

○400G路由器商用方案得到49个客户的认可并规模投入商用。此外，华为还率先发布了骨干路由器1T路由线卡，以及40T超大容量的波分样机和全光交换网络AOSN新架构。

○持续领跑全球LTE商用部署，已经进入了全球100多个首都城市，覆盖9大金融中心。

○发布全球首个以业务和用户体验为中心的敏捷网络架构及全球首款敏捷交换机S12700，满足云计算、BYOD、SDN、物联网、多业务以及大数据等新应用的需求。

○以消费者为中心，以行践言（Make it Possible）持续聚焦精品战略，其中旗舰机型华为AscendP6实现了品牌利润双赢，智能手机业务获得历史性突破，进入全球TOP3，华为手机品牌知名度全球同比增长110%。

2012年

○持续推进全球本地化经营，加强了在欧洲的投资，重点加大了对英国的投资，在芬兰新建研发中心，并在法国和英国成立了本地董事会和咨询委员会。

○在3GPPLTE核心标准中贡献了全球通过提案总数的20%。

○发布业界首个400GDWDM光传送系统，在IP领域发布业界容量最大的480G线路板。

○和全球33个国家的客户开展云计算合作，并建设了7万人规模的全球最大的桌面云。

○推出的AscendP1、AscendD1四核、荣耀等中高端旗舰产品在发达国家热销。

2011年

○发布GigaSite解决方案和泛在超宽带网络架构U2Net。

○建设了20个云计算数据中心。

○智能手机销售量达到2000万部。

○以5.3亿美元收购华赛。

○整合成立了"2012实验室"。

○发布HUAWEI Smart Care解决方案。

○在全球范围内囊获6大LTE顶级奖项。

2010年

○全球部署超过80个SingleRAN商用网络，其中28个已商用发布或即将发布LTE/EPC业务。

○在英国成立安全认证中心。

○与中国工业和信息化部签署节能自愿协议。

○加入联合国世界宽带委员会。

○获英国《经济学人》杂志2010年度公司创新大奖。

2009年

○无线接入市场份额跻身全球第二。

○成功交付全球首个LTE/EPC商用网络，获得的LTE商用合同数居全球首位。

○率先发布从路由器到传输系统的端到端100G解决方案。

○获得IEEE标准组织2009年度杰出公司贡献奖。

○获英国《金融时报》颁发的"业务新锐奖"，并入选美国*Fast Company*杂志评选的最具创新力公司前五强。

○主要产品都实现资源消耗同比降低20%以上，在全球部署了3000多个新能源供电解决方案站点。

2008年

○被《商业周刊》评为全球十大最有影响力的公司。

○根据Informa的咨询报告，华为在移动设备市场领域排名全球第三。

○首次在北美大规模商用UMTS/HSPA网络，为加拿大运营商Telus和Bell建设下一代无线网络。

○移动宽带产品全球累计发货量超过2000万部，根据ABI的数据，市场份额位列全球第一。

○全年共递交1737件PCT专利申请，据世界知识产权组织统计，在2008年专利申请公司(人)排名榜上排名第一；LTE专利数占全球10%以上。

2007年

○与赛门铁克合作成立合资公司，开发存储和安全产品与解决方案。

○与Global Marine合作成立合资公司，提供海缆端到端网络解决方案。

○在2007年年底成为欧洲所有顶级运营商的合作伙伴。

○被沃达丰授予"2007杰出表现奖"，是唯一获此奖项的电信网络解决方案供应商。

○推出基于全IP网络的移动固定融合（FMC）解决方案战略，帮助电信运营商节省运作总成本，减少能源消耗。

2006年

○以8.8亿美元的价格出售H3C公司49%的股份。

○与摩托罗拉合作在上海成立联合研发中心，开发UMTS技术。

○推出新的企业标识，新标识充分体现了华为聚焦客户、创新、稳健增长和和谐的精神。

2005年

○海外合同销售额首次超过国内合同销售额。

○与沃达丰签署《全球框架协议》，正式成为沃达丰优选通信设备供应商。

○成为英国电信（简称BT）首选的21世纪网络供应商，为BT21世纪网络提供多业务网络接入(MSAN)部件和传输设备。

2004年

○与西门子合作成立合资公司，开发TD-SCDMA解决方案。

○获得荷兰运营商Telfort价值超过2500万美元的合同，首次实现在欧洲的重大突破。

2003年

○与3Com合作成立合资公司，专注于企业数据网络解决方案的研究。

2002年

○海外市场销售额达5.52亿美元。

2001年

○以7.5亿美元的价格将非核心子公司Avansys卖给爱默生。

○在美国设立4个研发中心。

○加入国际电信联盟（ITU）。

2000年

○在瑞典首都斯德哥尔摩设立研发中心。

○海外市场销售额达1亿美元。

1999年

○在印度班加罗尔设立研发中心。该研发中心分别于2001年和2003年获得CMM4级认证、CMM5级认证。

1997年

○推出无线GSM解决方案。

○于1998年将市场拓展到中国主要城市。

1995年

○销售额达15亿元人民币，主要来自中国农村市场。

1992年

○开始研发并推出农村数字交换解决方案。

1990年

○开始自主研发面向酒店与小企业的PBX技术并进行商用。

1987年

○创立于深圳，成为一家生产用户交换机（PBX）的香港公司的销售代理。

（数据来自华为技术有限公司网站：http：//www.huawei.com/cn/about-huawei/milestone）

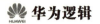

附录2：以创新为核心竞争力
为祖国百年科技振兴而奋斗

（华为创始人、总裁任正非在2016年5月30日全国科技创新大会上的发言）

从科技的角度来看，未来二三十年人类社会将演变成一个智能社会，其深度和广度我们还想象不到。越是前途不确定，越需要创造，这也给千百万家企业公司提供了千载难逢的机会。我们公司如何去努力前进，面对困难重重，机会危险也重重，不进则退。如果不能扛起重大的社会责任，坚持创新，迟早会被颠覆。

一、大机会时代，一定要有战略耐性

人类社会的发展，都是走在基础科学进步的大道上的。而且基础科学的发展，是要耐得住寂寞的，板凳不仅仅要坐十年冷，有些人一生寂寞。华为有8万多研发人员，每年研发经费中，约20%~30%用于研究和创新，70%用于产品开发。很早以前我们就将销售收入的10%以上用于研发经费，未来几年，每年的研发经费会逐步提升到100亿~200亿美元。

华为这些年逐步将能力中心建立到战略资源的聚集地区去。现在华为在世界建立了26个能力中心，逐年在增多，聚集了一批世界级的优秀科学家，他们全流程地引导着公司。

这些能力中心自身也在不断地发展中。

华为现在的水平尚停留在工程教学、物理算法等工程科学的创新层面，尚未真正进入基础理论研究。随着逐步逼近香农定理、摩尔定律的极限，而对大流量、低时延的理论还未创造出来，华为已感到前途茫茫、找不到方向。华为已前进在迷航中。重大创新是无人区的生存法则，没有理论突破，没有技术突破，没有大量的技术积累，是不可能产生爆发性创新的。

华为正在本行业逐步攻入无人区，处在无人领航、无既定规则、无人跟随的困境。华为跟着人跑的"机会主义"高速度，会逐步慢下来，创立引导理论的责任已经到来。

华为过去是一个封闭的人才金字塔结构，我们已炸开金字塔尖，开放地吸取"宇宙"能量，加强与全世界科学家的对话与合作，支持同方向科学家的研究，积极地参加各种国际产业与标准组织、各种学术讨论，多与能人喝喝咖啡，从思想的火花中感知发展方向。有了巨大势能的积累、释放，才有厚积善发。

内部对不确定性的研究、验证，正实行多路径、多梯次的进攻，密集弹药，饱和攻击。蓝军也要实体化。并且，不以成败论英雄。从失败中提取成功的因子，总结、肯定、表扬，使探索持续不断。对未来的探索本来就没有"失败"这个名词。不完美的英雄，也是英雄。鼓舞人们不断地献身科学，不断地探索，使"失败"的人才、经验继续留在我们的队伍里，我们会更成熟。我们要理解歪瓜裂枣，允许黑天鹅在我们的咖啡杯中飞起来。创新本来就有可能成功，也有可能失败。我们也要敢于拥抱颠覆。鸡蛋从外向内打破是煎蛋、从里面打破飞出来的是孔雀。现在的时代，科技进步太快，不确定性越来越多，我们也会从沉浸在产品开发的确定性工作中，加大对不确定性研究的投入，追赶时代的脚步。我们鼓励我们几十个能力中心的科学家，数万专家与工程师加强交流，思想碰撞，一杯咖啡吸收别人的火花与能量，把战略技术研讨会变成一个"罗马广场"、一个开放的科技讨论平台，让思想的火花燃成熊熊大火。公司要具有理想，就要具有在局部范围内抛弃利益计算的精神，重大创新是很难规划出来的。固守成规是最容易的选择，但也会失去大的机会。

我们不仅仅是以内生为主，外引也要更强。我们的俄罗斯数学家，他们更乐意做更长期、挑战很大的项目，与我们勤奋的中国人结合起来；日本科学家的精细、法国数学家的浪漫，意大利科学家的忘我工作，英国、比利时科学家领导世界的能力……会使我们胸有成竹地在2020年销售收入超过1500亿美元。

二、用最优秀的人去培养更优秀的人

用什么样的价值观就能塑造什么样的一代青年。蓬生麻中，不扶自直。奋斗，创造价值是一代青年的责任与义务。

我们处在互联网时代，青年的思想比较开放、活跃、自由，我们要引导和教育，也要允许一部分人快乐地度过平凡一生。

现在华为奋斗在一线的骨干，都是80后、90后，特别是在非洲、中东疫情、战乱地区，阿富汗，也门，叙利亚……80后、90后是有希望的一代。近期我们在美国招聘优秀中国留学生（财务），全部都要求去非洲，去艰苦地区，华为的口号是"先学会管理世界，再学会管理公司"。

我们国家百年振兴中国梦的基础在教育，教育的基础在老师。教育要瞄准未来。未来社会是一个智能社会，不是以一般劳动力为中心的社会，没有文化不能驾驭。若这个时期同时发生资本大规模雇佣"智能机器人"，两极分化会更严重。这时，有可能西方制造业重回低成本，产业将转移回西方，我们将空心化。即使我们实现生产、服务过程智能化，需要的也是高级技师、专家、现代农民……因此，我们要争夺这个机会，就要大规模地培养人。

今天的孩子，就是二三十年后冲锋的博士、硕士、专家、技师、技工、现代农民……代表社会为人类去做出贡献。因此，发展科技的唯一出路在教育，也只有教育。我们要更多关心农村教师与孩子。让教师成为最光荣的职业，成为优秀青年的向往，用最优秀的人去培养更优秀的人。

这次能够在大会上发言，对华为也是一次鼓励和鞭策。我们将认真领会习近平总书记、李克强总理重要讲话和这次大会的精神，进一步加强创新，提升核心竞争力，为祖国百年科技振兴而不懈奋斗。

附录3：大时代一定会产生大英雄

（2015年3月任正非在华为战略务虚会上的讲话）

我们公司就像赛跑冠军一样，终于跑到世界的边缘线上。大江大河、大海大浪，信息的洪流即将起来了，我们有乘风破浪的机会，要有勇气搏击这个世界。但如果我们还是粗放管理的公司，看到机会，只能望洋兴叹；如果我们不能做到英雄辈出，不是千军万马上战场，不能听得进批评，如何做到行业领先？所以我们要把握住这次大时代转型的机会点发力！

一、在向高端市场进军的过程中，不要忽略低端市场

我们在争夺高端市场的同时，千万不能把低端市场丢了。我们现在是"针尖"战略，聚焦全力往前攻，我很担心一点，"脑袋"钻进去了，"屁股"还露在外面。如果低端产品让别人占据了市场，有可能就培育了潜在的竞争对手，将来高端市场也会受到影响。华为就是从低端聚集了能量，才能进入高端的，别人怎么不能重复走我们的道路呢？

低端产品要做到标准化、简单化，生命周期内免维修。我们不走低价格、低质量的路，那样会摧毁我们战略进攻的力量。在技术和服务模式上，要做到别人无法与我们竞争，就是大规模流水化。客户想要加功能，就买高端产品去。这就是薇甘菊理论，而且我们现在也具备这个条件。

面对大流量时代的流量管理方式发生变化，未来网络的稳定对品牌影响很大，我们要建立起大质量体系架构。过去我们的质量体系关注的是产品、工程，将来质量体系要从文化、哲学……各方面来看，所以我们要在中国、德国、日本联合建立大质量体系的能力中心。

二、聚焦主航道，以延续性创新为主，允许小部分力量有边界地去颠覆性创新

互联网总是说颠覆性创新，我们要坚持为世界创造价值，为价值而创新。我们还是以关注未来五至十年的社会需求为主，多数人不要关注太远。我们大多数产品还是重视延续性创新，这条路坚决走；同时允许有一小部分新生力量去颠覆性创新，探索性地"胡说八道"，想怎么颠覆都可以，但是要有边界。这种颠覆性创新是开放的，延续性创新可以去不断吸收能量，直到将来颠覆性创新长成大树苗，也可以反向吸收延续性创新的能量。

公司要像长江水一样聚焦在主航道，发出巨大的电来。无论产品大小都要与主航道相关，新生幼苗也要聚焦在主航道上。不要偏离了主航道，否则公司就会分为两个管理平台。

大公司为什么运转很困难？以前我们一个项目决策，要经过四百七十多人审批，速度太慢，内部要允许大家有一条小路快走。而且主航道四百七十多人审批也太多了，应该先砍掉绝大部分。

三、调整格局，优质资源向优质客户倾斜

我们要调整格局，优质资源向优质客户倾斜，可以在少量国家、少量客户群中开始走这一步，这样我们就绑定一两家强的，共筑能力。

在这个英雄辈出的时代，一定要敢于领导世界。但是取得优势以后，不能处处与人为敌，要跟别人合作。有人问我："你们的商道是什么？"我说："我们没有商道，就是为客户服务。"这些年教训也很深刻，不是所有运营商都能活下来，有些运营商拖着我们的钱不还，与其这样，还不如拿来给大家涨点工资。

另外，我不主张产品线和区域结合得太紧密，结合太紧密的结果，就是满足了低端客户的需求。因为区域所反映上来的不是未来需求，而是眼前的小需求，会牵制华为公司的战略方向。

四、人力资源要让"遍地英雄下夕烟"

华为已经形成了能够凝聚十五万人的机制，但凝聚得太紧了，不够活跃，就需要耗散，形成新的活力。

第一，改革的目的是为了作战。瑞典的"瓦萨号战舰"，这里装饰、那里雕刻，为了好看还加盖一层，结果出海风一吹就沉没了。战舰的目的应该是作战。

我们之所以攻不进莫斯科大环，仅靠物质激励没有用，缺少战略眼光。所以我总号召大家去看看《诺曼底登陆》。华为现在不缺乏"黄继光"这样的英雄，但是缺少战略家和思想家，大家都不愿意"望星空"，都想有实权。而且以前我们考核体系太具体化，让产生大智慧的人在华为没有地位。为什么这些种子出去也不成功呢？因为缺少大平台，没有土壤，也种不出来庄稼。

第二，我们拉长人力资源金字塔顶端时，要看到内生的新生力量，引进外来的"蜂子"，也要以内为主。不给内部人员一种希望，内部人努力就不够。华为公司做事总是喜欢循序渐进，我们在战略决策过程中，要善于转变，未来世界不一定掌握在有资历的人手里，我们要承认年轻人可能有未来，不要总是认为小年轻不能当上将。

我们要发现这种善于学习的苗子，敢于给他们去"上甘岭"打仗的机会，不死就是将军，死了就是英雄。这样让大家恢复信心。

第三，人力资源金字塔基座要异化，改变齐步走。我认为时代给我们的时间最多两年，如果人力资源政策调整不过来，就会面临大量人才流失。

这两年人力资源在改革，进步很大。除了今年改革的部门外，没有改革到的部门还在齐步走。抓住时代变革的转折机会，要重新作出人力资源模型，改变齐步走。这次我要在干部大会上讲，一个人在最佳角色、最佳贡献、最佳贡献时间段，要给他最合理的报酬。不能像我这样，到七八十岁什么都多了，为什么我冲上甘岭时不多给我吃一碗面呀！不同角色有不同时间段，不同专业有不同时间段，不同专业的不同角色也有不同时间段。为什么不让最佳贡献的人在冲上"上甘岭"时激励，非要等他老了才给呢？不能给级别，给奖金也行。我们要看到新生事物的成长，看到优秀的存在。

第四，时势造英雄，大时代一定会产生大英雄。我们一定要让公司50%~60%的人是优秀分子，然后在优秀的种子里再选更优秀的苗；中间分子20%~30%。让优秀分子来挤压稍微后进的人，这样他们可能也会产生改变。对英雄也要不求全责备，要接受有缺点的美。我曾在汶川抗震救灾的文件批示："只要过了汶川救灾线，尿了裤子的也是英雄。"一共427名，都发了金牌。有一点点成绩就是英雄，将来才有千军万马上战场。

薪酬包制度就是要把落后的人挤出去，"减人、增产、涨工资"。今年调整了中基层的薪酬结构，明年开始对高级干部、高级专家的薪酬改革。大数据流量的现实问题将摆在时代面前，两年后，就要开始冲锋了，我们有一支嗷嗷叫的队伍，该我们夺取胜利！